Elsbeth Devi Maurer

Aura-Soma Farb-Lexikon

Titelbild: Soham Holger Gerull,
Studium der freien Kunst.
Seit 1980 als Freier Künstler tätig in 36100 Petersberg.
Arbeitsschwerpunkte: Mandalas,
Schwingungsbilder, Sakrale Raumgestaltung.

Elsbeth Devi Maurer

Aura-Soma Farb-Lexikon

Praxisbuch für Lichtarbeitende

vianova

Wichtiger Hinweis für alle Leser

Alle Angaben in diesem Buch beruhen auf eigenen Erfahrungen und Patientenberichten. Hinweise und Ratschläge wurden sorgfältig überprüft. Grundsätzlich aber sollten alle Befindlichkeitsstörungen mit einem Arzt besprochen werden, ehe eine Selbstbehandlung vorgenommen wird. Insbesondere sollte abgeklärt werden, daß die vorliegenden Beschwerden nicht Symptome von Krankheiten sind, die dringender ärztlicher Behandlung bedürfen. Weil bei jeder Therapie immer die genauen Umstände des Einzelfalles berücksichtigt werden müssen, können Autorin, Produzenten oder Verlag für den Erfolg bzw. die Richtigkeit der Anwendungen keinerlei Gewähr übernehmen.

1. Auflage 1999

Verlag Via Nova, Neißer Straße 9, 36100 Petersberg
Telefon und Fax: (06 61) 6 29 73

Satz und Gestaltung: Plejaden Publishing Service, 21379 Boltersen
Druck und Verarbeitung: Rindt-Druck, 36037 Fulda
Buchbinderische Arbeiten: Parzeller, 36037 Fulda

ISBN 3-928632-46-9

Inhalt

Teil I: Farb-Lexikon

Sets

Verzeichnisse

Register

Teil II: Praxisbuch für Lichtarbeitende

„Chakra-Body-Analyse"

„Partnerschafts-Analyse"

Teil III: Begleitung der Lichtarbeit

Teil IV: Farben und Equilibriumflaschen

Ich widme dieses Buch

♡

Philipp van der Merwe
meinem geliebten Sohn, der mich erweckte
und lehrte, nach dem Sinn des Lebens zu forschen,

den aufgestiegenen Meistern, den Erzengeln
und der geistigen Welt;
allen Wesen, durch die das vorliegende Werk entstehen konnte.

♡

Danksagung

Dankbar bin ich zum Werkzeug meiner geistigen Führer geworden. Sie führten mich mit Liebe und Verständnis zur Vollendung dieses Buches. Ich danke ihnen für das Geschenk: AURA-SOMA Farb-Lexikon, Praxisbuch für Lichtarbeitende.

Ich bedanke mich bei all meinen Kunden, die mir ihr Vertrauen schenken. Alle sind in mein Leben getreten, um mir eine wichtige Botschaft zu übermitteln, und so sind wir ein gemeinsames Stück des Weges gegangen. Ich bedanke mich bei allen Lehrern, die in mein Leben treten: „Wenn der Schüler bereit ist, erscheint der Lehrer."

Mein Herzensdank geht an meinen Partner und Manager, Heinz. Nebst all seinen Projekten nahm er sich immer wieder Zeit, vom Rohmanuskript bis zur Fertigstellung meiner Arbeit. Mit seinem Wissen und Verständnis verfeinerte er mein Werk. Danke, daß du da bist. Mein herzlichster Dank geht an unsere gemeinsame Tochter Joy. Sie öffnet mir jeden Tag die Augen von neuem und spiegelt mir die Wahrheit mit klarer Absicht ins Gesicht. Sie erzählt frei vom Herzen über die geistige Welt. Sie unterstützte mich mit ihrer kindlichen Freude oft im richtigen Moment. Ich liebe dich sehr.

Dieses umfassende Lexikon konnte nur entstehen in der Zusammenarbeit mit Aura-Soma England. Mein Dank geht an Claudia und Mike Booth, welche die Vision von Vicky Wall in ihrem Herzen tragen, an Erik den Alchimisten, der das schöne Produkt durch die höheren Energien erst zum Leben erweckt, und an alle Mitarbeitenden in Dev-Aura.

Nadja, meiner Agentin, bin ich in Dankbarkeit verbunden. Wie von Engeln geschickt, trat Andrea Thüler, Bern, im letzten Moment als Lektorin für das Praxisbuch für Lichtarbeitende in mein Leben. Sie hat viel von Ihrem Fachwissen beigetragen. Sei herzlichst umarmt! Meine Anerkennung und Danksagung geht auch an folgende Freunde, die immer da waren und mich bei der Erstellung des Buches unterstützten: Elisabeth Taussig, Florida, für den Fleiß und Ihr Durchhaltevermögen im Erstellen des Lexikons; Pierrette, Florida, die bei den ersten Schritten im Kreieren des Werkes maßgeblich beteiligt war; Rita Ammann, Zürich, für Ihre fachliche Unterstützung und Beratung in spezifischen Aura-Soma-Fragen; Helmut Darmstadt, Deutschland, Co-Teacher der neuen Essenzen, für seine Mithilfe; Beth Fensky, Künstlerin in Kanada, für ihre Illustrationen; Christoph Rhyner, Masseur in Glarus, für seinen spontanen Einsatz und sein Feedback; meine beiden Nachbarinnen in der Schweiz, Sigi und Silvia und meine Freundin Renee in Florida, die mich in allen persönlichen Belangen unterstützten, um dieses Werk als Mutter zu vollenden und allen denjenigen, rund um die Welt, die halfen einen weiteren Baustein ins Manuskript einzusetzen.

In großer Dankbarkeit schaue ich zurück, wie dieses Buch aus hunderten von synchronistisch geführten Begebenheiten entstanden ist.

In Liebe und Einheit
Elsbeth Devi

Vorwort

von Mike Booth

Mike Booth
Direktor von AURA-SOMA

Es war ein kalter Junitag im Jahr 1997, als meine Frau Claudia und ich zur Teezeit an London's größtem Flughafen, Heathrow, Elsbeth und Heinz trafen.

Wir sprachen über das Buch, das du jetzt in Händen hältst. Sie fragte mich nach meiner Meinung und bat mich um Vorschläge, die helfen könnten, das Buch für dich zu einem wertvollen Einsteiger-Werkzeug zu machen. Wir waren fasziniert. Wir hatten das Gefühl, daß diesem Buch eine klare und leicht verständliche Struktur zugrundeliegt, und daß es für jeden, der sich auf dem Weg mit AURA-SOMA entfalten möchte, sehr nützlich ist. Es kann auf vielerlei Weise benutzt werden und sowohl mit Klienten als auch im Zusammenhang mit Therapien oder Ausbildungen eine große Hilfe sein.

Schon seit langem hegen wir den Wunsch, das komplexe Wissen über AURA-SOMA in einem leicht verständlichen, praktischen und gut strukturierten Buch zugänglich zu machen. Elsbeth Devi hat ihre Fähigkeit zu dieser Klarheit praktisch umgesetzt, um ein großartiges Werkzeug zu erschaffen, das mehr Licht auf den Weg wirft, der sich durch AURA-SOMA offenbart. Das Buch umfaßt einige der wichtigsten Aspekte des Wissens über AURA-SOMA, Lehren über die Chakren, die Meister-Quintessenzen, das Tarot, die Inkarnationserfahrungen, die durch AURA-SOMA gesammelt werden können, die Notfall-Essenzen innerhalb von AURA-SOMA, die Namen, mit denen wir die Flaschen belegen, ein Lexikon der Symptome, die Pomander, das I Ging und das Aeon-Kinder-Set.

Es ist ein sehr praktisches und handliches Buch, das den verschiedensten Anwendern auf allen Stufen ihrer AURA-SOMA-Erfahrung eine Hilfe sein kann, seien es Heilpraktiker, Lehrer, Therapeuten oder Endverbraucher. Und darüber hinaus öffnet es die Türen für alle, die den ersten Schritt in die Welt von AURA-SOMA, der Metaphysik und des unsichtbaren Teils der Wirklichkeit tun möchten. Allen, die auf AURA-SOMA stoßen, sich für Farben interessieren oder sich im Zusammenhang von Farbe und Licht selbst erforschen wollen, ist es eine große Hilfe.

Dieses Buch hat unsere volle Unterstützung, und wir sind vollkommen davon überzeugt, daß es heute und in der Zukunft von Nutzen ist. Möge es seinen Weg um die Welt nehmen, um der schnell wachsenden Zahl von Menschen zu dienen, die Bewußtsein und Farbe durch das AURA-SOMA-System erforschen.

Vorwort
von Claudia Booth

Claudia Booth
Direktorin von AURA-SOMA

Als Werkezuge für das Bewußtsein können AURA-SOMA und du, der Leser, von der Klarheit und der Fürsorge, die Elsbeth Devi in dieses Projekt gebracht hat, nur gewinnen. Ich war sehr aufgeregt, als sie uns das Geheimnis offenbarte, an dem sie gearbeitet hatte. Ich hoffe, daß dieses Buch vielen Menschen helfen wird, ihren schöpferischen Geist zu finden. Auf diese Weise können wir anfangen, uns gegenseitig zu helfen, aus der Freude geteilter Interessen und den einfachen Annehmlichkeiten des Lebens heraus zu scheinen.

Dieses Buch kann als eine Landkarte oder als ein Reiseführer für die Informationen dienen, die in AURA-SOMA enthalten sind. Es ist gleichzeitig ein Überblick, ein Nachschlagewerk und ein Lehrbuch.

Das Farb-Lexikon öffnet eine Tür zu AURA-SOMA, aber viel wesentlicher ist, daß es eine Tür zu uns selbst öffnet. Wenn wir unsere Lieblingsflasche aussuchen, horchen wir auf einen Teil von uns, der in der Eile und den Gewohnheiten des Lebens oft übergangen wird. Das Auswählen ist ein Prozeß, der uns auf seine Weise ganz macht. Jede Auswahl kann eine Gelegenheit sein, auf den größeren Teil der Ganzheit unseres Seins zu hören. Was läßt eine bestimmte Farbe dich tief im Herzen fühlen? Wie oft hörst du auf die Stimme deiner Eingeweide, die Anspannungen des Atmens und die Gefühle in deinem Herzen?

Sobald wir beginnen, auf uns selbst zu hören und darauf zu antworten, werden wir wahrhaftiger gegenüber uns selbst und unserer grundlegenden Gesundheit. Wenn wir uns besser fühlen, fühlen sich die Menschen um uns herum besser.

Den Gebrauch der Farben zu erlernen, die wir brauchen und die Entsprechungen zwischen Farbe und unserer Psyche, dem Tarot, dem I-Ging und den Chakren zu verstehen, ist ein aufregendes Abenteuer mit einem neuen Wegweiser: Dem Farb-Lexikon.

Begleitwort

Wie so viele Menschen in dieser Zeit bin auch ich in der Tradition der westlichen Schulmedizin aufgewachsen, wo wie bei mir zu Hause vor allem Symptome bekämpft wurden. Heute weiß ich, daß dies die kurzfristigste aller Lösungen ist: Die Symptome werden verlagert, und die Ursache der Krankheit wird nur verdrängt! Es ist ähnlich wie beim Champignon-Schneiden: Der Pilz wächst, man schneidet ihn ab, und sowohl Sporen als auch Wurzeln leben und gedeihen unterirdisch weiter, bis sich daraus der nächste Champignon entwickelt und irgendwo an der Oberfläche auftaucht. Dieses Gleichnis zeigt, wie sich ein Symptom immer wieder von neuem in unserem physischen Körper manifestieren kann. Leider sind es immer noch wenig Menschen, die eine Krankheitsursache holistisch analysieren und entsprechend auch ganzheitlich behandeln.

Eine Krankheit ist für Hellsichtige bereits frühzeitig in unserer Aura sichtbar. Sie wird meist als dunkle Flecken oder Löcher wahrgenommen, und es kann sogar definiert werden, in welchem Entwicklungsstadium sie sich befindet. Die meisten Krankheiten kreieren wir über unseren Emotional- und Mentalkörper; sie kommen aus dem sogenannten Nichts, bahnen sich einen Weg in den physischen Körper und lösen sich schließlich wieder in nichts auf. Es ist nur eine Frage der Zeit, wie lange wir die Krankheit an uns binden, wie lange wir benötigen, um ihre Botschaft zu verstehen, um zu vergeben und um loszulassen. Bei sehr durchlässigen und lichtentwikkelten Menschen kann dieser Prozeß in wenigen Sekunden oder Minuten durchlaufen werden, andere brauchen dazu Tage, Monate oder sogar Jahre.

Dies zeigt uns, weshalb ohne Selbsterkenntnis und ohne bewußte, geistige Veränderung eine Krankheit aus dem physischen Körper in unser elektromagnetisches Feld und die feinstofflichen Körper hinaus verdrängt wird. Nach unserer Wahrnehmung sind wir zwar „geheilt“, die Krankheit jedoch wartet nur auf die nächste Gelegenheit, sich erneut im Physischen zu manifestieren. Dieses Spiel wiederholt sich so lange, bis wir bereit sind, hinter die Symptome zu schauen, die echte Ursache zu finden und die Lehre effektiv daraus zu ziehen. Im Kapitel „ Chakra-Body-Analyse“ wird eingehend über die verschiedenen Symptommuster im Körper gesprochen.

Sobald du ein Symptom beim Namen nennst, wird dies von deinem Unterbewußtsein als neue Wahrheit gespeichert und im ganzen System verankert. Das heißt, daß sich dein Körper von nun an mit dem Symptom identifiziert und dies reproduziert. Es ist so wichtig, diese Mechanismen zu erkennen, ein Symptom lediglich als scheinbaren Zustand anzunehmen und bewußte Veränderung anzustreben. Mehr darüber im Kapitel „Affirmationen und Gebete“.

Das AURA-SOMA-System mit der außergewöhnlichen Kombination von Farb-, Pflanzen- und Kristallenergien bietet uns eine wundervoll ganzheitliche, mit Affirmationen verbundene Selbstheilungs-Therapie. Diese Leitsätze helfen sowohl dem Mental- wie auch dem Emotionalkörper, sich neu zu orientieren. Dies ist ein wichtiger Mosaikstein in der holistischen Behandlung einer Krankheitsursache. Im Kapitel „Affirmationen und Gebete“ vertiefe ich diese Thematik. Im Literaturverzeichnis findest du Werke, welche speziell die Körpersymptomsprache verständlich machen.

Unser Körper ist nichts anderes als unser Gehäuse, Tempel oder Vehikel für den Lebensabschnitt hier auf dem blauen Planet Erde. Der physische Körper braucht Pflege und Reinigung wie unsere Wohnung, unser Haus oder unser Auto, um ein paar weitere Symbole für unseren Körper zu erwähnen. Stell dir vor, du reinigst dein Lieblingszimmer dreimal im Jahr, nämlich nur dann, wenn du in den Urlaub fährst. Wie lange bleibt dies wohl dein Lieblingszimmer? Wie wohl fühlst du dich darin?

War es dir auch schon mal unangenehm, im Auto eines Bekannten mitzufahren? Interessanterweise hat das Auto eine sehr intime Atmosphäre. Ich kann mich ganz speziell an ein immer wiederkehrendes Erlebnis in meiner Kindheit erinnern: Ich brauchte immer eine gewisse Zeit, bis ich mich auf die Atmosphäre in jenem Auto eingeschwungen hatte. Einerseits, wie oben bemerkt, ist ein Auto Symbol des erweiterten Körpersystems des Fahrers (die meisten Menschen sind sehr an ihr Auto gebunden), andererseits nimmt man in diesem kleinen Raum die Aura des Besitzers sehr stark wahr. Die Atmosphäre reflektiert das Wesen.

Ein weiterer einfacher Vergleich läßt sich mit der eigenen Wohnsituation machen. Der Keller im Haus entspricht den Füßen und den Beinen, die Wohnräume entsprechen dem Rumpf und der Dachboden dem Kopf. Wenn du in einem Studio oder einer einfachen Wohnung lebst, kannst du schauen, welcher Kasten den Keller oder den Dachboden repräsentiert. Öffne diesen und schaue mal nach, wie es da drinnen so aussieht! Oder gehe als Hausbesitzer wieder mal bewußt auf deinen Dachboden; gibt es da etwas zum Aufräumen, zum Loslassen? Wieviel emotionaler und mentaler Müll hat sich über die Jahre bei dir abgelagert? Diese Metaphern sind für dein Verständnis zum Körper bestimmt und wollen dich zum Nachdenken anregen.

Es ist mir wichtig, dich auf folgendes aufmerksam zu machen: Wir haben heute nicht mehr jahrelang Zeit, uns zu therapieren, alte Karmafäden und Vernetzungen aufzuspüren, zu analysieren, um sie dann in langen Sitzungen aufzulösen. Es darf einen schnelleren Weg geben. AURA-SOMA unter anderem, als eine komplexe Medizin fürs nächste Jahrhundert, kann uns eine wirkungsvolle Abkürzung anbieten auf dem Weg zurück zur Quelle des Lichts.

AURA-SOMA ist für Lichtarbeitende Medizin, um ihren Lichtkörper zu pflegen und zu heilen.

Wirksame Heilung kann nur holistisch angegangen werden. Dazu braucht es die Zusammenarbeit von Körper, Gedächtnis, Geist und Seele und das Verständnis dafür. Meine Aufgabe ist es, den Suchenden zu helfen, die Ursache für ihre Symptome zu finden und die magische Kraft der Heilung zu erschließen. Wenn die Ursache also nicht ganzheitlich angegangen wird und du dich nicht für die Schwingungs-Frequenz der Naturheilmittel öffnest, bleibt die beste Licht-Medizin auch nur ein weiteres Produkt in deiner Hausapotheke. Nur bei einer Integration aller feinstofflichen Körpersysteme ist eine wahre Genesung möglich. Wunder geschehen jeden Tag! Bitte um Spontanheilung und glaube daran. Sei bereit, ein Wunder und Heilung zu empfangen.

Elsbeth Devi

Teil I

Farb-Lexikon

Aeon Kinder-Set

Zyklus des Kindes	EF Nr.
Neugeborenes bis 9 Monate, oder bis Fontanelle geschlossen ist	11
Stillzeit und wenn das Kind aus der Tasse zu trinken lernt	12
Zahnende Babys	2 20
Rebellions-Zeit – Trotzphase	13
Bis Schulbeginn – Schulanfänger	14
Persönliches Schutzschild in der Schule	16
7 Jahre bis Pubertät	15
Kinder Erste Hilfe bis 12 Jahre	20
Kinder Erste Hilfe ab 12 Jahre	1
Inneres Kind	20
Nach Pubertät/zusätzliche Auswahl	55
Nach Pubertät/zusätzliche Auswahl	77
Nach Pubertät/zusätzliche Auswahl	86
Bei älteren Kindern: Bedrohung durch Menschen oder Situationen	34
Vergewaltigung	55
Bettnässen	P 5

Bist du die Anwendende für ein Kind, so schüttele die Flasche mit der rechten Hand, während du den Körper des Kindes mit der linken Hand berührst.

Aeon Kinder-Set

Anwendung	Affirmation
Um Hüften, Unterbauch, unteren Rücken, auch um gesamten Rumpf und Hals	Ich liebe mich so, wie ich bin.
Um den gesamten Hals	Je friedlicher ich werde, um so mehr Licht wird mir geschenkt.
Um den gesamten Hals herum Auf dem ganzen Körper	Ich atme Frieden ein. Ich atme Frieden aus. Liebe heißt die Angst loslassen.
Um den gesamten Herzbereich	In jedem Ende liegt ein Neuanfang.
Um den gesamten Solarplexusbereich	Je mehr ich meine Angst loslasse, um so mehr öffne ich mich für meine innere Wahrheit.
Um den gesamten Haaransatz	Je mehr ich mir meiner Aufgabe bewußt werde, um so heller wird mein Leben.
Am Haaransatz, um den gesamten Kopf	Je mehr Licht ich in mich hineinlasse, um so heiler werde ich.
Auf dem ganzen Körper	Liebe heißt die Angst loslassen.
Um den gesamten Haaransatz, Hals und Ohren	Ich bin ganz. Ich integriere all meine Teile.
Auf dem ganzen Körper	Liebe heißt die Angst loslassen.
Um den gesamten Unterbauch	Ich habe die Energie, meinen Idealen zu folgen.
Überall am Körper	Ich lasse meine Illusionen los und sehe klar.
Um den gesamten Brustbereich	Ich öffne mich dafür, daß sich die Schöpfung in mir ausdrückt.
Um den gesamten Herzbereich	Ich bin, der/die ich bin.
Um den gesamten Unterbauch	Ich habe die Energie, meinen Idealen zu folgen.
Kinder und Erziehungspersonen mindestens 28 Tage	

Schwangerschaft/Geburt

Situation der Mutter	EF Nr.
Wunsch nach einem Kind bis zur Empfängnis	11
Während der Schwangerschaft: Nach eigenem Empfinden EF 12/13/14 benutzen	12
	13
	14
Geburts- und Wehenschmerzen	0
	15
Bewußtes Geburtserlebnis	15
Vorbeugung von Schwangerschaftsstreifen	2

Nach der Geburt kannst du die Reste von EF 11/12/13/14/15/0 reinigen und für das Kind weiter benützen.

Mögliche Reinigung: Balanceflasche 36 Stunden in Meersalz stehen lassen, ganze Flasche bedecken.

Schwangerschaft/Geburt

Anwendung	Affirmation
Um die Hüften, Unterbauch, unteren Rücken, auch um gesamten Rumpf und um den Hals	Ich liebe mich so, wie ich bin.
Um den gesamten Hals	Je friedlicher ich werde, um so mehr Licht wird mir geschenkt.
Um den gesamten Herzbereich	In jedem Ende liegt ein Neuanfang.
Um den gesamten Solarplexusbereich	Je mehr ich meine Angst loslasse, um so mehr öffne ich mich für meine innere Wahrheit.
Um den gesamten Haaransatz, um die Ohren Bei akuten Fällen am ganzen Körper auftragen.	Ich liebe das Leben. Leben ist Lernen.
Am Haaransatz, um den gesamten Kopf	Je mehr Licht ich in mich hineinlasse, um so heiler werde ich.
Am Haaransatz, um den gesamten Kopf	Je mehr Licht ich in mich hineinlasse, um so heiler werde ich.
Um den gesamten Hals herum	Ich atme Frieden ein. Ich atme Frieden aus.

Schule

Situation des Kindes	EF Nr.
Sprechen lernen (ausdrücken lernen)	12
Konzentrationsmangel	15
Sprachprobleme	15
Stottern	15
Schuleintrittsangst	14
Angst vor anderen Menschen	15

Schule

Anwendung	Affirmation
Um den gesamten Hals	Je friedlicher ich werde, um so mehr Licht wird mir geschenkt.
Am Haaransatz, um den gesamten Kopf	Je mehr Licht ich in mich hineinlasse, um so heiler werde ich.
Am Haaransatz, um den gesamten Kopf	Je mehr Licht ich in mich hineinlasse, um so heiler werde ich.
Am Haaransatz, um den gesamten Kopf	Je mehr Licht ich in mich hineinlasse, um so heiler werde ich.
Um den gesamten Solarplexusbereich	Je mehr ich meine Angst loslasse, um so mehr öffne ich mich für meine innere Wahrheit.
Am Haaransatz, um den gesamten Kopf	Je mehr Licht ich in mich hineinlasse, um so heiler werde ich.

Chakra-Set Vicky Wall – Das Original

Chakra	EF Nr. Basis Set	EF Nr. Gr. Set
Achtes	–	0
Kronen	1	1
Kronen	–	16
Kronen	20	20
Hals	2	2
Ananda-Khanda	–	43
Herz	3	3
Herz	–	10
Sonnengeflecht	4	4
Sakral (Nabel)	26	26
Wurzel	5	5
Wurzel	–	6

Jeden Morgen wird die Flasche ausgesucht, die dich am meisten anspricht. Anwendung der Öle wie beschrieben, oder Einreiben/Massieren lassen. Die Wahl zeigt dir das Energiezentrum, auf das du dich heute konzentrieren kannst. Beachte die Wirkungen, die du spürst. Jedes Chakra stimuliert einen bestimmten Teil des Körpers. Bei Anwendung der zugeordneten

Chakra-Set Vicky Wall – Das Original

Anwendung	Affirmation
Um den Haaransatz, Ohren. In akuten Fällen am ganzen Körper auftragen.	Ich liebe das Leben. Das Leben liebt mich.
Um den Haaransatz, Hals, Ohren.	Ich bin ganz. Ich integriere all meine Teile.
Um den Haaransatz	Je mehr ich meiner Aufgabe bewußt werde, um so heller wird mein Leben.
Am ganzen Körper	Lieben heißt die Angst loslassen.
Um den ganzen Hals herum auftragen.	Ich atme Frieden ein. Ich atme Frieden aus.
Um den gesamten Herzbereich	Alles fließt. Ich gehe mit dem Fluß.
Gesamter Brustraum, vom Brustbein bis zum Abschluß der Rippen	Ich drücke Liebe und Wahrheit aus.
Um den gesamten Brustbereich herum	Ich liebe mich so, wie ich bin.
Auf der Höhe des Solarplexus in einem Band rund um den Körper	Ich bin sicher. Ich weiß, daß ich nichts weiß.
Um den gesamten Unterbauchbereich, zusätzlich vom linken Ohrläppchen bis zur linken Schulter	Die einzige Sicherheit im Leben ist Veränderung.
Um den gesamten Unterbauch herum	Ich öffne mich für die Freude in meinem Leben.
Überall unter dem Hüftbereich	Was immer ich tue, läßt die Liebe in meinem Leben wachsen.

Farbe, deren Wellenlänge der Schlüssel zum Chakra ist, welches Hilfe benötigt, wird die geschwächte Wellenlänge verstärkt. Dadurch wird der Heilungsprozeß in den Körperzellen regeneriert und angeregt. Dies ist eine Frage von Versorgung und Verbrauch, der Körper wird wieder ausbalanciert.

Chakra Set Devi & Fred

Chakra	EF Nr. Basis Set	EF Nr. Gr. Set
Achtes	67	
Kronen	16	
Kronen		56
Drittes Auge	96	
Hals	2	
Hals		50
Ananda-Khanda	43	
Ananda-Khanda		62
Herz	10	
Herz		53
Sonnengeflecht	41	
Sonnengeflecht	42	
Sonnengeflecht		51
Sakral (Nabel)	26	
Sakral (Nabel)		87
Wurzel	6	
Wurzel & Kronen		52
Alle Chakren (Regenbogen)	54	54

Chakra Set Devi & Fred

Anwendung	Affirmation
Am ganzen Körper	Ich warte geduldig, daß das Göttliche sich in meinem Leben enthüllt.
Um den Haaransatz	Je mehr ich meiner Aufgabe bewußt werde, um so heller wird mein Leben.
Um den Haaransatz	Ich vertraue darauf; daß meine Intuition auf Vernunft basiert.
Um den Hals herum bis zur Stirn	Erzengel Raphael - der höhere Geist ist tätig, nährend
Um den ganzen Hals herum auftragen.	Ich atme Frieden ein. Ich atme Frieden aus.
Um den ganzen Hals	Dein Wille geschehe durch mich.
Um den gesamten Herzbereich	Alles fließt. Ich gehe mit dem Fluß.
Um den gesamten Brustraum, um den Hals herum	Ich überlasse mich dem Fluß des Lebens.
Um den ges. Brustbereich	Ich liebe mich so, wie ich bin.
Um den gesamten Herzbereich	Ich finde, wo für mich die Wahrheit liegt.
Um den gesamten Solarplexusbereich	Ich suche und finde den Topf Gold am Ende des Regenbogens.
Um den gesamten Solarplexusbereich	Ich lasse aus meinem von außen aufgenommenen Wissen inneres Wissen entstehen.
Um den gesamten Solarplexusbereich	Ich stehe am Tor und weiß, daß dahinter die Freude wartet.
Um den ges Unterbauchbereich, zusätzl. v. li.Ohrläppchen zur li. Schulter	Die einzige Sicherheit im Leben ist Veränderung.
Um den gesamten Unterbauchbereich herum	Ich verabschiede mich von der Vergangenheit und begrüße die Liebe.
Überall unter dem Hüftbereich.	Was immer ich tue, läßt die Liebe in meinem Leben wachsen.
Rund um den Bauch	Ich liebe mich so, wie ich bin.
Am ganzen Körper	Ob ich lache oder weine, ich sehe d. Regenbogen in meinen Tränen.

Einsteiger-Set

Wie du dein Einsteiger-Set zusammenstellen kannst:

1. Wie du deine erste Wahl triffst:
   Konsultation bei einer Aura-Soma Beraterin (4 Flaschen)
   Nr. ......, Nr. ......, Nr. ......, Nr. ......
   Wichtig: Wähle deine ersten Flaschen direkt vom ganzen Equilibrium Set. Nur so können die Energien der Wesenskräfte mit deiner Seele in Verbindung treten.

2. Lieblingsflasche. Wähle aus 99 Equilibrium-Flaschen diejenige, die dich am meisten anspricht (erste Position aus deiner Konsultation bei einer Aura-Soma Beraterin): Nr. ......

3. Wie du deine Geburts-Equilibrium-Flasche errechnest:
   Geburtsflasche: (Tag + Monat + Jahr = 24) Nr. 24
   Beispiel: 06. 02. 1951
   0 + 6 + 0 + 2 + 1 + 9 + 5 + 1 = 24
   (2 + 4) = 6

4. Wie du deine aktuelle Jahres-Equilibrium-Flasche errechnest:
   Jahresflasche: (Tag + Monat + Jahr = 35) Nr. 35
   Beispiel: 06. 02. 1998
   0 + 6 + 0 + 2 + 1 + 9 + 9 + 8 = 35
   (3 + 5) = 8

5. Chakra-Set von Vicky Wall-Das Original eventuell in 25ml Flaschen
   Nr. 6/Nr. 5/Nr. 26/Nr. 3/Nr. 2/Nr. 20/Nr. 1

6. Je nach persönlichem Bedarf Teile aus dem:
   - Aeon Kinder-Set
   - Reise-Set
   - Erste Hilfe-Set

Reise-Set

Situation Symptom	EF Nr.	P Nr.	Q Nr.	Farbe
Jet-Lag			08	Orion und Angelika
Leicht beengt fühlen		09		smaragdgrün
Übelkeit		06		gold
Schock	26			orange über orange
Fieber	20			blau über pink
	56			blaßviolett über blaß-violett
Rekonvaleszenz	25			rotviolett über magen-ta
Kinder	20			blau über pink

Stelle dein persönliches Reise-Set zusammen.

Zusätzlich kannst Du dieses wie folgt ergänzen:

- Teile aus dem Ersten Hilfe-Set
- Teile aus dem Chakra-Set
- Teile aus dem Aeon Kinder-Set (wenn Kinder mitreisen)

Einige Flaschen sind in praktischen Plastikfläschchen erhältlich (25ml).

Erste-Hilfe-Set

(Not-) Situation	EF Nr.
im spirituellen Bereich	0
im körperlichen Bereich	1
bei Herzens-Angelegenheiten	3
Alter bis 12 Jahre	20
Alter ab 12 Jahre	1
im ätherischen Bereich	26
im Chakra-Bereich	78
im Astral-Bereich	87
im Energie-Bereich – Aufbau/Abbau	89
im Weisheits-Bereich – Zugang	90
in der Rekonvaleszenz-Zeit	25
Ängste – Zustand	31
Schock – Zustand	26

Bei Operationen ist der Pomander Nr. 5 (orange) und die Quintessenz Lao-Tse und Kwan-Yin Nr. 11 (orange) zu empfehlen.

Erste-Hilfe-Set

Anwendung	Affirmation
Um den gesamten Haaransatz, um die Ohren. Bei akuten Fällen am ganzen Körper auftragen.	Ich liebe das Leben. Leben ist Lernen.
Am Haaransatz, Hals, um die Ohren	Ich bin ganz. Ich integriere alle meine Teile.
Gesamter Brustraum, in einem breiten Band vom Brustbein bis zum Abschluß der Rippen	Ich drücke Liebe und Wahrheit aus.
Auf dem ganzen Körper	Liebe heißt Angst loslassen.
Am Haaransatz, Hals, um die Ohren	Ich bin ganz. Ich integriere alle meine Teile.
Um d. ges. Unterbauch herum, v. linken Ohrläppchen bis zur linken Schulter in schmalem Band nach unten. Unter dem linken Arm, im breiten Band bis zum Fußknöchel	Die einzige Sicherheit im Leben ist die Veränderung.
Am Haaransatz, Hals, Nacken. Das Dritte Auge und den Wirbel oben am Kopf	Ich lade den Geist in alle Bereiche meines Lebens ein.
Wie beim ätherischen Bereich, doch diesmal vom *rechten* Ohrläppchen usw.	Ich verabschiede mich von der Vergangenheit und begrüße die Liebe.
Um den gesamten Unterbauch	D. Energie folgt d. Absicht.
Um den gesamten Bauch	Aus meinem Chaos taucht eine neue Ordnung auf
Um den gesamten Haaransatz	Ich lasse meine Enttäuschungen gehen.
Zwischen Herzbereich und dem Bereich knapp unter dem Bauchnabel	Ich lasse meine Angst los und finde Sonnenschein in meinem Herzen.
Wie beim ätherischen Bereich	Die einzige Sicherheit im Leben ist die Veränderung.

Beziehungs-Verzeichnis

Situation	EF Nr.
Neue Beziehung	74
Neuer Lebensabschnitt	67
Jemand zapft Energie ab	29
Tantrische Übungen	89
Tantrische Übungen	84
Enttäuschung in der Liebe	45
Mißbrauch	5
Mißbrauch	6
Mißbrauch	19
Mißbrauch	26
Mißbrauch	44
Mißbrauch	52
Mißbrauch	55
Mißbrauch	76
Mißbrauch	87

Beziehungs-Verzeichnis

Anwendung	Affirmation
Um Herz und Solarplexusbereich	Der Weg ist das Ziel.
Uberall um den Körper herum	Ich warte geduldig, daß das Göttliche sich in meinem Leben enthüllt.
Um den gesamten Rumpf	Ich öffne mich für inneren Frieden.
Um den gesamten Unterbauch	Die Energie folgt d. Absicht.
Um den gesamten Unterbauch herum	Ich verabschiede mich von der Vergangenheit und öffne mich für die Liebe.
Überall um den Körper herum	Alles ist auf seine eigene Art schön.
Um den gesamten Unterbauch herum	Ich öffne mich für die Freude in meinem Leben.
Überall unter dem Hüftebereich und auf die Fußsohlen	Was immer ich tue, läßt die Liebe in meinem Leben wachsen.
Um den gesamten Unterbauch herum	Ich sage ja zum Leben und zu mir selbst.
Um den ges. Unterbauch, zusätzlich vom linken Ohrläppchen bis zur li. Schulter in schmalem Band nach unten. Unter d. li. Arm im breiten Band die ges. li. Seite d. Rumpfes bis zum Fußknöchel	Die einzige Sicherheit im Leben ist die Veränderung.
Um den Hals und rund um den Haaransatz herum	Ich lasse los und erwarte nichts.
Rund um den Bauch	Ich liebe mich, so wie ich bin.
Um den gesamten Unterbauch herum	Ich habe die Energie, meinen Idealen zu folgen.
Um den gesamten Bauch herum	Ich liebe dich so, daß ich dich loslassen kann.
Um den gesamten Unterbauch herum	Ich verabschiede mich von der Vergangenheit und begrüße die Liebe.

Beziehungs-Verzeichnis (Fortsetzung)

Situation	EF Nr.
Trennung – positive Erkenntnisse	16
Trennung – Selbstliebe erneuern	23
Trennung/Scheidung	27
Trennung/Scheidung „Leiden"	28
Nahtod-Erfahrung (Schock)	16
Plötzlicher Tod	26
Sterben	2 11
Hinterbliebene	78
Angst vor dem Tod	13

Unterstützt	P Nr.	Q Nr.	Farbe	Fördert
Liebe allgemein		3	rosa	Bedingungslose Liebe
Sterben für Angehörige	13		violett	Bringt Heilung
	5		orange	Schock überwinden
		11	blaßorange	Das Alte gehenlassen
		12	blaßkoralle	Läßt die Tiefe der Dinge erkennen

Beziehungs-Verzeichnis (Fortsetzung)

Anwendung	Affirmation
Um den gesamten Haaransatz herum	Je mehr ich mir meiner Aufgabe bewußt werde, um so heller wird mein Leben.
Um den gesamten Unterbauch In schwierigen emotionalen Situationen um den Herzbereich, bei spirituellen und mentalen Problemen um den ges. Haaransatz	Ich bin in Harmonie mit dem Leben, und das Leben ist in Harmonie mit mir.
Um den gesamten Rumpf herum	Ich sehe das Licht durch die Bäume.
Um den gesamten Rumpf herum	Ich finde die Kraft zu sein, wer ich bin.
Um den gesamten Haaransatz herum	Je mehr ich mir meiner Aufgabe bewußt werde, um so heller wird mein Leben.
Wie bei „Mißbrauch", Nr. 26	Die einzige Sicherheit im Leben ist die Veränderung.
Um den gesamten Hals herum Um den gesamten Rumpf und um den Hals herum	Ich atme Frieden ein. Ich atme Frieden aus. Ich liebe mich so, wie ich bin.
Um den Haaransatz, um den Hals, auf das Dritte Auge und den Wirbel oben am Kopf	Ich lade den Geist in alle Bereiche meines Lebens ein.
Um den gesamten Herzbereich	In jedem Ende liegt ein Neuanfang.

Zusätzlich für Tiere

P Nr.	Anwendung	Affirmation
3	Über den gesamten Brustraum	Ich drücke Liebe und Wahrheit aus.
26	Um den gesamten Unterbauch	Die einzige Sicherheit im Leben ist die Veränderung.

Erzengel - Verzeichnis

Name	Farbe	EF	Geboren
Michael	Hellblau/Hellgelb	94	1. 12. 1995

Aussage

Erzengel Michael ist hier, um uns von dem niederen Willen (unserem Ego) zu trennen und uns mit dem Höheren Willen (Energie, die von oben durch das Schwert geleitet wird) zu verbinden. Diese Kombination ist ein Hinweis darauf, daß wir nicht länger nach einer Identität greifen müssen, die auf starken Sensationen basiert. Wir müssen die stärksten Ängste, die in unserem Unterbewußtsein sind, loslassen. Wir müssen sie aufgeben, damit wir den Frieden in seiner stärksten Form finden. Dies geschieht, wenn wir anfangen, unsere Ängste vom Standpunkt der Liebe anzuschauen. Somit gibt es weniger eine Identifikation, dafür eine Qualität des Ausdrucks davon, wer wir wirklich sind. Es ist ein Hinweis auf eine Antwort, die aus dem Herzen kommt, und erinnert uns an Hilarion; „Der Weg, die Wahrheit und das Licht.“ Der Weg erlaubt uns zu sein, die Wahrheit, unsere eigene Ebene, unsere Integrität und das was geschieht, wenn wir unsere Ängste loslassen, zu erfahren.

Wirkung

Das Licht, intensive Lebensfreude, zeigt sich. Erzengel Michael schenkt Verständnis und Freude, wenn wir die Wahrheit in uns selbst finden. Erzengel Michael mit seinem blauen Schwert der Wahrheit hat die Kraft, uns aus irdischen, verstrickten Verbindungen zu lösen. Er durchtrennt negative Energien und kann Gedanken reinigen. Er harmonisiert die Energie in Räumen und bringt Frieden und Wohlbehagen.

Erzengel - Verzeichnis *(Fortsetzung)*

Name	Farbe	EF	Geboren
Gabriel	Magenta/Gold	95	24. 6. 1996

Aussage	Wirkung
Erzengel Gabriel kam, um die Christusenergie ganz in der Erde zu verankern. Er kam zur Unterstützung, um uns gänzlich in den inkarnierten Stern (unseren feinstofflichen Körper) einzutauchen. Durch das Magenta wird die Öffnung möglich. Die Energie der Farbe Magenta kann zur Auflösung der Klein- und Kernfamilie beitragen. Die Verbindungen können so unterstützt werden, das Licht der goldenen Weisheit von Moment zu Moment zusammenzuhalten, anstelle der Verbindung zur Angst. Magenta enthält den wahren Abdruck unserer Seele.	Fördert Gesundheit; Glück und ein hoher Platz warten auf dich. Unterstützt dich beim täglichen Vorwärtsschreiten, selbst wenn die Versuchung des Körpers schwer zu überwinden ist. Entwickelt Liebe zu den kleinen Dingen und das Wissen, sich mit diesen Dingen zu verbinden oder, im Wissen darum, Liebe in diese Dinge zu legen, läßt uns wachsen. Die Energie des Seelen-Sterns fällt zusammen mit dem Daseins-Stern.

Erzengel - Verzeichnis (Fortsetzung)

Name	Farbe	EF	Geboren
Raphael	Königsblau/Königsblau	96	3. 12. 1996

Aussage

Erzengel Raphaels Unterstützung von oben hilft der Kommunikation von oben und gibt uns die Möglichkeit, klar zu sehen, was vor uns liegt. Es ist nicht notwendig weiterzusuchen. Es läßt die vielen Facetten des Lichtes in jede Richtung scheinen. Sei gewillt zu arbeiten, zu beten und niederzuknien – und wenn du dies tust, wird dich der Himmel mit allem belohnen. Jeder von uns muß zu diesem Zeitpunkt seine Überlebensthemen betrachten und konfrontieren. Dies muß in einem Rahmen des Friedens geschehen; eines Friedens, der das Verständnis überschreitet.

Wirkung

Die höheren Funktionen der Gedanken kommen ins Sein. Sie werden uns von oben zur Verfügung gestellt. Die Kommunikation, die von oben zur Verfügung gestellt wird, nährt die königsblaue Energie, die in der Tiefe des Selbst liegt. Im Inneren liegt ein tiefer Friede, der durch Kommunikation in die Welt hinausgetragen werden will. Das Königsblau/Königsblau symbolisiert einen lang erwarteten Traum. Ein Traum von einer Zeit, in der Klarheit der Vision, Klarheit der Zeit, in der das Potential fürs Erwachen unendlich groß sind. Das bißchen Rosa innerhalb des Blauen zu finden heißt, das Potential zum Erwachen in uns selbst zu finden. Es bedeutet Disziplin, die notwendig ist, das Selbstbewußtsein in der Kommunikation zu überwinden und sich für die Möglichkeit zu öffnen, die Erfahrung des Erwachens wahrzunehmen. Die Rückkehr von Blau/ Blau innerhalb des Königblauen erlaubt uns, die Hohenpriesterin in unserem Inneren mit Energie zu wecken, so daß wir empfänglich werden für das, was von oben eingegeben wird, um mit unserem innersten Wesen zu kommunizieren. Die

Erzengel - Verzeichnis (Fortsetzung)

Aussage	Wirkung
	Überlebensthemen wurden uns aus einem spezifischen Grund gegeben. Es hat mit dem Gleichgewicht zwischen dem, was besteht und dem, was von uns verlangt wird, zu tun.

Erzengel - Verzeichnis (Fortsetzung)

Name	Farbe	EF	Geboren
Uriel	Gold/Königsblau	97	3. 12. 1996

Aussage

Erzengel Uriel bringt die Energie des goldenen Lichtes der Sonne ins Bewußtsein. Das Licht des Inkarnationssterns erblickt einen neuen Tag. Das goldene Licht von oben scheint herunter. Die alte Weisheit erwacht im Bewußtsein. In der Tiefe des Selbst, im Unterbewußtsein, befindet sich die Unterstützung der Kommunikation von oben. Das Potential zum Erwachen liegt in unserem Inneren, während die Mysterien anfangen, sich im Rahmen der alten Weisheit zu entfalten. Das goldene Licht ist die Sonne, die ins Bewußtsein scheint. Es ist so, als ob die Energie, die sich im Erzengel Michael befindet, jetzt die Möglichkeit hat, ins Bewußtsein zu steigen. Das Licht des Inkarnationssterns erblickt einen neuen Tag. Diese Farbkombination ergibt geschüttelt das tiefe Smaragdgrün, die Erinnerung für diejenigen, die das Dienende vom Herzen aus benötigen.

Wirkung

Die Farbkombination von Uriel spricht von dem, was in unserem Potential liegt; die Verfeinerung vom Gold in unserem Inneren. Wenn wir unser Innerstes reinigen und verfeinern können, wenn unsere Persönlichkeit von dieser Essenz verwandelt werden kann, wenn wir anfangen, in unserem tiefsten Inneren zu erwachen und den tiefen Frieden, der dort ruht, wahrzunehmen, können sich unsere Aufgaben in der Welt enthüllen.Die Autorität und Stärke, die sich in unserem Potential zum Ausdruck bringt (in bezug auf die wahre Natur unserer Essenz), kann jeder in seinem Inneren kennenlernen. Jeder von uns hat Autorität. Wir können sie nur verlieren. Ein Teil der Lehre Uriels besteht darin, die Möglichkeit zu erkennen, welchen Aspekt der Weisheit wir bewußt in uns tragen, sowie den tiefen Frieden zu diesem Aspekt zu finden. Auch in der Stille kommt das zum Ausdruck, was wir in unserem Inneren sind. Die Flasche spricht vom Empfangen einer Kommunikation von oben und davon, diese auf eine verständliche Weise in die Welt hinauszutragen. Es ist eine Beziehung gemeint, die alle

Erzengel - Verzeichnis (Fortsetzung)

Aussage	Wirkung
	Aspekte unserer Gefühlswelt beinhaltet, sowie auch die Art und Weise, wie wir dieses Gefühl durch unsere individuelle Art zu dienen zum Ausdruck bringen. Das Smaragdgrün beinhaltet auch die Erinnerung an die luziferische Natur in uns, das „Nicht-dienen-Wollen". Das Smaragdgrün in unserem Herzen stellt die Verbindung zum interplanetarichen Energiegitter her. Dies ist der positive Aspekt von Luzifer. Zum jetzigen Zeitpunkt gibt es dem Inkarnationsstern die Möglichkeit, sich in einer bewußten Weise zu entfalten. Vorausgesetzt, wir haben die Ohren zu hören und die Augen zu sehen, vielleicht finden wir dann den Frieden, der sich in unserem Inneren befindet.

Erzengel - Verzeichnis (Fortsetzung)

Name	Farbe	EF	Geboren
Sandalphon	Flieder/Koralle	98	21. 6. 1998

Aussage

Erzengel Sandalphon ist gekommen, um die bewußte Umwandlung von Negativität in Zusammenarbeit mit unserer tiefen Ebene zu vervollkommnen. Er kann uns bei der Bewältigung von unverarbeiteten Informationen oder Erfahrungen helfen. Er bringt viele neue Ebenen von Verstehen und Aufnehmen. Er bringt die zweite Ebene des Sternenkindes zum Ausdruck, welche uns mit der Erde verbindet, wenn die neue Christusenergie zur Erde herabkommt. Die Zeit ist gekommen, in der aus den tiefsten Ebenen des Selbst innige Freude aufsteigen kann. Verborgen in Sandalphon finden wir den Erzengel Michael, der das Schwert seiner Erkenntnis in die Gitterstruktur der Erde hineinbringt. Die bedingungslose Liebe dieses Umwandlungs-prozesses ist Erzengel Sandalphons Geschenk.

Wirkung

Die heilenden Eigenschaften der Koralle bringen in Verbindung mit der Annäherung ans neue Zeitalter die neue Christusenergie hervor. Die Heilkraft des Lila bringt, zusammen mit der bedingungslosen Christusliebe, ein Bewußtsein fürs All-Eins-Sein, die Verbindung zwischen allen Wesen auf der Erde. Die Offenbarung der Erzengelserie scheint anzudauern. In dieser Flasche sind unglaubliche Freude, Einsicht und Entzücken enthalten. Die Flasche hat auch viel mit Synchronizität zu tun, welche zeitlich übereinstimmende Begebenheiten fördert. Sandalphon zeigt neue Ebenen der Zusammenarbeit auf. Die lila Flammen brennen intensive Mißbrauchsthemen weg, erlösen die Vergangenheit und bieten ein Versprechen für die Zukunft an.

Inkarnations - Verzeichnis
In Verbindung mit Equilibrium-Flaschen

Inkarnation	EF Nr.	Anwendung	Affirmation
12.-16. Jahrhundert	38	Um den gesamten Haaransatz, um den Herzbereich, überall, wo es schmerzt	Ich gebe meinen Gefühlen einen Namen.
12.-16. Jahrh.	17	Um den gesamten Brustbereich	Ich suche und finde die Wahrheit.
Altes Ägypten	4	Auf der Höhe des Solarplexus in einem Band um den Körper	Ich bin sicher. Ich weiß, daß ich nichts weiß.
Altes Ägypten	79	Um den Haaransatz und um den Unterleib herum	Ich nehme die Herausforderungen des Lebens freudig an.
Altes Ägypten	83	Um den gesamten Rumpf	Ich öffne mich für die tiefste Freude, damit ich sie mit anderen teilen kann.
Altes Ägypten	18	Um den Solarplexusbereich, um den gesamten Haaransatz	Je mehr ich meine Angst loslasse, um so mehr Heilung finde ich.
Altes Ägypten	39	Um den gesamten Haaransatz, um den gesamten Bauch herum	Ich habe viel zu lernen und viel zu geben.
Altes Ägypten	57	Gesamter Unterleibsbereich, Hals und Haaransatz	Ich lasse los und vertraue.
Altes Ägypten	61	Gesamter Bauchbereich	Ich lerne und wachse durch die Schwierigkeiten des Lebens.
Atlantis	3	Gesamter Brustraum, in einem breiten Band vom Brustbein bis zum Abschluß der Rippen	Ich drücke Liebe und Wahrheit aus.

Inkarnations - Verzeichnis
(Fortsetzung)

Inkarnation	EF Nr.	Anwendung	Affirmation
Atlantis	33	Um die Augenhöhle, nur im Knochenbereich	Friede ist mein ganzes Bestreben.
Atlantis	83	Um den gesamten Rumpf	Ich öffne mich für die tiefste Freude, damit ich sie mit anderen teilen kann.
Atlantis	86	Um den gesamten Brustbereich	Ich öffne mich dafür, daß sich die Schöpfung in mir ausdrückt.
Atlantis	9	Um den gesamten Brustbereich	Auf der Suche nach Wahrheit höre ich auf meine innere Stimme.
Azteken	4	Auf der Höhe des Solarplexus in einem Band um den Körper	Ich bin sicher. Ich weiß, daß ich nichts weiß.
Azteken	83	Um den gesamten Rumpf	Ich öffne mich für die tiefste Freude, damit ich sie mit anderen teilen kann.
Azteken	32	Überall zwischen Kopf und Nabel	Ich lasse meine Ängste los und öffne mich für die Weisheit in mir.
Bruderschaft	11	Um die Hüften, Unterbauch, unteren Rücken, auch um gesamten Rumpf und um den Hals	Ich liebe mich so, wie ich bin.
Bruderschaft	71	Um den unteren Bereich des Unterleibs herum.	"Sei still und wisse: Ich bin Gott."
Katharer (Mittelmeer)	7	Herz- und Solarplexusbereich, rund um den Körper	Ich habe keine Grenzen, außer denen, die ich mir selbst setze.

Inkarnations - Verzeichnis
(Fortsetzung)

Inkarnation	EF Nr.	Anwendung	Affirmation
Katharer (Mittelmeer)	31	Zwischen Herzbereich und dem Bereich knapp unter dem Bauchnabel	Ich lasse meine Angst los und finde Sonnenschein in meinem Herzen.
Katharer	74	Um den gesamten Solarplexusbereich, um das Herz	Der Weg ist das Ziel.
Christus-Bewußtsein	71	Um den unteren Bereich des Unterleibs herum	"Sei still und wisse: Ich bin Gott."
Engelsreich	37	Um den gesamten Haaransatz, um den Hals	Ich fülle meinen Kelch, damit er in die Welt überfließt.
Essener	11	Um Hüften, Unterbauch, unteren Rükken, sowie den gesamten Rumpf und den Hals	Ich liebe mich so, wie ich bin.
Essener	77	Am ganzen Körper	Ich lasse meine Illusionen los und sehe klar.
Essener	71	Um den unteren Bereich des Unterleibs herum	"Sei still und wisse: Ich bin Gott."
Essener	52	Rund um den Bauch	Ich liebe mich so, wie ich bin.
Griechenland	61	Gesamter Bauchbereich	Ich lerne und wachse durch die Schwierigkeiten des Lebens.
Griechenland	57	Gesamter Unterleibsbereich, Hals und Haaransatz	Ich lasse los und vertraue.
Heiliges Land	44	Um den Hals und rund um den Haaransatz	Ich lasse los und erwarte nichts.

Inkarnations - Verzeichnis
(Fortsetzung)

Inkarnation	EF Nr.	Anwendung	Affirmation
Katharer	38	Um den gesamten Haaransatz, um Herzbereich, überall, wo es schmerzt	Ich gebe meinen Gefühlen einen Namen.
Katharer	17	Um den gesamten Brustbereich	Ich suche und finde die Wahrheit.
Kogi	4	Auf der Höhe des Solarplexus in einem Band um den Körper	Ich bin sicher. Ich weiß, daß ich nichts weiß.
Lemuria	20	Am ganzen Körper	Liebe heißt die Angst loslassen.
Lemuria	33	Um d. Augenhöhle, nur i. Knochenbereich	Friede ist mein ganzes Bestreben.
	86	Um den gesamten Brustbereich	Ich öffne mich dafür, daß sich die Schöpfung in mir ausdrückt.
Lemuria	83	Um den gesamten Rumpf	Ich öffne mich f. d. tiefste Freude, damit ich sie m. anderen teilen kann.
Lemuria	53	Um den gesamten Herzbereich	Ich finde, wo für mich die Wahrheit liegt.
Maya	4	Auf der Höhe des Solarplexus in einem Band um den Körper	Ich bin sicher. Ich weiß, daß ich nichts weiß.
Maya	90	Um den gesamten Bauch	Aus meinem Chaos taucht eine neue Ordnung auf.
Maya	32	Überall zwischen Kopf und Nabel	Ich lasse meine Ängste los und öffne mich für die Weisheit in mir.
Mittlerer Osten, auch Nomaden	54	Am ganzen Körper	Ob ich lache oder weine, ich sehe den Regenbogen in meinen Tränen.

Inkarnations - Verzeichnis
(Fortsetzung)

Inkarnation	EF Nr.	Anwendung	Affirmation
Nord-amerika-nische Indianer	72	Um den ganzen Rumpf	Wenn ihr nicht werdet wie die Kinder, werdet ihr nicht in das Himmelreich eingehen.
Nordam. Indianer	79	Um den Haaransatz und um den Unterleib herum	Ich nehme die Herausforderungen des Lebens freudig an.
Nordam. Indianer	87	Um den gesamten Unterbauch	Ich verabschiede mich von der Vergangenheit und begrüße die Liebe.
Tempel-ritter	38	Um den gesamten Haaransatz, um Herzbereich, überall, wo es schmerzt	Ich gebe meinen Gefühlen einen Namen.
Tempel-ritter	17	Um den gesamten Brustbereich	Ich suche und finde die Wahrheit.
Tempel-ritter	88	Um den gesamten Brustraum, um den Hals	Ich öffne mich für meine Liebe zur Natur.
Tibet Arina	5	Gesamter Unterbauchbereich	Ich öffne mich für die Freude in meinem Leben.
Tibet	40	Zwischen Basis- und Solarplexuschakra	Ich sage „ja!" zum Leben.
Trouba-dour	17	Um den gesamten Brustbereich	Ich suche und finde die Wahrheit.
(Mittelal-ter)	38	Um den gesamten Haaransatz, um Herzbereich, überall, wo es schmerzt	Ich gebe meinen Gefühlen einen Namen.
Türkei	54	Am ganzen Körper	Ob ich lache oder weine, ich sehe den Regenbogen in meinen Tränen.

Inkarnations - Verzeichnis
(Fortsetzung)

Inkarnation	EF Nr.	Anwendung	Affirmation
Yacqui	72	Um den ganzen Rumpf	Wenn ihr nicht werdet wie die Kinder, werdet ihr nicht in das Himmelreich eingehen.
Yacqui	79	Um den Haaransatz und um den Unterleib herum	Ich nehme die Herausforderungen des Lebens freudig an.

Zusätzliche Anwendungen

Verfolgung allgemein	81	Um den gesamten Unterbauch	Ich liebe mich so, wie ich bin.
Zugang zu früheren Leben	76	Um den gesamten Bauch herum	Ich liebe dich so, daß ich dich loslassen kann.
Hexenverfolgung	63	Um den gesamten Brustraum herum	Ich bin im richtigen Moment am richtigen Ort und tue das Richtige.

Inkarnations - Verzeichnis
in Verbindung mit Farben

Ort / Volk	Farbe	Kombination	Bedeutung
Reisende Zigeuner Romanies	klar/weiß	Basisfarbe klar	Leiden und das Verstehen von Leiden
Nordamerika Atlantis Lemuria	türkis	mit türkis	Massenkommunikation, Kommunikation durch Kunst und jede Art von kreativem Ausdruck
Urvolk allgemein	orange	mit orange	Abhängigkeit bzw. Co-Abhängigkeit bzw. Unabhängigkeit. Schock, Trauma, tiefe Einsicht und großes Entzücken
Tibet China Rußland Mongolei	rot	mit rot	Energie, Erdung, Überlebensfragen und die materielle Seite des Lebens
Japan Philippinen Hunzas von Afghanistan	magenta	mit magenta	Liebe zu den kleinen Dingen

Verzeichnis für Lichtarbeitende

A - Z	EF Nr.	Name	Affirmation
Allgemeine Hilfe	56	Saint Germain	Ich vertraue darauf, daß meine Intuition auf Vernunft basiert.
	15	Heilung im neuen Zeitalter	Je mehr Licht ich in mich hineinlasse, um so heiler werde ich.
Astrale Hilfe	87	Ohne Namen	Ich verabschiede mich v. d. Vergangenheit u. begrüße d. Liebe.
	35	Freundlichkeit	Indem ich andere heile, heile ich mich selbst.
	15	Heilung d. neuen Zeitalters	Je mehr Licht ich in mich hineinlasse, um so heiler werde ich.
Devas /Engel sehen	78	Kronen Erste Hilfe	Ich lade den Geist in alle Bereiche meines Lebens ein.
Fieber	20	Sternkinder	Liebe heißt die Angst loslassen
	56	St. Germain	Ich vertraue darauf, daß meine Intuition auf Vernunft basiert.
Gefühl, nicht auf d. Erde zu gehören	88	Der Jade-Herrscher	Ich öffne mich für meine Liebe zur Natur.
Immunsystem kräftigend	27	Robin Hood	Ich sehe das Licht durch die Bäume.
	28	Maid Marian	Ich finde die Kraft, zu sein, wer ich bin.
Implantats-Schmerzen	85	Titanua	Leben ist Liebe. Ich liebe das Leben.
Physische Hilfe	1	Körperliche Erste Hilfe	Ich bin ganz. Ich integriere all meine Teile.
Spirituelle Hilfe	0	Spirituelle Erste Hilfe	Ich liebe das Leben. Leben ist Lernen.
UFO-Kontakte	44	Der Schutzengel	Ich lasse los und erwarte nichts.
Zelluläre Strukturveränderung	72	Der Clown	Wenn ihr nicht werdet wie die Kinder, werdet ihr nicht in das Himmelreich eingehen.

Verzeichnis für Lichtarbeitende (Fortsetzung)

Name	Q. Nr.	Grundthema	Wirkung
St Germain	7	Heilung, Meditation, Transformation	Bringt d. männlichen und weiblichen Teil ins Gleichgewicht, beruhigt die feinstofflichen Körper.
Lady Nada	3	Bedingungslose Liebe	Transformiert negative in positive Energie, schützt den Benützer.
Sanat Kumara	12	Bringt Intuition in den Alltag, läßt die Tiefe der Dinge erkennen	Hilft zu sehen, was hinter den Dingen steckt, hilft Zugang zu parallelen Welten zu entwickeln. (Diese beinhaltet alle Strahlen.) Öffnet in Mißbrauchssituationen für die Integration der m/w Energie.
Serapis Bey	5	Reinigung und Neubeginn	Reinigt, balanciert die Aura, dehnt das elektromagnetische Feld aus, unterstützt die Arbeit mit Bergkristallen.

Farbe	P. Nr.	Physische W.	Psychische Wirkung
Orange	5	Regt die Libido an, gegen tiefe Ängste	Hilft von Süchten loszukommen u. Abhängigkeit und Co-Abhängigkeit zu lösen, absorbiert Schocks.
Tiefmagenta	14	Koordiniert die Gehirnhälften und harmonisiert den Hormonhaushalt	Fördert Selbsterkenntis und hilft, den kleinen Dingen des Alltags mit Liebe zu begegnen, hilfreich vor und nach der Meditation.
Weiß	1	Schließt Wunden bei starken Blutungen, sehr gut bei Nasennebenhöhlenentzündungen, lindert bei Wespen- u. Insektenstichen	Schützt und reinigt auf allen Ebenen (sehr gut für Raumreinigung)

Numerologie-Verzeichnis

Zahl	EF Nr.	steht für	konstruktiv
0	0	Unendlichkeit Anfang und Ende	Verstärkt jede vor ihr liegende Zahl oder potenziert ihren Wert ins Unendliche
1	1, 10, 19, 28, 37, 46, 55, 64, 73, 82, 91	Unabhängigkeit Einheit, Einigkeit, Schöpferkraft, Yang	Aktiv, bahnbrechend, unabhängig, erfinderisch, kreativ, originell, selbstbewußt, ehrgeizig
2	2, 12, 20, 29, 38, 47, 56, 65, 74, 83, 92	Zusammenarbeit Ergänzung, Dualität Teilung, Yin	Bereitschaft zur Zusammenarbeit, diplomatisch, geduldig, anpassungsfähig, mitfühlend, hilfsbereit
3	3, 12, 21, 30, 39, 48, 57, 66, 75, 84, 93	Ausdruck des Selbst Verbindung, Vollendung	Freundlich, gesellig, humorvoll, optimistisch, enthusiastisch, erfolgreich, intuitiv
4	4, 13, 31, 40, 49, 58, 67, 76, 85, 94	Organisation Fundament, die Zahl der Materie	Ehrlich, geduldig, integer, sparsam, loyal, praktisches Wesen, gut organisiert, konsequent
5	5, 14, 23 32, 41, 50, 59, 68, 77, 86, 95	Freiheit Veränderung, Wandlung	Progressiv, neugierig, schnell, flexibel, abenteuerlich, energisch, vielseitig begabt. Liebt die Freiheit und das Reisen.
6	6, 15, 24, 42, 51, 60, 69, 78, 87, 96	Verantwortung Liebe, Verstehen, Ehe, Heim, Familie	Hilfsbereit, häuslich, idealistisch, mitfühlend, emotional ausgeglichen, Sinn für Schönheit, familienfreundlich. Kann Verantwortung tragen.
7	7, 16, 25, 34, 43, 52, 61, 70, 79, 88, 97	Weisheit Vollkommenheit	Stil, introvertiert, weise, forschend, spirituell, analytisch, intuitiv, originell

Numerologie-Verzeichnis

negativ	destruktiv	Tarot
Verstärkt jede vor ihr liegende Zahl oder potenziert ihren Wert ins Unendliche	Verstärkt jede vor ihr liegende Zahl oder potenziert ihren Wert ins Unendliche	Der Narr
Unstetig, herrschsüchtig, selbstsüchtig, arrogant, eigensinnig, träge	im Widerstreit, tyrannisch, fanatisch, brutal	Der Magier
Überempfindlich, unsicher, schüchtern, unselbständig, schwankend, Angst, Fehler zu machen etc. Minderwertigkeitskomplex	grausam, feige, unehrlich, willkürlich, verschlagen	Die Hohe priesterin
Oberflächlich, zerstreut, extravagant, klatschsüchtig, asexuell	Schwermütig, unkonzentriert, zügellos, intolerant, eifersüchtig, falsch	Herrscherin
Engstirnig, stur, hart, beschränkt, ernst, schroff, wenig sensibel und gefühlsbetont	Faul, gewöhnlich, grausam, eifersüchtig, melancholisch, gewalttätig, alkoholsüchtig	Der Herrscher
Rastlos, verantwortungslos, nervös, ängstlich, unbesonnen, unbeständig, unsicher	Lernt nicht aus Erfahrungen. Extrem, böse, pervers, ausschweifend. Leidet unter sexueller Verwirrung. Spielsucht	Der Hierophant
Selbstgefällig, streitlustig, aufdringlich, belehrend, leicht aus der Fassung zu bringen	Der häusliche Tyrann, eitel, streitsüchtig, nörglerisch, lädt sich zu viel auf (ob echt oder eingebildet), lügt und betrügt.	Die Liebenden
Melancholisch, nervös, kalt, äußerst kritisch, selbstgefällig, dünkelhaft, reserviert	Hinterlistig, unehrlich, erniedrigend, sarkastisch, einsam und isoliert	Der Wagen

Numerologie-Verzeichnis (Fortsetzung)

Zahl	EF Nr.	steht für	konstruktiv
8	8, 17, 26, 35, 44, 53, 62, 71, 80, 89, 98	Autorität Unendlichkeit	Stark, mutig, gerecht, hilfsbereit, liebevoll, rücksichtsvoll. Schätzen materielle Werte.
9	9, 18, 27, 36, 45, 54, 63, 72, 81 90	Universalist Neues	Inspiriert, romantisch, liebenswürdig, universale Liebesfähigkeit, Dienen und Helfen
11	11	Offenbarung	Bahnbrechend, unabhängig, phantasievoll, hellsehend, hellfühlend, hellhörend. Benutzt die göttlichen Gaben uneigennützig.
22	22	Baumeister Organisator der Menschheit	Praktischer Idealist, Internationalität, Macht. Hat das Allgemeinwohl im Auge.
33	33	Dienst an der Menschheit Die geistigen Führer der Menschheit	Verbreitet Harmonie, hilfsbereit, göttliches Bewußtsein, charismatisch, mediall

Buchstaben und Nummern

Um deine Namensschwingung zu errechnen, benutze unten stehende Tabelle. Beispiel auf der nächsten Seite.

1	**2**	**3**	**4**	**5**	**6**	**7**	**8**	**9**
A	B	C	D	E	F	G	H	I
J	K	L	M	N	O	P	Q	R
S	T	U	V	W	X	Y	Z	&

Numerologie-Verzeichnis (Fortsetzung)

negativ	destruktiv	Tarot
Emotional unausgewogen, fordert Anerkennung, besitzergreifend, respektlos, autoritär	Übermäßig ehrgeizig, schmiedet Intrigen. Intolerant, rachsüchtig, nutzt andere aus.	Die Gerechtigkeit
Naiv, schüchtern, zerstreut, launisch, unschlüssig, egozentrisch, orientierungslos	Indiskret, extrem anarchistisch, lasterhaft, deprimiert, gleichgültig, pessimistisch	Der Eremit
Rastlos, überempfindlich, furchtsam unstetig, prahlerisch, hartnäckig	Fanatisch, herrschsüchtig, tyrannisch, kult- und sekteninteressiert, brutal	Die Kraft
Kleingeistigkeit, Minderwertigkeitskomplexe (oft hat die 22 einen körperlichen Nachteil wie z. B. Präsident Roosevelt). Ärgert sich über mangelnde Anerkennung.	Überbewertung der eigenen Person, Mißbrauch von Macht und Weisheit. Kann im Extremfall gesteigertes Bewußtsein zu kriminellen Zwecken oder schwarzer Magie nutzen.	Die Welt
Zu gefühlsbetont, übermäßig fürsorglich, sucht Anerkennung, schraubt eigene Interessen zurück, um Harmonie zu wahren.	Intolerant gegenüber andersartigen Moralvorstellungen und Meinungen, rebellisch, entzieht sich Situationen, in denen Verantwortung zu übernehmen ist.	

Beispiel zur Berechnung der Namensschwingung

1. Name gemäß Geburtsschein:

EVA	MARIA	BERGER
541=10=**1**	41991=24=**6**	259759=37=**1**

2. Heutiger Name

EVA	RAUSCH
541=10=**1**	913138=25=**7**

3. Rufname

EVI
549=18=**9**

Planeten-Verzeichnis

Planet	EF Nr.
Venus	24 34 61
Jupiter	56
Uranus	62
Plejaden/Großer Bär/Canopis	78

Für Astrologen	64
UFOs und außerirdische Kontakte	44
Mond	Q 3

Zusätzliche Informationen

Kreativität öffnen für	EF Nr.
Astrologen	64
Künstler	Q 1
Schriftsteller	70
Schauspieler	62

Planeten-Verzeichnis

Anwendung	Affirmation
Um den Herzbereich	Ich öffne mich für neue Möglichkeiten in meinem Leben.
Um den Herzbereich	Ich bin, der/die ich bin.
Um den gesamten Bauch	Ich lerne und wachse durch die Schwierigkeiten des Lebens.
Um den Haaransatz herum	Ich vertraue darauf, daß meine Intuition auf Vernunft basiert.
Um den gesamten Brustraum, um den Hals	Ich überlasse mich dem Fluß des Lebens.
Um den Haaransatz, um den Hals, auf das Dritte Auge und den Wirbel oben am Kopf	Ich lade den Geist in alle Bereiche meines Lebens ein.
Um den gesamten Brustraum	Möge der Geist der Wahrheit auf die Erde kommen, damit ich das innere Licht finde.
Um den Hals, rund um den Haaransatz	Ich lasse los und erwarte nichts.
Hilft bei Beeinflussung von negativen Mondrhythmen. Für Vollmondmeditationen	

Zusätzliche Informationen

Anwendung	Affirmation
Um den gesamten Brustraum	Möge der Geist der Wahrheit auf die Erde kommen, damit ich das innere Licht finde.
El Morya	Dein Wille geschehe.
Rund um den Solarplexusbereich	Ich gewinne Klarheit, weil ich mich für die Freude öffne.
Maha Chohan	Ich überlasse mich dem Fluß des Lebens.

Pomander-Verzeichnis

Nr.	Farbe	Best.	Körperliche Zuordnung
1	Weiß - Original	P12	Nase, Kehle, der gesamte Körper
2	Pink	P10	Hormonsystem, vor allem hinsichtlich Adrenalinausschüttung
3	Dunkelrot	P01	Skelettstruktur des Körpers und Basischakra
4	Rot	P02	Kreislauf und Basischakra
5	Orange	P03	Urogenitalsystem, Ausscheidungsorgane und zweites Chakra
6	Gold	P13	Haut und Verdauungssystem, beeinflußt das zweite und das Solarplexuschakra
7	Gelb	P04	Nervensystem, Leber, Nieren, Bauchspeicheldrüse und Solarplexuschakra
8	Olivgrün	P05	Zwerchfell, Lungen, Solarplexus- und Herzchakra
9	Smaragdgrün	P06	Immunsystem, Herz, Lungen und Herzchakra

Pomander-Verzeichnis

Physische Wirkung	Psychische Wirkung
Schließt Wunden bei starken Blutungen, sehr gut bei Nasennebenhöhlenentzündungen, lindert bei Wespen-und Insektenstichen und Fieberbläschen am Mund.	Schützt und reinigt auf allen Ebenen (sehr gut für Raumreinigung).
Wirkt auf die Schädelknochen und gesamten Urogenitalbereich.	Ist sehr gut für Gruppenprozesse, trägt auch dazu bei, Harmonie und Gleichklang in Gruppen zu bekommen, schützt vor Aggressivität und wenn sich jemand für Liebe geöffnet hat.
Gut für den Kreislauf und die Durchblutung (regt an) Hilft in Streßsituationen.	Stark erdend, baut Energie auf (daher nie abends benutzen), stark schützend (auch gut bei Energieverlust). Ängste mit Geld/Gesundheit
Regt das Hormonsystem an, ebenfalls gut bei Kreislaufproblemen	Hilft Groll gegen andere und sich selbst zu überwinden.
Regt die Libido an, gegen tiefe Angste. Heilt den Ätherkörper.	Hilft von Süchten loszukommen und Abhängigkeit und Co-Abhängigkeit zu lösen, absorbiert Schocks.
Nahrungsaufnahme und Energie. Balanciert den Stoffwechsel, Nahrungsaufnahme.	Hilfreich bei Depressionen, lehrt uns, die alten Lektionen aus der Vergangenheit zu verstehen. Verbindet mit dem „inneren Lehrer".
Nervöse Winter-Depressionen. Stimuliert intuitives Wissen.	Regt die Sinnesorgane an (Schmekken, Riechen, Fühlen), gut bei Entwöhnungsprozessen.
Stärkt und balanciert d. Immunsystem, hilft Ängste u. Enttäuschungen überwinden.	Freude an der Wahrheitssuche, Selbsterkenntnis, zentriert. Unterstützt die weibliche Führerschaft.
Sehr hilfreich bei Asthma und Bronchitis, unterstützt	Unterstützt bei schwierigen Entscheidungen, beruhigt und zentriert ebenfalls.

Pomander-Verzeichnis (Fortsetzung)

Nr.	Farbe	Best.	Körperliche Zuordnung
10	Türkis	P14	Immunsystem, Atemwege, Herz- und Kronenchakra
11	Saphirblau	P08	Hals, Kehle, Schilddrüse und Kehlkopfchakra
12	Königsblau	P07	Hirnanhangdrüse und Drittes Auge
13	Violett	P09	Gehirnplatten, Nervensystem und Kronenchakra
14	Tiefmagenta	P11	Gesamter Körper, alle Chakren inkl. achtes Chakra

Prüfungs-Verzeichnis

Situation	EF Nr.	P Nr.	Farbe	Wirkung
Prüfung/Lampenfieber	31	2	Pink	Kraft/Zentrierung
Lampenfieber	42	10	Türkis	Fördert Ausdrucksweise.
Prüfungen	52	6	Gold	Zugang zu vorhandenem Wissen
Sportl. Leistung Wettkampf		4	Rot	Kraftreservoir erschließen

Pomander-Verzeichnis (Fortsetzung)

die Atmung.

Physische Wirkung	Psychische Wirkung
Unterstützt die Atemwege und löst sprachliche Blok-kaden.	Löst kreative Blockaden auf, sehr gut für Menschen, die in oder mit den Massenmedien arbeiten, auch gut bei Lampenfieber.
Stärkt die Abwehrkräfte, hilft bei Schlafstörungen und Unruhe.	Bringt Schutz und Vertrauen. Hilft im Umgang mit Autoritätspersonen. Schützt sensitive Menschen.
Lindert Ohrenbesc hwer-den, z.B. Schmerzen, Tinnitus u. Schwerhörigkeit. Verstärkt sinnliche Wahrneh-	Wirkt entspannend, läßt extreme Isolation überwinden, fördert die Intuition, Musikgenuß, emotionales Wachstum.
mung. Bringt Ruhe, hilfreich bei Migräne und Kopfschmer-	Befreit von quälenden Gedanken, öffnet den Zugang nach innen, läßt Grenzen überwinden.
zen. Harmonisiert den Hormonhaushalt. Bringt Intellekt und	Fördert Selbsterkenntnis und hilft, den kleinen Dingen des Alltags mit Liebe zu begegnen, hilfreich vor und nach der Meditation. Zugang zur Lebensaufgabe.

Prüfungs-Verzeichnis

Anwendung (EF)	Affirmation (EF)
Zw. Herzbereich u. d. Bereich knapp unter dem Bauchnabel	Ich lasse meine Angst los u. finde Sonnenschein in meinem Herzen.
Um den Solarplexusbereich	Ich lasse aus meinem von außen aufgenommenen Wissen inneres Wissen entstehen.
Rund um den Bauch	Ich liebe mich so, wie ich bin.

Quintessenzen-Verzeichnis

Nr.	Meister	Best.	Farbe.	EF	Grundthema
1	El Morya	Q04	blaßblau	50	Dein Wille geschehe.
2	Kuthumi	Q07	blaß-gold	51	Verbindung zwischen Engeln/Menschen/Devas herstellen
3	Lady Nada	Q13	blaßpink	52	Bedingungslose Liebe
4	Hilarion	Q06	blaß-grün	53	Ein Platz für das Neue. Zugang zur eigenen Wahrheit
5	Seapis Bey	Q01	klar	54	Reinigung und Neubeginn
6	Der Christus	Q14	tiefrot	55	Energie spendend, Liebe und Schutz
7	Saint Germain	Q02	hell-violett	56	Heilung, Meditation, Transf. auf allen Ebenen
8	Orion und Angelika	Q12	pink	58	Frischer Anfang, Ende und für Reisen
9	Pallas Athene u. Aeolus	Q10	rosen-pink	57	Liebe und Schönheit kreativ ausdrücken
10	Lady Portia	Q08	gold	59	Aufgeben von Be- und Verurteilungen
11	Lao-Tse und Kwan-Yin	Q11	blaß-orange	60	Das Alte gehenlassen, Gefühl einbringen
12	Sanat Kumara	Q09	blaß-koralle	61	Bringt Intuition in den Alltag, läßt die Tiefe der Dinge erkennen
13	Maha Chohan	Q03	blaß-türkis	62	Bringt die Erkenntnis, was gesagt werden muß, von der Gefühlsseite
14	Djwal Khul	Q14	smaragd-grün	63	Die Wahrheit suchen

Quintessenzen-Verzeichnis

Wirkung

Beruhigt d. feinstoffl. Körper, stimuliert künstlerische Fähigkeiten, hilft Klarheit zu finden bei der Auseinandersetzung mit Eltern.

Hilft, mit den Devas und Engeln in Kontakt treten zu können.

Transformiert neg. in pos. Energie, öffnet d. Türe für Musikgenuß.

Hilft, innerlich Raum zu schaffen, ermöglicht, Ruhe und Frieden zu finden.

Reinigt/balanciert die Aura, dehnt das elektromagnetische Feld aus, unterstützt die Arbeit mit Bergkristallen.

Hilft, mit seiner Lebensaufgabe in Kontakt zu treten, unterstützt das Energiefeld, das mit dem Christus-Bewußtsein zu tun hat.

Bringt den männlichen und weiblichen Teil ins Gleichgewicht, beruhigt die feinstofflichen Körper.

Schützt auf Reisen, verhindert Jet-lag, hilft, sich auf Synchronizität einzustellen, für innere und äußere Reisen, Projektanfang u. Ende.

Hilft, sich an Träume erinnern zu können, ermöglicht, seine Träume zu verstehen. Hilft Archetypen finden.

Hilft, Mitgefühl für sich und andere zu finden, mit Geburtstrauma fertig zu werden und Gedanken klar zu formulieren.

Hilft, Informationen aus früheren Zeiten und Inkarnationen zu erhalten. Wirkung wie EF 26, Selbstliebe finden

Hilft sehen, was hinter den Dingen steckt, hilft Zugang zu parallelen Welten zu entwickeln. (Diese Quintessenz beinhaltet alle Strahlen.) Öffnet in Mißbrauchsituationen für die Integration der m/w Energien.

Bringt Kontakt zum "inneren Lehrer", bringt das Herz zum Ausdruck.

Bringt Gleichgewicht in die feinstofflichen Körper. Verhindert Raum- und Platzängste. Hilft, Gesetz der Natur zu erkennen.

Solare Schmetterlings-Essenzen – Farb-Verzeichnis

Farbe/Name	Nr.	Energie
Rainbow Butterflies Farbe und Liebe	28	Beinhaltet in sich sieben Farb-Energien
Silber Nina Sirion	27	Einheits-Energie
Magenta Vaza Risiron	26	Transformative Energie
Flieder Yova Tirilion	25	Selbstwertschätzungs-Energie
Purpur Zila Sissilion	24	Manifestations-Energie
Hellviolett Wina Simarion	23	Reine, unberührte Engels-Heilungs-Energie
Violett Puma Tosaron	22	Beruhigende, für die spirituelle Welt öffnende Energie
Indigo Vima Tokaron	21	Höhere geistige Energie
Königsblau Tori Sommarion	20	Den Willen stärkende und harmonisierende Energie
Hellblau Lina Sinlinlon	19	„Laß-los-und-laß-Gott-machen"-Energie

Solare Schmetterlings-Essenzen – Farb-Verzeichnis

Wirkung

Fördert: Glückseligkeit, Ausgewogenheit, Freude, Harmonie, Vitalität, Sprituralität, reinen Überfluß, Kontakt zu Menschen, Tieren, Pflanzen, Ausgleich, Harmonisierung, spirituelle, seelische, mentale Themen.
Physisches, emotionales, neutrales, spirituelles Stärkungsmittel

Fördert: tiefes Verständnis, liebevolle Verbindung, materielle Welt, Bewußtsein, Meditation, alle Gelegenheiten.
Mindert schwierige Angelegenheiten.

Fördert: irdische Erfahrungen, Seelenbewußtsein, Schlüsselinformationen, Inkarnationsplan, Inspiration, Führung, Kontakt zu göttlichen Wesen.
Mindert Probleme.

Fördert: Herzebene, Seelenebene, tiefe Liebe, Wiedergeburt, Neuanfang, Transformation, Seelenheilung, Sensitivität, Dankbarkeit, Anerkennung, Sorgsamkeit, Hochachtung

Fördert: Schönheit Gottes, Schönheit, Sehfähigkeit, visuelle Wahrnehmung, Einsicht, innere Realität, Hellsichtigkeit, Künstlertum des Neuen Zeitalters.

Fördert: Dienst am Nächsten, Sensitivität, Ruhe, Meditationen, Glückseligkeit, Respekt, Verständnis von Schönheit, Klarheit, Würde, Unterscheidungsvermögen, Sensitivität, Geben, spirituelle Entwicklung, Kommunikation mit der geistigen Welt, Therapien.

Fördert: Zentrierung, fiefen Frieden, Bewußtsein mit vielen Ebenen der spirituellen Welt, spirituelle Erfahrungen, Heilungs- und Harmonisierungsaktivitäten, tiefe Entspannung, Therapien.

Fördert: Telepathie, Intuition, klare Visionen, Chakra, Drittes Auge, Kosmische Strahlen, Universeller Geist, Wissensquelle, Empathie, Medialität, Hellsichtigkeit, Gefühle, Harmonie, Denken.
Mindert Verwirrung.

Fördert: Willen, persönliche Stärke, Kontrolle über Ereignisse, Leichtigkeit, Aktivität, Vertrauen, Gewißheit. (Ist eine Kraftessenz)
Mindert nervliche Disharmonie, sexuelle Disharmonie, Streß.

Fördert: Frieden, Vertrauen, Verbundenheit, Gottes Wille, Wissen, Freiheit, Harmonie, Gottes Liebe, Gleichgewicht, Selbsterkenntnis.

Solare Schmetterlings-Essenzen (Fortsetzung)

Farbe/Name	Nr.	Energie
Blau Nori Ristillion	18	Entspannende und streßlösende Energie
Helltürkis Mala Linilion	17	New-Age-Energie
Türkis Tira Winirion	16	Kommunikations- Energie
Smaragdgrün Wira Tentaron	15	Harmonisierende, heilende Energie
Hellgrün Sola Vikerlion	14	Unterstützende, innerste individuelle Energie
Grün Yisa Summaron	13	Integrations- Energie
Oliv Wima Pilliron	12	Erlösende, reinigende und befreiende Energie
Zitronengelb Solo Tisillion	11	Verbundenheits- Energie
Hellgelb Kimi Pinirion	7	Intensiv erhebende, verstärkende Engels-Energie

Solare Schmetterlings-Essenzen (Fortsetzung)

Wirkung

Fördert: Wohlbefinden, zwischenmenschliche Kommunikation, Kontakt zu Engeln, spirituellen Wesen, Elementar-Wesen, Zuhören, Denkprozeß, göttlichen Plan, Arbeit, soziale Belange.

Fördert: Höhere Quelle, verstärkt Kommunikation, Musik, Kristall-Energie, Geistheilung, Kooperation, Interaktion, Einfühlungsvermögen, Harmonie, Pioniere neuer Ideen.

Fördert: Kommunikation, Beziehungen, soziale Kreativität, Kooperation, sozialen Ausdruck, Künstlerischen Ausdruck, Tänzer, Schauspieler, Redner, höheren Lebensentwurf, Kontakt zu ozeanischen Wesen

Fördert: Herzzentrum, Nerven, Atmung, Kontakt zu Pflanzen, Tieren, Harmonie, Mitgefühl, Interaktionen, Stärke, Mut, Ruhe, Überzeugung, Führerschaft.
Mindert Schwierigkeiten und Probleme.

Fördert: individuellen Raum, Vorstellungskraft, kreativen Prozeß, innere Schöpfung, Kontakt zum inneren Kind, Wohlbefinden, Freiheit, Individualität, Kreativität, Schreiben, künstlerische Audrucksweise, Kontakt zu höheren Welten, Astralreisen.

Fördert: Astralkörper, Klarheit, Raum, Ausrichtung, Herzchakra, Integration, wahre Erfahrungen, Findung des wahren Platzes, Pflanzen, Kontakt zur Natur, wahres Gleichgewicht, Herzensverbindungen, synchrone Harmonisierung.
Mindert schwierige Situationen und schwierigen Raum.

Fördert: Astralkörper, Frieden, Wohlbefinden, Weisheit, Hingabe, Solidarität, Liebe, neue Anfänge, Kummer auflösen, Klarheit, Frieden.
Mindert Ängste und negative Emotionen.

Fördert: Freude, Glücklichsein, Verbundenheit, positive Einstellung, Inspiration, Künstlerische Fähigkeiten, kreative Inspiration, Balancierung des Geists, Emotionen, Wohlbefinden, Vitalität, Klarheit nach Krankheit, Klarheit nach Problemen, Sehfähigkeit, klares Denken, universellen Geist.
Mindert Depression.

Fördert: Entzücken, Leichtigkeit, Freude, Vergnügen, Inspiration, Interaktion, künstlerische Bestrebungen, Inspiration durch Engel, Verständnis, Dankbarkeit.

Solare Schmetterlings-Essenzen *(Fortsetzung)*

Farbe/Name	Nr.	Energie
Gelb Suma Mimarilion	6	Balancierende, verstärkende Energie
Gold Simi Parillion	4	Harmonisierende, ausgleichende, klärende und bereichernde Energie
Koralle Kana Yinarron	5	Harmonisierende, feinfühlende Energie
Orange Nola Marilion	3	Erfrischende und belebende Energie
Rosenpink/-rosa Timi Mokariron	8	Sehr weibliche, energetische Energie
Hellpink/Hellrosa Tema Visiron	10	Beruhigende und reinigende, reine Liebes-Energie
Pink/Rosa Kaya Ninilion	9	Beziehungs-Energie
Rot Rono Simaron	2	Zutiefst entspannende und zentrierende Energie
Purpurmagenta Xifa Visisilion	1	Zentriert nervliche und physische Energie

Solare See-Essenzen – Feinstoffliches Körper-Verzeichnis

Wirkung

Fördert: Beziehung zu Tieren (besonders Pferden), Emotionalkörper, Auflösung von Blockaden.
Mindert: Abgestumpftheit, Abhängigkeit, Gefühlslosigkeit, Grausamkeit, Verwirrungen.

Fördert: Beziehungen verschönern, klares Denken, starkes Denken, Gedankenformen, schützende Harmonie des Geistes, stärkt Gedankenformen, Schule.
Mindert: Disharmonie, negative Gedankenenergie, Negativität, Verwirrung.

Fördert: Kommunikation, Einfühlungsvermögen, Herzenskontakt, visuelles Wahrnehmungsvermögen, Herz-zu-Herz-Kontakt, Beziehungen, Bewußtsein, Kontakt mit der Welt der Natur, zwischenmenschliche Kommunikation, Aufrichtigkeit, Offenheit, Mitgefühl, Ökologie, Nervensystem, Herzzentrum.
Mindert Trägheit.

Fördert: Kontakt zum Engelreich, Hellhörigkeit, Kommunikation mit Engeln, Lichtarbeiter, Musik, innere Stille, Schönheit, Kontakt zum Engel, Kontakt zum Schutzengel.

Fördert: Telepathie, zwischenmenschliche Beziehungen, Neubeginn, Familie, Freunde, Kommunikation, Herz zu Herz, zwischenmenschliche Kommunikation, emotionale Energie, zwischenmenschliche Liebe, Fürsorge, Energie, emotionale Versöhnung.
Mindert: blockierte Beziehungen, verletzte Beziehungen, mißverstandene Beziehungen, Negativität, Groll auf Menschen.

Fördert: Beziehungen, Mentale Entspannung, Gruppensituationen, Beruhigung des Geistes, Entspannung des Geistes, Telepathie.
Mindert: Disharmonie, mentale Angespanntheit, Ängstlichkeit, Überforderung, Spannung, mentale Spannung.

Fördert: Frieden bringen, Gedanken stärken, Friedensenergie.
Mindert: Blockaden, Fassungs-Probleme, Wut, Launenhaftigkeit, Gereiztheit, unkontrollierbare Wutgefühle, Frustration, Zorn, unkontrollierbare Ausbrüche.

Fördert: Beziehungen, Dankbarkeit, Anerkennung, Sensibilität, Wertschätzung, Führungspositionen, Geben und Nehmen, Kommunikation, Sorgsamkeit, Liebenswürdigkeit.
Mindert Negativität und negative Prozesse.

Solare See-Essenzen (Fortsetzung)

Name	Nr.	Feinstofflicher Körper
Sea Tulip	9	Emotionalkörper, stärkend
Spiney Lobster	10	Mentalkörper, befreiend Ätherkörper, stärkend
Tropical Octopus	11	Kausalkörper, stärkend Ätherkörper, befreiend
Horseshoe Crab	12	Emotionalkörper, stärkend
Harlequin Shrimp	13	Mentalkörper, stärkend Emotionalkörper, befreiend
Cassiopea Andromeda Jellyfish	14	Mentalkörper, stärkend Astralkörper und Ätherkörper, befreiend

Solare See-Essenzen (Fortsetzung)

Wirkung

Fördert: Entgiftung, Vergebungsarbeit, Wiederaussöhnungsarbeit, Emotionen, familäre, persönliche, geschäftliche Friedensverhandlungen.
Mindert: substanzielle Konflikte, Beziehungskonflikte, Groll, Bitterkeit, Konfliktsituationen, Familienfehden, Rassismus, Vorurteile, verseuchte Gefühle, Haß.

Fördert: Mut, Stärke, Selbstschutz, Schutz, telepathische Kommunikation, Frieden, Feind zum Freund machen, Telepathie.
Mindert: Disharmonien, Gefahr, Angst, tiefe phychologische Ängste.

Fördert: Flexibilität, innere Stärke, Energie, Dinge zu beenden, Beziehung zu Mitmenschen, Initiative, Willenskraft, Arbeitsenergie.
Mindert Negativität.

Fördert: Emotionen, Gruppensituationen, politischeTagungen, Sicherheitsgefühl, Mitgefühl, Liebe, Solidarität, Frieden, politische Verhandlungen, Kooperation, Gemeinschaft.
Mindert: Negativität, Vergiftungen, Antagonismen, Feindseligkeit, Wut, Angst vor Feindschaft, Dispute, Verbitterung.

Fördert: Humor, Objektivität, Vertrauen, Kontakt zum Inneren Kind, mentale Harmonie, Objektivität, Beziehungen.
Mindert: Negativitäten, Obsessionen, Neurosen, Furcht vor dem Schlimmsten, Zwänge.

Fördert: Nerven, Muskeln, Tiefenentspannung, Water-balancing, Aromatherapie, Streßbewältigung, Objektivität, Loslassen, Herzzentrum, Eins-Sein, klaren Geist, Meditation, Gruppenarbeit.
Mindert: Disharmonie, Blockaden, Spannungen, nervöse Spannungen, geistige Unbeweglichkeit.
Cassiopea Andromeda ist eine Schlüsselessenz.

Therapien-Verzeichnis

Therapie	EF Nr.	P Nr.	Q Nr.	Anwendung / Wirkung – Farbe
Vor einer Sitzung		9		Schafft Raum – smaragdgrün
		13		Stärkt Erinnerung – violett
		2		Öffnet das Herzchakra – pink
			3	Öffnet die Liebe – blaßpink
Polarität-Arbeit	20			Kann am ganzen Körper benutzt werden
	33			Im Nacken- und Kieferbereich, um den Haaransatz, knapp über den Augenbrauen, Stirn, um die Augen
Rebirthing-Sitzung	13			Um den gesamten Herzbereich
	22			Um den gesamten Solarplexusbereich
	59			Um den gesamten Unterleib
	67			Überall um den Körper herum
	76			Um den gesamten Bauch
	81			Um den gesamten Unterleib
			3	Lady Nada – blaßpink
Reinkarnation	52			Um den Bauch herum
Rolfing, Alexander Technik/Feldenkrais, Postrurale Integration	53			Um den gesamten Herzbereich
			8	Orion und Angelika – pink
Cranio-Sakral Arbeit (danach)	48			Um den gesamten Unterleib
Arbeit mit dem inneren Kind	15			Am Haaransatz um den gesamten Kopf herum
	20			Kann am ganzen Körper benutzt werden
	36			Überall rund um den Körper
			8	Orion und Angelika – pink

Therapien-Verzeichnis (Fortsetzung)

Therapie	EF Nr.	P Nr.	Q Nr.	Anwendung / Wirkung – Farbe
Traumarbeit	34			Hauptsächlich um den Herzbereich, um gesamten Haaransatz
			9	Pallas Athena und Aeolus – rosenpink
Meditation, zum Beenden der	30			Um den gesamten Haaransatz herum
Meditation, davor und danach		14		Erleichtert eintauchen – tiefmagenta
Musik (Toning)			3	Lady Nada – blaßpink
Gruppensynergie			8	Orion und Angelika – pink
Nach einer Sitzung, – zum Integrieren			5	Serapis Bey – klar
– Raumreinigung		1		Reinigend – weiß
– Selbstreinigung		1		Reinigend – weiß
Suchttherapie	79			Um den Haaransatz, um den gesamten Unterleib herum

Tinkturen-Verzeichnis

Farbe/Name	Körperlicher Bereich	Grundthema
Regenbogen-Tinktur	Alle Chakren	Verbindung mit dem eigenen „inneren Lehrer" aufnehmen
Weiße Tinktur	Alle Chakren	Reinigung und Harmonisierung auf allen Ebenen
Magenta Tinktur	Basis-Chakra, Achtes Chakra	Bedingungslose Liebe
Violette Tinktur	Kronen-Chakra	Heilen und Dienen
Königsblaue Tinktur	Stirn	Auf den Moment eingestimmt sein
Blaue Tinktur/ Saphirblaue Tinktur	Hals Chakra	Ruhe, Friede und nährende Energie
Türkis Tinktur	Herz-Chakra, Viereinhalbtes Chakra, Hals-Chakra	Kreative, authentische, spontane Kommunikation, Massenkommunikation
Grüne Tinktur	Basis-Chakra, Herz-Chakra, Viereinhalbtes u. Achtes Chakra	Liebe konkretisieren

Tinkturen-Verzeichnis

Wirkung	Affirmation
Fördert: Harmonisierung der Chakren, Gruppentherapie, Gruppenenergie, Harmonie, Rebirthing, Atemarbeit, Konzentration.	Wir sind in Harmonie: Wir arbeiten zusammen, um Liebe und Frieden zu schaffen.
Fördert: Verstand, Erinnerungsvermögen, neue Einsichten, Gefühlsebene, Energiefluß, (Erste-Hilfe-Tinktur). Mindert Hysterie und tiefe Trauer.	Licht erfüllt mein ganzes Wesen.
Fördert: Wertschätzung, eigenes Potential, Heilung fürs Herz, Hormonhaushalt, Rekonvaleszenz, Liebe, Energiefluß. Mindert Burnout-Syndrom.	Ich bin Liebe, die von oben kommt. Ich bin ein Lichtpunkt.
Fördert: Heilung, Erste-Hilfe, Denken, Fühlen, Unterscheidungsfähigkeit, Beruhigung, Meditation, Craniosakral-Arbeit. Mindert Einsamkeit und Erste-Hilfe-Situationen.	Ich diene dem Leben und das Leben dient mir.
Fördert: Sehkraft, Hörvermögen, Hirnfunktion, sechter Sinn, Einsicht in Natur, feinstoffliche Ebene, Beruhigung, Vorstellungskraft, Träume, Identität, Integrität. Mindert Kopfschmerzen.	Ich bin hier und jetzt am richtigen Ort und tue das Passende.
Fördert: Schutz, Befreiung von Angst, Konzentration, Ruhe, Kreativität.	Stille und Frieden umhüllen und schützen mich.
Fördert: Gefühle, kreativen Ausdruck bei Lehrern, Rednern, Moderatoren, Journalisten, Sängern, Tänzern, Schauspielern; Mineralreich, eigene Wahrheit vertreten. Mindert: Lampenfieber, Technophobie, Halsbereichsbeschwerden.	Ich vertraue darauf, daß die kreative Energie durch mich fließt.
Fördert: Orientierung, Kontakt mit Lebenssinn, innere Freiheit, Vertrauen, Liebe. Mindert: Asthma, Bronchitis, hohen Blutdruck, Herzbeschwerden.	Was ich tue, tue ich mit Liebe.

Tinkturen-Verzeichnis (Fortsetzung)

Farbe/Name	Körperlicher Bereich	Grundthema
Olivgrüne Tinktur	Basis- u. Sonnengeflecht-Chakra, Herz- u. Kronen-Chakra, Achtes Chakra	Balance von Yin und Yang
Gelbe Tinktur	Sonnengeflecht-Chakra, Hals-Chakra	Grenzen und Abgrenzung
Goldene Tinktur	Zweites Chakra, Sonnengeflecht-Chakra (Hara)	Teil eines großen Ganzen sein
Orangefarbene Tinktur	Zweites Chakra, Sonnengeflecht Chakra, Herz-Chakra	Beziehungen im weitesten Sinne
Pinkfarbene Tinktur/ Rosa Tinktur	Basis-Chakra, zweites Chakra, Herz-Chakra, Achtes Chakra	Liebe
Rote Tinktur	Basis-Chakra, Herz-Chakra, Achtes Chakra	Präsent sein

Tinkturen-Verzeichnis (Fortsetzung)

Wirkung	Affirmation
Fördert: Verbindung der rechten und linken Hälfte des Körpers und des Gehirns, Energiefluß, Kontakt zum inneren Kind, Teamarbeit, Wahrnehmungsfähigkeit. Mindert Agoraphobie und Klaustrophobie.	Ich stärke mich mit Liebe.
Fördert Lernprozesse. Mindert: Hauterkrankungen, Hautprobleme, Magersucht, Eßsucht, Bauchraumbeschwerden, Winterdepression.	Ich bin die Sonne. Sie hat keine Grenzen.
Fördert: Balanciertes Denken, Fühlen, inneres Wissen, intuitive Weisheit, Selbstgefühl. Mindert Abhängigkeitsgefühl und Verwirrungszustände.	Ich bin Teil von allem, was es gibt, und ich beobachte seine Schönheit.
Fördert: Ätherischen Körper, Heilung, Sehnsucht auf tiefere Einsicht, Freude, Unabhängigkeit. Mindert Schocks und Traumata.	Alles, was ich sehe und höre, ist Teil von mir.
Fördert: Stimulierung, Liebe, Wärme, Mitgefühl, Selbstwertgefühl, Therapien. Mindert: Sorgen, Ängste, Erwartungsängste, Trauer, Mißtrauen, Hörprobleme.	Liebe und Wärme erfüllt jede Zelle.
Fördert: Energetische Spannkraft, Zentrierung, materielle Ebene, Leidenschaft, dynamische Energie, Kreativität, Freude, Bewußtsein, Wachheit, Aura.	Ich bin jetzt hier.

I-Ging-Zeichen Register 1 – 64

I-Ging-Zeichen	Nr.	EF	Bedeutung des Zeichens
Das Schöpferische	1	1	Oben Himmel, unten Himmel
Das Empfangende	2	2	Oben Erde, unten Erde
Die Anfangsschwierigkeit	3	3	Oben Wasser, unten Donner
Die Jugendtorheit	4	4	Oben Berg, unten Wasser
Das Warten/Die Ernährung	5	5	Oben Wasser, unten Himmel
Der Streit	6	6	Oben Himmel, unten Wasser
Das Heer	7	7	Oben Erde, unten Wasser
Das Zusammenhalten	8	8	Oben Wasser, unten Erde
Des Kleinen Zähmungskraft	9	9	Oben Wind, unten Himmel
Das Auftreten	10	10	Oben Himmel, unten See
Der Friede	11	11	Unten Erde, oben Himmel
Die Stockung	12	12	Oben Himmel, unten Erde
Gemeinschaft mit Menschen	13	13	Oben Himmel, unten Feuer
Der Besitz vom Großen	14	14	Oben Feuer, unten Himmel
Die Bescheidenheit	15	15	Oben Erde, unten Berg
Die Begeisterung	16	16	Oben Donner, unten Erde
Die Nachfolge	17	17	Oben See, unten Donner
Die Arbeit am Verdorbenen	18	18	Oben Berg, unten Wind
Die Annäherung	19	19	Oben Erde, unten See
Die Betrachtung	20	20	Oben Wind, unten Erde
Das Durchbeißen	21	21	Oben Feuer, unten Donner
Die Anmut	22	22	Oben Berg, unten Feuer
Die Zersplitterung	23	23	Oben Berg, unten Erde
Die Wiederkehr	24	24	Oben Erde, unten Donner
Die Unschuld	25	25	Oben Himmel, unten Donner
Des Großen Zähmungskraft	26	26	Oben Berg, unten Himmel
Die Ernährung	27	27	Oben Berg, unten Donner
Des Großen Dominanz	28	28	Oben See, unten Wind
Das Abgründige	29	29	Oben Wasser, unten Wasser
Das Haftende	30	30	Oben Feuer, unten Feuer

I-Ging-Zeichen Register 1 – 64 (Fortsetzung)

I-Ging-Zeichen	Nr.	EF	Bedeutung des Zeichens
Die Einwirkung	31	31	Oben See, unten Berg
Die Dauer	32	32	Oben Donner, unten Wind
Der Rückzug	33	33	Oben Himmel, unten Berg
Des Großen Macht	34	34	Oben Donner, unten Himmel
Der Fortschritt	35	35	Oben Feuer, unten Erde
Die Verfinsterung des Lichts	36	36	Oben Erde, unten Feuer
Die Familie	37	37	Oben Wind, unten Feuer
Der Gegensatz	38	38	Oben Feuer, unten See
Das Hemmnis	39	39	Oben Wasser, unten Berg
Die Befreiung	40	40	Oben Donner, unten Wasser
Die Minderung	41	41	Oben Berg, unten See
Die Mehrung	42	42	Oben Wind, unten Donner
Der Durchbruch	43	43	Oben See, unten Himmel
Das Entgegenkommen	44	44	Oben Himmel, unten Wind
Die Sammlung	45	45	Oben See, unten Erde
Das Empordringen	46	46	Oben Erde, unten Wind
Die Bedrängnis	47	47	Oben See, unten Wasser
Der Brunnen	48	48	Oben Wasser, unten Wind
Die Umwälzung	49	49	Oben See, unten Feuer
Der Tiegel	50	50	Oben Feuer, unten Wind
Das Erregende	51	51	Oben Donner, unten Donner
Der Berg	52	52	Oben Berg, unten Berg
Die Entwicklung	53	53	Oben Wind, unten Berg
Das heiratende Mädchen	54	54	Oben Donner, unten See
Die Fülle	55	55	Oben Donner, unten Feuer
Der Wanderer	56	56	Oben Feuer, unten Berg
Das Sanfte	57	57	Oben Wind, unten Wind
Der See	58	58	Oben See, unten See
Die Auflösung	59	59	Oben Wind, unten Wasser
Die Beschränkung	60	60	Oben Wasser, unten See
Innere Wahrheit	61	61	Oben Wind, unten See
Des Kleinen Dominanz	62	62	Oben Donner, unten Berg
Nach der Vollendung	63	63	Oben Wasser, unten Feuer
Vor der Vollendung	64	64	Oben Feuer, unten Wasser

Namen-Register A - Z

Namen-Register A - Z (Fortsetzung)

Namen-Register A - Z (Fortsetzung)

Namen-Register A - Z (Fortsetzung)

Numerologisches Register 0 - 98

EF **Namen – Farbe**

0 Spirituelle „Erste Hilfe" – Königsblau über Tiefmagenta
1 Körperliche „Erste Hilfe" – Blau über Tiefmagenta
2 Friedensflasche – Blau über Blau
3 Herzflasche – Blau über Grün
4 Sonnenflasche – Gelb über Gold
5 Sonnenaufgangs-/Sonnenuntergangsflasche – Gelb über Rot
6 Energie-Flasche – Rot über Rot
7 Garten von Gethsemane, Der – Gelb über Grün
8 Anubis – Gelb über Blau
9 Herz im Herzen – Türkis über Grün
10 Geh, umarme einen Baum – Grün über Grün
11 Essener Flasche (I) – Klar über Pink
12 Frieden in der neuen Zeit – Klar über Blau
13 Veränderung in der neuen Zeit – Klar über Grün
14 Weisheit des neuen Zeitalters – Klar über Gold
15 Heilung im neuen Zeitalter – Klar über Violett
16 violette Gewand, Das – Violett über Violett
17 Hoffnung/Troubadour-Flasche (I) – Grün über Violett
18 Ägyptische Flasche (I) – Gelb über Violett
19 In der materiellen Welt leben – Rot über Violett
20 Sternenkind/Kinder- „Erste Hilfe" – Blau über Pink
21 Neubeginn für Liebe – Grün über Pink
22 Rebirther-Flasche – Gelb über Pink
23 Liebe und Licht – Rosenpink über Pink
24 Neue Botschaft – Violett über Türkis
25 Rekonvaleszenz-Flasche – Rotviolett über Magenta
26 Schock-Flasche/Ätherische „Erste Hilfe" – Orange über Orange
27 Robin-Hood-Flasche – Rot über Grün
28 Maid-Marian-Flasche – Grün über Rot
29 Steh auf und wandle – Rot über Blau

Numerologisches Register 0 - 98 (Fortsetzung)

EF	Namen – Farbe
30	Himmel auf die Erde bringen, Den – Blau über Rot
31	Fontäne, Die – Grün über Gold
32	Sophia – Königsblau über Gold
33	Delphin – Königsblau über Türkis
34	Geburt der Venus – Pink über Türkis
35	Freundlichkeit – Pink über Violett
36	Nächstenliebe – Violett über Pink
37	Schutzengel kommt auf die Erde, Der – Violett über Blau
38	Troubadour-Flasche (II)/Scharfsinn – Violett über Grün
39	Ägyptische Flasche (II)/Der Puppenspieler – Violett über Gold
40	Ich bin – Rot über Gold
41	Weisheitsflasche – Gold über Gold
42	Ernte, Die – Gelb über Gelb
43	Kreativität – Türkis über Türkis
44	Schutzengel, Der – Lila über Blaßblau
45	Atem der Liebe – Türkis über Magenta
46	Wanderer, Der – Grün über Magenta
47	Alte Seele – Königsblau über Zitronengelb
48	Flügel der Heilung – Violett über Klar
49	Neuer Bote – Türkis über Violett
50	El Morya – Blaßblau über Blaßblau
51	Kuthumi – Blaßgelb über Blaßgelb
52	Lady Nada – Blaßpink über Blaßpink
53	Hilarion – Blaßgrün über Blaßgrün
54	Serapis Bey – Klar über Klar
55	Christus – Klar über Rot
56	Saint Germain – Blaßviolett über Blaßviolett
57	Pallas Athene und Aeolus – Blaßpink über Blaßblau
58	Angelika und Orion – Blaßblau über Blaßpink
59	Lady Portia – Blaßgelb über Blaßpink
60	Lao-Tse und Kwan-Yin – Blau über Klar

Numerologisches Register 0 - 98 (Fortsetzung)

EF	Namen – Farbe
61	Sanat Kumara – Blaßpink über Blaßgelb
62	Maha Chohan – Blaßtürkis über Blaßtürkis
63	Hilarion und Djwal Khul – Grün über Blaßgrün
64	Djwal Khul – Grün über Klar
65	Kopf im Himmel und die Füße auf der Erde haben, Den – Violett über Rot
66	Schauspielerin, Die – Blaßviolett über Blaßpink
67	Göttliche Liebe/Liebe in den kleinen Dingen – Magenta über Magenta
68	Gabriel – Blau über Violett
69	Klingende Glocke – Magenta über Klar
70	Vision von Herrlichkeit – Gelb über Klar
71	Essener Flasche (II)/Das Juwel im Lotus – Pink über Klar
72	Clown, Der – Blau über Orange
73	Chang-Tsu – Gold über Klar
74	Triumph, Der – Blaßgelb über Blaßgrün
75	Mit dem Fluß gehen – Magenta über Türkis
76	Vertrauen – Pink über Gold
77	Kelch, Der – Klar über Magenta
78	Kronen-„Erste Hilfe" – Violett über Tiefmagenta
79	Straußflasche (Kopf in den Sand stecken) – Orange über Violett
80	Artemis – Rot über Pink
81	Bedingungslose Liebe – Pink über Pink
82	Calypso – Grün über Orange
83	Sesam öffne dich – Türkis über Gold
84	Kerze im Wind – Pink über Rot
85	Titania – Türkis über Klar
86	Oberon – Klar über Türkis
87	Ohne – Koralle über Koralle
88	Jade-Herrscher, Der – Grün über Blau
89	Energie-„Erste Hilfe" – Rot über Tiefmagenta

Numerologisches Register 0 - 98 (Fortsetzung)

EF	Namen – Farbe
90	Weisheits-„Erste Hilfe" – Gold über Tiefmagenta
91	Weibliche Führerschaft – Olivgrün über Olivgrün
92	Gretel – Koralle über Türkis
93	Hänsel – Koralle über Olivgrün
94	Erzengel Michael – Blaßblau über Blaßgelb
95	Erzengel Gabriel – Magenta über Gold
96	Erzengel Raphael – Königsblau über Blau
97	Erzengel Uriel – Gold über Königsblau
98	Erzengel Saldophone – Blaßlila über Koralle

Tarot-Register 0 - 78

Die Großen Arkana		EF Nr.
Der Narr	-0-	0
Der Narr	-0-	22
Der Magier	-I-	1
Die Hohepriesterin	-II-	2
Die Herrscherin	-III-	3
Der Herrscher	-IV-	4
Der Hierophant	-V-	5
Die Liebenden	-VI-	6
Der Wagen	-VII-	7
Kraft	-VIII-	8
Der Eremit	-IX-	9
Rad des Schicksals	-X-	10
Gerechtigkeit	-XI-	11
Der Gehängte	-XII-	12
Der Tod	-XIII-	13

Tarot-Register 0 - 78

Anwendung	Affirmation
Um den gesamten Haaransatz, um Hals, um Ohren. In akuten Fällen am g. Körper	Ich bin ganz. Ich integriere all meine Teile.
Um den gesamten Solarplexusbereich	Ich atme Liebe ein, ich atme Liebe aus.
Am Haaransatz, Hals, um die Ohren	Ich bin ganz. Ich integriere all meine Teile.
Um gesamten Haaransatz, Nacken, und Unterkiefer	Ich atme Frieden ein. Ich atme Frieden aus.
Gesamter Brustraum, in einem breiten Band vom Brustbein bis zum Abschluß der Rippen	Ich drücke Liebe und Wahrheit aus.
Auf der Höhe des Solarplexus in einem Band um d. Körper	Ich bin sicher. Ich weiß, daß ich nichts weiß.
Gesamter Unterbauchbereich	Ich öffne mich für die Freude in meinem Leben.
Überall unter dem Hüftbereich, Fußsohle	Was immer ich tue, läßt die Liebe in meinem Leben wachsen.
Herz- und Solarplexusbereich, rund um den Körper	Ich habe keine Grenzen, außer denen, die ich mir selbst setze.
Um Hüften, Unterbauch, unteren Rücken, auch um den gesamten Rumpf und den Hals	Ich liebe mich so, wie ich bin.
Um den gesamten Brustbereich	Auf der Suche nach Wahrheit höre ich auf meine innere Stimme.
Um den gesamten Brustbereich	Ich habe den Raum, um zu tun, was getan werden muß.
Um den gesamten Rumpf	Ich bin im Hier und Jetzt. Hier und jetzt ist der einzige Moment, etwas zu verändern.
Um den gesamten Hals	Je friedlicher ich werde, um so mehr Licht wird mir geschenkt.
Um den gesamten Herzbereich	In jedem Ende liegt ein Neuanfang.

Tarot-Register 0 - 78 (Fortsetzung)

Tarot-Register 0 - 78 (Fortsetzung)

Anwendung	Affirmation
Um den gesamten Solarplexusbereich	Je mehr ich meine Angst loslasse, um so mehr öffne ich mich für meine innere Wahrheit.
Am Haaransatz, um den gesamten Kopf	Je mehr Licht ich in mich hineinlasse, um so heiler werde ich.
Um den gesamten Haaransatz	Je mehr ich mir meiner Aufgabe bewußt werde, um so heller wird mein Leben.
Um den gesamten Brustbereich	Ich suche und finde die Wahrheit.
Um den Solarplexusbereich, um den gesamten Haaransatz	Je mehr ich meine Angst loslasse, um so mehr Heilung finde ich.
Um den gesamten Unterbauch	Ich sage „ja" zum Leben und zu mir selbst.
Auf dem ganzen Körper	Liebe heißt, die Angst loslassen.
Um den gesamten Herzbereich	Ich halte die Welt in meinen Händen.
Um d. ges. Unterbauch. In schwierigen emotionalen Situationen um d. Herzbereich, bei spirituellen u. mentalen Problemen um d. ges. Haaransatz	Ich bin in Harmonie mit dem Leben, und das Leben ist in Harmonie mit mir.
Um den Hals herum	Ich öffne mich für neue Möglichkeiten in meinem Leben.
Um den gesamten Haaransatz	Ich lasse meine Enttäuschungen gehen.
Um d. ges. Unterbauch herum, v. linken Ohrläppchen bis zur linken Schulter in einem schmalen Band nach unten. Unter d. li. Arm, im breiten Band bis zum Fußknöchel	Die einzige Sicherheit im Leben ist die Veränderung.

Tarot-Register 0 - 78 (Fortsetzung)

Die Kleinen Arkana	EF Nr.
Zehn der Stäbe	27
Neun der Stäbe	28
Acht der Stäbe	29
Sieben der Stäbe	30
Sechs der Stäbe	31
Fünf der Stäbe	32
Vier der Stäbe	33
Drei der Stäbe	34
Zwei der Stäbe	35
As der Stäbe	36
König der Kelche	37
Königin der Kelche	38
Ritter der Keiche	39
Page der Kelche	40

Tarot-Register 0 - 78 (Fortsetzung)

Anwendung	Affirmation
Um den gesamten Rumpf	Ich sehe das Licht durch die Bäume.
Um den gesamten Rumpf	Ich finde die Kraft, zu sein, wer ich bin.
Um den gesamten Rumpf	Ich öffne mich für inneren Frieden.
Um den gesamten Rumpf; bei spirituellen Problemen und Kopfschmerzen um den Haaransatz herum	Kopf im Himmel, Füße auf dem Boden, und der Bauch fließt frei.
Zwischen Herzbereich und dem Bereich knapp unter dem Bauchnabel	Ich lasse meine Angst los und finde Sonnenschein in meinem Herzen.
Überall zwischen Kopf und Nabel	Ich lasse meine Ängste los und öffne mich für die Weisheit in mir.
Im Nacken- und Kieferbereich, um den Haaransatz, knapp über den Augenbrauen, Stirn, um die Augen	Friede ist mein ganzes Bestreben.
Um den gesamten Haaransatz	Ich bin, der/die ich bin.
Am ganzen Körper	Indem ich andere heile, heile ich mich selbst.
Rund um den Körper oder verletzte Stelle	Ich liebe die Herausforderungen des Lebens.
Um den gesamten Haaransatz, um den Hals	Ich fülle meinen Kelch, damit er in die Welt überfließt.
Um den gesamten Haaransatz, um Herzbereich, überall, wo es schmerzt	Ich gebe meinen Gefühlen einen Namen.
Um den gesamten Haaransatz, um den gesamten Bauch herum	Ich habe viel zu lernen und viel zu geben.
Zwischen Basis- und Solarplexuschakra	Ich sage „ja" zum Leben.

Tarot-Register 0 - 78 (Fortsetzung)

Die Kleinen Arkana	EF Nr.
Zehn der Kelche	41
Neun der Kelche	42
Acht der Kelche	43
Sieben der Kelche	44
Sechs der Kelche	45
Fünf der Kelche	46
Vier der Kelche	47
Drei der Kelche	48
Zwei der Kelche	49
As der Kelche	50
König der Schwerter	51
Königin der Schwerter	52
Ritter der Schwerter	53
Page der Schwerter	54
Zehn der Schwerter	55
Neun der Schwerter	56
Acht der Schwerter	57
Sieben der Schwerter	58

Tarot-Register 0 - 78 (Fortsetzung)

Anwendung	Affirmation
Um den gesamten Solarplexusbereich	Ich suche und finde den Topf Gold am Ende des Regenbogens.
Um den Solarplexusbereich, um den gesamten Haaransatz	Ich lasse aus meinem von außen aufgenommenen Wissen inneres Wissen entstehen.
Um den gesamten Herzbereich	Alles fließt. Ich gehe mit dem Fluß.
Um den Hals und rund um den Haaransatz	Ich lasse los und erwarte nichts.
Überall am Körper	Alles ist auf seine eigene Art schön.
Um das Herz	Ich sehe den Springbrunnen im Garten meines Herzens.
Um den Solarplexus-, Herzbereich, um den Haaransatz	Ich mache das Beste aus meinen Möglichkeiten.
Um den Haaransatz	Ich finde Freude, weil das Licht mich nährt.
Um Brustraum u. Haaransatz	Ich öffte mich für die Liebe.
Um den gesamten Hals	Dein Wille geschehe durch mich.
Rund um den Solarplexusbereich	Ich stehe am Tor und weiß, daß dahinter die Freude wartet.
Rund um den Bauch	Ich liebe mich so, wie ich bin.
Um den gesamten Herzbereich	Ich finde, wo für mich die Wahrheit liegt.
Am ganzen Körper	Ob ich lache oder weine, ich sehe den Regenbogen in meinen Tränen.
Um den gesamten Unterbauch	Ich habe die Energie, meinen Idealen zu folgen.
Um den gesamten Haaransatz	Ich vertraue darauf; daß meine Intuition auf Vernunft basiert.
Gesamter Unterleibsbereich, Hals und Haaransatz	Ich lasse los und vertraue.
Um den Unterleib, um den Hals, um den Haaransatz	Ich gelange ins Hier und Jetzt, und Veränderung geschieht.

Tarot-Register 0 - 78 (Fortsetzung)

Die Kleinen Arkana	EF Nr.
Sechs der Schwerter	59
Fünf der Schwerter	60
Vier der Schwerter	61
Drei der Schwerter	62
Zwei der Schwerter	63
As der Schwerter	64
König der Münzen	65
Königin der Münzen	66
Ritter der Münzen	67
Page der Münzen	68
Zehn der Münzen	69
Neun der Münzen	70
Acht der Münzen	71
Sieben der Münzen	72
Sechs der Münzen	73

Tarot-Register 0 - 78 (Fortsetzung)

Anwendung	Affirmation
Gesamter Unterleibsbereich	Ich verstehe die Gesetze des Lebens, und ich wachse.
Um den Hals	Ich befreie mich von allen Begrenzungen.
Gesamter Bauchbereich	Ich lerne und wachse durch die Schwierigkeiten des Lebens.
Um den gesamten Brustbereich, um den Hals	Ich überlasse mich dem Fluß des Lebens.
Um den gesamten Brustraum	Ich bin im richtigen Moment am richtigen Ort und tue das Richtige.
Um den gesamten Brustbereich	Möge der Geist der Wahrheit auf die Erde kommen, damit ich das innere Licht finde.
Um den Haaransatz, um den Unterbauch	Ich weiß, wo ich stehe, und ich weiß, wohin ich gehe.
Um den gesamten Unterbauch, um den Haaransatz	Ich achte darauf, wer auf der Bühne meines Lebens steht.
Am ganzen Körper	Ich warte geduldig, daß das Göttliche sich im meinem Leben enthüllt.
Um den Hals, um den Haaransatz	Ich beende, was beendet werden muß. Damit mache ich einen Neuanfang möglich.
Auf die Schläfen und auf den Nacken auftragen	Zwischen den Extremen finde ich eine Balance in meinem Leben.
Rund um den Solarplexusbereich	Ich gewinne Klarheit, weil ich mich für die Freude öffne.
Unterer Bereich d. Unterleibs, plus einen Tropfen auf den Wirbel oben am Kopf geben	„Sei still und wisse: Ich bin Gott."
Um den ganzen Rumpf	Wenn ihr nicht werdet wie die Kinder, werdet ihr nicht in das Himmelreich eingehen.
Gesamter Bauchbereich	Glücklich, wer über sich selbst lachen kann.

Tarot-Register 0 - 78 (Fortsetzung)

Die Kleinen Arkana	**EF Nr.**
Fünf der Münzen	74
Vier der Münzen	75
Drei der Münzen	76
Zwei der Münzen	77
As der Münzen	78

Tarot-Register 0 - 78 (Fortsetzung)

Anwendung	Affirmation
Um den gesamten Solarplexusbereich, um das Herz	Der Weg ist das Ziel.
Am ganzen Körper	Ich öffne mich dafür, die Liebe neu zu sehen.
Rund um den Bauch	Ich liebe Dich so, daß ich Dich loslassen kann.
Überall am Körper	Ich lasse meine Illusionen los und sehe klar.
Am Haaransatz, Hals, Nacken, das Dritte Auge und den Wirbel oben am Kopf	Ich lade den Geist in alle Bereiche meines Lebens ein.

Symptom-Register Equilibrium-Flaschen

Symptom	EF	Anwendung
Abhusten	54	Am ganzen Körper
Abszeß	1	Am Haaransatz, Hals, um die Ohren
	78	Haaransatz, Hals, Nacken, auf d. Dritte Auge und den Wirbel oben am Kopf
Adrenalin -spiegel	8	Um den gesamten Rumpf
-sekretion	14	Um den gesamten Solarplexusbereich
-produktion	67	Am ganzen Körper
-drüsen	80	Um den gesamten Unterbauch
-produktion	87	Um den gesamten Unterbauch
Adstringierende Wirkung (Haut zusammenziehen)	12	Um den gesamten Hals
Akne	34	Hauptsächlich um den Herzbereich
Alkoholiker	15	Am Haaransatz, um den gesamten Kopf
Allergien	23	Um den gesamten Unterbauch. In schwierigen emotionalen Situationen um den Herzbereich, bei spirituellen und mentalen Problemen um den gesamten Haaransatz.
	31	Zwischen Herzbereich und dem Bereich knapp unter dem Bauchnabel.
Alpträume	2	Um gesamten Haaransatz, Nacken und Unterkiefer
Altersflecken	32	Überall zwischen Kopf und Nabel
Alzheimer	47	Um den Solarplexus- und Herzbereich sowie den Haaransatz
	61	Gesamter Bauchbereich

Symptom-Register Equilibrium-Flaschen

Affirmation	Farbe
Ob ich lache oder weine, ich sehe den Regenbogen in meinen Tränen.	Klar über Klar
Ich bin ganz. Ich integriere all meine Teile.	Blau über Tiefmagenta
Ich lade den Geist in alle Bereiche meines Lebens ein.	Violett über Tiefmagenta
Ich bin im Hier und Jetzt. Hier und jetzt ist der einzige Moment, etwas zu verändern.	Gelb über Blau
Je mehr ich meine Angst loslasse, um so mehr öffne ich mich für meine innere Wahrheit.	Klar über Gold
Ich warte geduldig, daß das Göttliche sich im meinem Leben enthüllt.	Magenta über Magenta
In diesem Moment bin ich frei.	Rot über Pink
Ich verabschiede mich von der Vergangenheit und begrüße die Liebe.	Koralle über Koralle
Je friedlicher ich werde, um so mehr Licht wird mir geschenkt.	Klar über Blau
Ich bin, der/die ich bin.	Pink über Türkis
Je mehr Licht ich in mich hineinlasse, um so heiler werde ich.	Klar über Violett
Ich bin in Harmonie mit dem Leben, und das Leben ist in Harmonie mit mir.	Rosenpink über Pink
Ich lasse meine Angst los und finde Sonnenschein in meinem Herzen.	Grün über Gold
Ich atme Frieden ein. Ich atme Frieden aus.	Blau über Blau
Ich lasse meine Ängste los und öffne mich für die Weisheit in mir.	Königsblau über Gold
Ich mache das Beste aus meinen Möglichkeiten.	Königsblau über Zitronengelb
Ich lerne und wachse durch die Schwierigkeiten des Lebens.	Blaßpink über Blaßkoralle

Symptom-Register Equilibrium-Flaschen (Fortsetzung)

Symptom	EF	Anwendung
Amnesie	68	Um den Hals, um den Haaransatz
Angina pectoris	3	Gesamter Brustraum, in einem breiten Band vom Brustbein bis zum Abschluß der Rippen
	91	Um den gesamten Brust- und Bauchraum
Angstzustände (Anxiety)	15	Am Haaransatz, um den gesamten Kopf
Anorexie	4	Auf der Höhe des Solarplexus in einem Band um denKörper.
	45	Auf dem ganzen Körper
	51	Rund um den Solarplexusbereich
	70	Rund um den Solarplexusbereich
	81	Um den gesamten Unterbauch
Arthritis	4	Auf der Höhe des Solarplexus in einem Band um den Körper.
	38	Um den gesamten Haaransatz, um Herzbereich, überall, wo es schmerzt.
	75	Am ganzen Körper
Asthma	3	Gesamter Brustraum, in einem breiten Band vom Brustbein bis zum Abschluß der Rippen
	9	Um den gesamten Brustbereich
	13	Um den gesamten Herzbereich
	21	Um den gesamten Herzbereich
	53	Um den gesamten Herzbereich
	62	Um den gesamten Brustbereich, um den Hals
	82	Um den gesamten Rumpf
Aufnahmeprobleme v. Nährstoffen	51	Rund um den Solarplexusbereich

Symptom-Register Equilibrium-Flaschen (Fortsetzung)

Affirmation	Farbe
Ich beende, was beendet werden muß. Damit mache ich einen Neuanfang möglich.	Blau über Violett
Ich drücke Liebe und Wahrheit aus.	Blau über Grün
Hoffnung ist mein Weg vorwärts. Ich vertraue dem Prozeß des Lebens.	Olivgrün über Olivgrün
Je mehr Licht ich in mich hineinlasse, um so heiler werde ich.	Klar über Violett
Ich bin sicher. Ich weiß, daß ich nichts weiß.	Gelb über Gold
Alles ist auf seine eigene Art schön.	Türkis ü. Magenta
Ich stehe am Tor und weiß, daß dahinter die Freude wartet.	Blaßgelb über Blaßgelb
Ich gewinne Klarheit, weil ich mich für die Freude öffne.	Gelb über Klar
Ich liebe mich so, wie ich bin.	Pink über Pink
Ich bin sicher. Ich weiß, daß ich nichts weiß.	Gelb über Gold
Ich gebe meinen Gefühlen einen Namen.	Violett über Grün
Ich öffne mich dafür, die Liebe neu zu sehen.	Magenta ü. Türkis
Ich drücke Liebe und Wahrheit aus.	Blau über Grün
Auf der Suche nach Wahrheit höre ich auf meine innere Stimme.	Türkis über Grün
In jedem Ende liegt ein Neuanfang.	Klar über Grün
Ich halte die Welt in meinen Händen.	Grün über Pink
Ich finde, wo für mich die Wahrheit liegt.	Blaßgrün über Blaßgrün
Ich überlasse mich dem Fluß des Lebens.	Blaßtürkis über Blaßtürkis
Ich öffne mein Herz für eine neue Richtung.	Grün ü. Orange
Ich stehe am Tor und weiß, daß dahinter die Freude wartet.	Blaßgelb über Blaßgelb

Symptom-Register Equilibrium-Flaschen (Fortsetzung)

Symptom	EF	Anwendung
Aufnahmeprobleme v. Nährstoffen	70	Rund um den Solarplexusbereich
(Fortsetzung)	73	Um den gesamten Bauchbereich
-unterstützung	76	Um den gesamten Bauchbereich
	9	Um den Haaransatz, und um Unterleib herum
	87	Um den gesamten Unterbauch
Augenprobleme	33	Um die Augenhöhle, nur im Knochenbereich
	69	Auf die Schläfen und auf den Nacken auftragen
Ausdauer (Probleme mit)	47	Um den Solarplexus-, Herzbereich, um den Haaransatz
Ausscheidungsprobleme (Darm)	59	Gesamter Unterleibsbereich
	73	Um den gesamten Bauch herum
Bauchschmerzen	3	Gesamter Brustraum, in einem breiten Band vom Brustbein bis zum Abschluß der Rippen
Bauchspeicheldrüsenprobleme	31	Zwischen Herzbereich und dem Bereich knapp unter dem Bauchnabel
	32	Überall zwischen Kopf und Nabel
	90	Um den gesamten Bauch
Beruhigungsbeschwerden	50	Um den gesamten Hals
	56	Um den Haaransatz
– bei Halsbeschwerden	68	Um den Hals und um den Haaransatz
– körperliche Angstzustände	70	Um den gesamten Solarplexusbereich
Berührungsängste	58	Um den Unterleib, um den Hals, um den Haaransatz

Symptom-Register Equilibrium-Flaschen (Fortsetzung)

Affirmation	Farbe
Ich gewinne Klarheit, weil ich mich für die Freude öffne.	Gelb über Klar
Glücklich, wer über sich selbst lachen kann.	Gold über Klar
Ich liebe Dich so, daß ich Dich loslassen kann.	Pink über Gold
Ich nehme die Herausforderungen des Lebens freudig an.	Orange über Violett
Ich verabschiede mich von der Vergangenheit und begrüße die Liebe.	Koralle über Koralle
Friede ist mein ganzes Bestreben.	Königsblau über Türkis
Zwischen den Extremen finde ich eine Balance in meinem Leben.	Magenta über Klar
Ich mache das Beste aus meinen Möglichkeiten.	Königsblau über Zitronengelb
Ich verstehe die Gesetze des Lebens, und ich wachse.	Blaßgelb über Blaßpink
Glücklich, wer über sich selbst lachen kann.	Gold über Klar
Ich drücke Liebe und Wahrheit aus.	Blau über Grün
Ich lasse meine Angst los und finde Sonnenschein in meinem Herzen.	Grün über Gold
Ich lasse meine Ängste los und öffne mich für die Weisheit in mir.	Königsblau über Gold
Aus meinem Chaos taucht eine neue Ordnung auf	Gold über Tiefmagenta
Dein Wille geschehe durch mich.	Blaßblau über Blaßblau
Ich vertraue darauf, daß meine Intuition auf Vernunft basiert.	Blaßviolett über Blaßviolett
Ich beende, was beendet werden muß. Damit mache ich einen Neuanfang möglich.	Blau über Violett
Ich gewinne Klarheit, weil ich mich für die Freude öffne.	Gelb über Klar
Ich gelange ins Hier und Jetzt, und Veränderung geschieht.	Blaßblau über Blaßpink

Symptom-Register Equilibrium-Flaschen (Fortsetzung)

Symptom	EF	Anwendung
Bettnässen	2	Um gesamten Haaransatz, Nacken, und Unterkiefer
Bindegewebs-geschwülste	3	Gesamter Brustraum, in einem breiten Band vom Brustbein bis zum Abschluß der Rippen
Blähungen	4	Auf der Höhe des Solarplexus in einem Band um den Körper
Blasenerkrankungen	5	Gesamter Unterbauchbereich
	38	Um den gesamten Haaransatz, um Herzbereich, überall, wo es schmerzt.
Blutarmut (Anämie)	84	Um den gesamten Unterbauch
Blutdruck (hoch)	1	Am Haaransatz, Hals, um die Ohren
	78	Am Haaransatz, Hals, Nacken, auf das Dritte Auge u. d. Wirbel oben am Kopf
Blutdruck (niedrig)	19	Um den gesamten Unterbauch
Blutzucker	83	Um den gesamten Rumpf
	7	Herz- und Solarplexusbereich, rund um den Körper
Brandwunden	1	Am Haaransatz, Hals, um die Ohren
	20	Auf dem ganzen Körper
	78	Am Haaransatz, Hals, Nacken, auf das Dritte Auge u. d. Wirbel oben am Kopf
Bronchiale Infekte	1	Am Haaransatz, Hals, um die Ohren
	46	Um den gesamten Herzbereich
	53	Um den gesamten Herzbereich
	62	Um den gesamten Brustbereich, um den Hals
	78	Am Haaransatz, Hals, Nacken, auf das Dritte Auge u. d. Wirbel oben am Kopf
	82	Um den gesamten Rumpf
	88	Um den gesamten Brustraum, um den Hals

Symptom-Register Equilibrium-Flaschen (Fortsetzung)

Affirmation	Farbe
Ich atme Frieden ein. Ich atme Frieden aus.	Blau über Blau
Ich drücke Liebe und Wahrheit aus.	Blau über Grün
Ich bin sicher. Ich weiß, daß ich nichts weiß.	Gelb über Gold
Ich öffne mich für die Freude in meinem Leben.	Gelb über Rot
Ich gebe meinen Gefühlen einen Namen.	Violett über Grün
Ich verabschiede mich von der Vergangenheit und öffne mich für die Liebe.	Pink über Rot
Ich bin ganz. Ich integriere all meine Teile.	Blau ü. Tiefmag.
Ich lade den Geist in alle Bereiche meines Lebens ein.	Violett über Tiefmagenta
Ich sage „ja" zum Leben und zu mir selbst.	Rot über Violett
Ich öffne mich für die tiefste Freude, damit ich sie mit anderen teilen kann.	Türkis über Gold
Ich habe keine Grenzen, außer denen, die ich mir selbst setze.	Gelb über Grün
Ich bin ganz. Ich integriere all meine Teile.	Blau ü. Tiefmag.
Liebe heißt, die Angst loslassen.	Blau über Pink
Ich lade den Geist in alle Bereiche meines Lebens ein.	Violett über Tiefmagenta
Ich bin ganz. Ich integriere all meine Teile.	Blau ü. Tiefmag.
Ich sehe den Springbrunnen im Garten meines Herzens.	Grün über Magenta
Ich finde, wo für mich die Wahrheit liegt.	Blaßgrün über Blaßgrün
Ich überlasse mich dem Fluß des Lebens.	Blaßtürkis über Blaßtürkis
Ich lade den Geist in alle Bereiche meines Lebens ein.	Violett über Tiefmagenta
Ich öffne mein Herz für eine neue Richtung.	Grün ü. Orange
Ich öffne mich für meine Liebe zur Natur.	Grün über Blau

Symptom-Register Equilibrium-Flaschen (Fortsetzung)

Symptom	EF	Anwendung
Bronchitis	1	Am Haaransatz, Hals, um die Ohren
	3	Ges. Brustraum, in einem breiten Band v. Brustbein bis z. Abschluß der Rippen
	9	Um den gesamten Brustbereich
	78	Am Haaransatz, Hals, Nacken, auf das Dritte Auge u. d. Wirbel oben am Kopf
	13	Um den gesamten Herzbereich
	43	Um den gesamten Herzbereich
– bei Kindern	21	Um den gesamten Herzbereich
Brüche (Knochen)	4	Auf der Höhe des Solarplexus in einem Band um den Körper
	7	Herz- und Solarplexusbereich, rund um den Körper
	39	Um den gesamten Haaransatz, um den gesamten Bauch herum
Brustbeschwerden	9	Um den gesamten Brustbereich
	10	Um den gesamten Brustbereich
	35	Am ganzen Körper
	43	Um den gesamten Herzbereich
	53	Um den gesamten Herzbereich
	63	Um den gesamten Brustraum
	64	Um den gesamten Brustbereich
	85	Um den gesamten Brustbereich
	88	Um d. ges. Brustraum und um den Hals
Brustkasten (Strukturprobleme)	17	Um den gesamten Brustbereich
Bulimia	51	Rund um den Solarplexusbereich
	70	Rund um den Solarplexusbereich

Symptom-Register Equilibrium-Flaschen (Fortsetzung)

Affirmation	Farbe
Ich bin ganz. Ich integriere all meine Teile.	Blau ü. Tiefmag.
Ich drücke Liebe und Wahrheit aus.	Blau über Grün
Auf der Suche nach Wahrheit höre ich auf meine innereStimme.	Türkis über Grün
Ich lade den Geist in alle Bereiche meines Lebens ein.	Violett über Tiefmagenta
In jedem Ende liegt ein Neuanfang.	Klar über Grün
Alles fließt. Ich gehe mit dem Fluß.	Türkis ü. Türkis
Ich halte die Welt in meinen Händen.	Grün über Pink
Ich bin sicher. Ich weiß, daß ich nichts weiß.	Gelb über Gold
Ich habe keine Grenzen, außer denen, die ich mir selbst setze.	Gelb über Grün
Ich habe viel zu lernen und viel zu geben.	Violett über Gold
Auf der Suche nach Wahrheit höre ich auf meine innereStimme.	Türkis über Grün
Ich habe den Raum, um zu tun, was getan werden muß.	Grün über Grün
Indem ich andere heile, heile ich mich selbst.	Pink über Violett
Alles fließt. Ich gehe mit dem Fluß.	Türkis ü. Türkis
Ich finde, wo für mich die Wahrheit liegt.	Blaßgrün über Blaßgrün
Ich bin im richtigen Moment am richtigen Ort und tue das Richtige.	Grün über Blaßgrün
Möge der Geist der Wahrheit auf die Erde kommen,damit ich das innere Licht finde.	Grün über Klar
Leben ist Liebe. Ich liebe das Leben.	Türkis über Klar
Ich öffne mich für meine Liebe zur Natur.	Grün über Blau
Ich suche und finde die Wahrheit.	Grün über Violett
Ich stehe am Tor und weiß, daß dahinter die Freude wartet.	Blaßgelb über Blaßgelb
Ich gewinne Klarheit, weil ich mich für die Freude öffne.	Gelb über Klar

Symptom-Register Equilibrium-Flaschen (Fortsetzung)

Symptom	EF	Anwendung
Bulimia (Forts.)	81	Um den gesamten Unterbauch
	45	Auf dem ganzen Körper
Candida	46	Um das Herz
Chronische Krankheiten	75	Am ganzen Körper
Darmprobleme	5	Gesamter Brustbereich
	32	Überall zwischen Kopf und Nabel
Degenerative Erkrankungen	18	Um den Solarplexusbereich, um den gesamten Haaransatz
	47	Um den Solarplexusbereich, um den gesamten Haaransatz
Denkirritationen	76	Rund um den Bauch
Depressionen	42	Um den Solarplexusbereich, um den gesamten Haaransatz
Diabetes	4	Auf der Höhe des Solarplexus in einem Band um den Körper
	5	Gesamter Unterbauchbereich
	42	Um den gesamten Solarplexusbereich
– Kinder-Diabetes	14	Um den gesamten Solarplexusbereich
Diätumstellung	45	Am ganzen Körper
Dickdarm	92	Um den Bauch um die Brust
Diverticulosis	4	Auf der Höhe des Solarplexus in einem Band um den Körper
Drogenprobleme	15	Am Haaransatz, um den gesamten Kopf
Drüsenfünktion	10	Um den gesamten Brustbereich
	22	Um den gesamten Solarplexusbereich
	23	Um d. ges. Unterbauch. In schwierigen emotionalen Situationen um d. Herzbereich, bei spirituellen u. mentalen Problemen um den gesamten Haaransatz

Symptom-Register Equilibrium-Flaschen (Fortsetzung)

Affirmation	Farbe
Ich liebe mich so, wie ich bin.	Pink über Pink
Alles ist auf seine eigene Art schön.	Türkis ü. Mag.
Ich sehe den Springbrunnen im Garten meines Herzens.	Grün über Magenta
Ich öffne mich dafür, die Liebe neu zu sehen.	Magenta über Türkis
Ich öffne mich für die Freude in meinem Leben.	Gelb über Rot
Ich lasse meine Ängste los und öffne mich für die Weisheit in mir.	Königsblau über Gold
Je mehr ich meine Angst loslasse, um so mehr Heilung finde ich.	Gelb über Violett
Ich mache das Beste aus meinen Möglichkeiten.	Königsblau über Zitronengelb
Ich liebe Dich so, daß ich Dich loslassen kann	Pink über Gold
Ich lasse aus meinem von außen aufgenommenen Wissen inneres Wissen entstehen.	Gelb über Gelb
Ich bin sicher. Ich weiß, daß ich nichts weiß.	Gelb über Gold
Ich öffne mich für die Freude in meinem Leben.	Gelb über Rot
Ich lasse aus meinem von außen aufgenommenen Wissen inneres Wissen entstehen.	Gelb über Gelb
Je mehr ich meine Angst loslasse, um so mehr öffne ich mich für meine innere Wahrheit.	Klar über Gold
Alles ist auf seine eigene Art schön.	Türkis ü. Mag.
Vor der Erleuchtung hacke Holz, hole Wasser, nach der Erleuchtung hacke Holz, hole Wasser.	Koralle über Türkis
Ich bin sicher. Ich weiß, daß ich nichts weiß.	Gelb über Gold
Je mehr Licht ich in mich hineinlasse, um so heiler werde ich.	Klar über Violett
Ich habe d. Raum zu tun, was getan werden muß.	Grün über Grün
Ich atme Liebe ein, ich atme Liebe aus.	Gelb über Pink
Ich bin in Harmonie mit dem Leben, und das Leben ist in Harmonie mit mir.	Rosenpink über Pink

Symptom-Register Equilibrium-Flaschen (Fortsetzung)

Symptom	EF	Anwendung
Durchfall	1	Am Haaransatz, Hals, um die Ohren
	78	Am Haaransatz, Hals, Nacken, auf das Dritte Auge u. d. Wirbel oben am Kopf
	79	Um den Haaransatz und den Unterleib herum
Dyslexia	24	Um den Hals herum
	57	Gesamter Unterleibsbereich, Hals und Haaransatz
Eisenmangel	6	Uberall unter dem Hüftbereich, Fußsohle
Ekelgefühle	4	Auf der Höhe des Solarplexus in einem Band um den Körper
	51	Rund um den Solarplexusbereich
Ekzeme	31	Zwischen Herzbereich und dem Bereich knapp unter dem Bauchnabel.
– bei Kindern	13	Um den gesamten Herzbereich
	21	Um den gesamten Herzbereich
Elektroschock-Unfall	89	Um den gesamten Unterbauch
Emotionale	35	Am ganzen Körper
Probleme	74	Um das Herz, um den Solarplexusbereich
Endokrine System Probleme	2	Um gesamten Haaransatz, Nacken und Unterkiefer
Energieverlust	5	Um den gesamten Unterbauch
	19	Um den gesamten Unterbauch
	29	Um den gesamten Rumpf
	36	Rund um den Körper oder nur, wo notwendig
	40	Zwischen Basis- und Solarplexuschakra
	55	Um den gesamten Unterbauch
	65	Um den gesamten Unterbauch, um den Haaransatz
	80	Um den gesamten Unterbauch

Symptom-Register Equilibrium-Flaschen (Fortsetzung)

Affirmation	Farbe
Ich bin ganz. Ich integriere all meine Teile.	Blau ü.Tiefmag.
Ich lade den Geist in alle Bereiche meines Lebens ein.	Violett über Tiefmagenta
Ich nehme die Herausforderungen des Lebens freudig an.	Orange über Violett
Ich öffne mich für neue Möglichkeiten in meinem Leben.	Violett über Türkis
Ich lasse los und vertraue.	Blaßpink über Blaßblau
Was immer ich tue, läßt die Liebe in meinem Leben wachsen.	Rot über Rot
Ich bin sicher. Ich weiß, daß ich nichts weiß.	Gelb über Gold
Ich stehe am Tor und weiß, daß dahinter die Freude wartet.	Blaßgelb über Blaßgelb
Ich lasse meine Angst los und finde Sonnenschein in meinem Herzen.	Grün über Gold
In jedem Ende liegt ein Neuanfang.	Klar über Grün
Ich halte die Welt in meinen Händen.	Grün über Pink
Die Energie folgt der Absicht.	Rot über Tiefmagenta
Indem ich andere heile, heile ich mich selbst.	Pink über Violett
Der Weg ist das Ziel.	Blaßgelb über Blaßgrün
Ich atme Frieden ein. Ich atme Frieden aus.	Blau über Blau
Ich öffne mich für die Freude in meinem Leben.	Gelb über Rot
Ich sage „ja" zum Leben und zu mir selbst.	Rot über Violett
Ich öffne mich für inneren Frieden.	Rot über Blau
Ich liebe die Herausforderungen des Lebens.	Violett über Pink
Ich sage „ja" zum Leben.	Rot über Gold
Ich habe die Energie, meinen Idealen zu folgen.	Klar über Rot
Ich weiß, wo ich stehe, und ich weiß, wohin ich gehe.	Violett über Rot
In diesem Moment bin ich frei.	Rot über Pink

Symptom-Register Equilibrium-Flaschen (Fortsetzung)

Symptom	EF	Anwendung
Entgiftende Wirkung	11	Um Hüften, Unterbauch, unteren Rükken, auch um gesamten Rumpf u. Hals
	48	Um den Haaransatz
	54	Am ganzen Körper
	55	Um den gesamten Unterbauch
– Angst und Wut	64	Um den gesamten Brustbereich
Entzündungen	2	Um gesamten Haaransatz, Nacken und Unterkiefer
	16	Um den gesamten Haaransatz
	60	Um den Hals
	85	Um den gesamten Brustbereich
	21	Um den gesamten Herzbereich
Epilepsie	15	Am Haaransatz um den Kopf herum
Erinnerungsverlust	1	Am Haaransatz, Hals, um die Ohren
	78	A. Haaransatz, Hals, Nacken, a. d. Dritten Auge u. dem Wirbel oben am Kopf
Ernährungsumstellungs-Probleme	45	Überall an Körper
Erschöpfungszustände	10	Gesamter Brustbereich
	47	Um den Solarplexus- und Herzbereich sowie den Haaransatz
Erste Hilfe – spirituell	0	Um den gesamten Haaransatz, um die Ohren. Bei akuten Fällen am ganzen Körper auftragen.
– körperlich	1	Am Haaransatz, Hals, um die Ohren
– bei Kindern	20	Am ganzen Körper
– ätherisch	26	Um den gesamten Unterbauch herum, vom linken Ohrläppchen bis zur linken Schulter in einem schmalen Band nach unten. Unter dem linken Arm, im breiten Band bis zum Fußknöchel

Symptom-Register Equilibrium-Flaschen (Fortsetzung)

Affirmation	Farbe
Ich liebe mich so, wie ich bin.	Klar über Pink
Ich finde Freude, weil das Licht mich nährt.	Violett über Klar
Ob ich lache oder weine, ich sehe den Regenbogen in meinen Tränen.	Klar über Klar
Ich habe die Energie, meinen Idealen zu folgen.	Klar über Rot
Möge der Geist der Wahrheit auf die Erde kommen, damit ich das innere Licht finde.	Grün über Klar
Ich atme Frieden ein. Ich atme Frieden aus.	Blau über Blau
Je mehr ich mir meiner Aufgabe bewußt werde, um so heller wird mein Leben.	Violett über Violett
Ich befreie mich von allen Begrenzungen.	Blau über Klar
Leben ist Liebe. Ich liebe das Leben.	Türkis über Klar
Ich halte die Welt in meinen Händen.	Grün über Pink
Je mehr Licht ich in mich hineinlasse, um so heiler werde ich.	Klar über Violett
Ich bin ganz. Ich integriere all meine Teile.	Blau ü. Tiefmag.
Ich lade den Geist in alle Bereiche meines Lebens ein.	Violett über Tiefmagenta
Alles ist auf seine eigene Art schön.	Türkis über Magenta
Ich habe den Raum, um zu tun, was getan werden muß.	Grün über Grün
Ich mache das Beste aus meinen Möglichkeiten.	Königsblau über Zitronengelb
Ich liebe das Leben. Leben ist Lernen.	Königsblau über Tiefmagenta
Ich bin ganz. Ich integriere all meine Teile.	Blau ü. Tiefmag.
Liebe heißt, die Angst loslassen.	Blau über Pink
Die einzige Sicherheit im Leben ist die Veränderung.	Orange über Orange

Symptom-Register Equilibrium-Flaschen (Fortsetzung)

Symptom	EF	Anwendung
Erste Hilfe – Kronen	78	A. Haaransatz, Hals, Nacken, d. Dritten Auge und der Wirbel oben am Kopf
– Energie	89	Um den gesamten Unterbauch
– Weisheit	90	Um den gesamten Bauch
Essensgewohnheiten-Veränderung	88	Um den gesamten Brustraum, um den Hals
Eßsucht	51	Rund um den Solarplexusbereich
	81	Um den gesamten Unterbauch
	45	Auf dem ganzen Körper
	70	Um den gesamten Solarplexusbereich
Fasten – reinigend, – entgiftend	54	Am ganzen Körper
Fieber	20	Am ganzen Körper
	56	Um den Haaransatz herum
Frigidität	5	Gesamter Unterbauchbereich
	6	Überall unter dem Hüftbereich, Fußsohle
	19	Um den gesamten Unterbauch
	69	Am ganzen Körper
	72	Um den ganzen Rumpf
	84	Um den gesamten Unterbauch
	89	Um den gesamten Unterbauch
Frostbeulen	6	Überall unter den Hüftbereich, Fußsohle
Frustration	80	Um den gesamten Unterbauch
Fußschmerzen	19	Um den gesamten Unterbauch
Gallenblase	87	Um den gesamten Unterbauch

Symptom-Register Equilibrium-Flaschen (Fortsetzung)

Affirmation	Farbe
Ich lade den Geist in alle Bereiche meines Lebens ein.	Violett über Tiefmagenta
Die Energie folgt der Absicht.	Rot ü. Tiefmag.
Aus meinem Chaos taucht eine neue Ordnung auf	Gold über Tiefmagenta
Ich öffne mich für meine Liebe zur Natur.	Grün über Blau
Ich stehe am Tor und weiß, daß dahinter die Freude wartet.	Blaßgelb über Blaßgelb
Ich liebe mich so, wie ich bin.	Pink über Pink
Alles ist auf seine eigene Art schön.	Türkis ü. Mag.
Ich gewinne Klarheit, weil ich mich für die Freude öffne.	Gelb über Klar
Ob ich lache oder weine, ich sehe den Regenbogen in meinen Tränen.	Klar über Klar
Liebe heißt, die Angst loslassen.	Blau über Pink
Ich vertraue darauf, daß meine Intuition auf Vernunft basiert.	Blaßviolett über Blaßviolett
Ich öffne mich für die Freude in meinem Leben.	Gelb über Rot
Was immer ich tue, läßt die Liebe in meinem Leben wachsen.	Rot über Rot
Ich sage „ja" zum Leben und zu mir selbst.	Rot über Violett
Zwischen den Extremen finde ich eine Balance in meinem Leben.	Magenta über Klar
Wenn ihr nicht werdet wie die Kinder, werdet ihr nicht in das Himmelreich eingehen.	Blau über Orange
Ich verabschiede mich von der Vergangenheit und öffne mich für die Liebe.	Pink über Rot
Die Energie folgt der Absicht.	Rot ü. Tiefmag.
Was immer ich tue, läßt die Liebe in meinem Leben wachsen.	Rot über Rot
In diesem Moment bin ich frei.	Rot über Pink
Ich sage „ja" zum Leben und zu mir selbst.	Rot über Violett
Ich verabschiede mich von der Vergangenheit und begrüße die Liebe.	Koralle über Koralle

Symptom-Register Equilibrium-Flaschen (*Fortsetzung*)

Symptom	EF	Anwendung
Gallensteine	26	Um den gesamten Unterbauch herum, vom linken Ohrläppchen bis zur linken Schulter in einem schmalen Band nach unten. Unter dem linken Arm, im breiten Band bis zum Fußknöchel
Gebärmutter	5	Gesamter Unterbauchbereich
	26	Um den gesamten Unterbauch herum, vom linken Ohrläppchen bis zur linken Schulter in einem schmalen Band nach unten. Unter dem linken Arm, im breiten Band bis zum Fußknöchel
	52	Rund um den Bauch
Geburtsschäden	0	Um den gesamten Haaransatz, um die Ohren. Bei akuten Fällen am ganzen Körper auftragen.
Gedächtnisverlust	68	Um den Hals, um den Haaransatz
Geistige Übererregtheit	0	Um den gesamten Haaransatz, um die Ohren. Bei akuten Fällen am ganzen Körper auftragen.
Geistige Unruhe	0	Um den gesamten Haaransatz, um die Ohren. Bei akuten Fällen am ganzen Körper auftragen.
Gelbsucht	2	Um gesamten Haaransatz, Nacken und Unterkiefer
Genesungsprobleme	4	Auf der Höhe des Solarplexus in einem Band um den Körper
Geschlechtsorganbeschwerden (Genitalien)	30	Um den gesamten Rumpf, bei spirituellen Problemen und Kopfschmerzen um den Haaransatz herum
Gewebe – Aufbauprobleme	10	Um den gesamten Brustbereich
– Verhärtung	26	Um den gesamten Unterbauch herum, vom linken Ohrläppchen … zum Fußknöchel *(wie oben bei „Gallensteine")*

Symptom-Register Equilibrium-Flaschen (Fortsetzung)

Affirmation	Farbe
Die einzige Sicherheit im Leben ist die Veränderung.	Orange über Orange
Ich öffne mich für die Freude in meinem Leben.	Gelb über Rot
Die einzige Sicherheit im Leben ist die Veränderung.	Orange über Orange
Ich liebe mich so, wie ich bin.	Blaßpink über Blaßpink
Ich liebe das Leben. Leben ist Lernen.	Königsblau über Tiefmagenta
Ich beende, was beendet werden muß. Damit mache ich einen Neuanfang möglich.	Blau über Violett
Ich liebe das Leben. Leben ist Lernen.	Königsblau über Tiefmagenta
Ich liebe das Leben. Leben ist Lernen.	Königsblau über Tiefmagenta
Ich atme Frieden ein. Ich atme Frieden aus.	Blau über Blau
Ich bin sicher. Ich weiß, daß ich nichts weiß.	Gelb über Gold
Kopf im Himmel, Füße auf dem Boden, und der Bauch fließt frei.	Blau über Rot
Ich habe den Raum, um zu tun, was getan werden muß.	Grün über Grün
Die einzige Sicherheit im Leben ist die Veränderung.	Orange über Orange

Symptom-Register Equilibrium-Flaschen (Fortsetzung)

Symptom	EF	Anwendung
Gewichtsverlust	88	Um den gesamten Brustraum, um den Hals
Gewichtsverlust (nach starkem)	85	Um den gesamten Brustbereich
Giftstoffe ausschwemmen (Leber)	82	Um den gesamten Rumpf
Gleichgewichtsprobleme	58	Um den Unterleib, um den Hals, um den Haaransatz
Gynäkologische Probleme	66	Um den gesamten Unterbauch, um den Haaransatz
	71	Unterer Bereich des Unterleibs, plus einen Tropfen auf den Wirbel oben am Kopf geben
Halsbeschwerden	37	Um den gesamten Haaransatz, um den Hals
	68	Um den gesamten Haaransatz, um den Hals
– bei Kindern	12	Um den gesamten Hals
	15	Am Haaransatz, um den gesamten Kopf
	50	Um den gesamten Hals
Hautprobleme	21	Um den gesamten Herzbereich
	22	Um den gesamten Solarplexusbereich
	41	Um den gesamten Solarplexusbereich
	42	Um den gesamten Solarplexusbereich
	70	Rund um den Solarplexusbereich
	74	Um den gesamten Solarplexusbereich, um das Herz
	90	Um den gesamten Bauch
mental	39	Um den gesamten Haaransatz, um den gesamten Bauch herum

Symptom-Register Equilibrium-Flaschen (Fortsetzung)

Affirmation	Farbe
Ich öffne mich für meine Liebe zur Natur.	Grün über Blau
Leben ist Liebe. Ich liebe das Leben.	Türkis über Klar
Ich öffne mein Herz für eine neue Richtung.	Grün über Orange
Ich gelange ins Hier und Jetzt, und Veränderung geschieht.	Blaßblau über Blaßpink
Ich achte darauf, wer auf der Bühne meines Lebens steht.	Blaßviolett über Blaßpink
„Sei still und wisse: Ich bin Gott."	Pink über Klar
Ich fülle meinen Kelch, damit er in die Welt überfließt	Violett über Blau
Ich beende, was beendet werden muß. Damit mache ich einen Neuanfang möglich.	Blau über Violett
Je friedlicher ich werde, um so mehr Licht wird mir geschenkt.	Klar über Blau
Je mehr Licht ich in mich hineinlasse, um so heiler werde ich.	Klar über Violett
Dein Wille geschehe durch mich.	Blaßblau über Blaßblau
Ich halte die Welt in meinen Händen.	Grün über Pink
Ich atme Liebe ein, ich atme Liebe aus.	Gelb über Pink
Ich suche und finde den Topf Gold am Ende des Regenbogens.	Gold über Gold
Ich lasse aus meinem von außen aufgenommenen Wissen inneres Wissen entstehen.	Gelb über Gelb
Ich gewinne Klarheit, weil ich mich für die Freude öffne.	Gelb über Klar
Der Weg ist das Ziel.	Blaßgelb über Blaßgrün
Aus meinem Chaos taucht e. neue Ordnung auf.	Gold ü. Tiefmag.
Ich habe viel zu lernen und viel zu geben.	Violett über Gold

Symptom-Register Equilibrium-Flaschen (Fortsetzung)

Symptom	EF	Anwendung
– entzündungen	40	Zwischen Basis- und Solarplexuschakra
– chronisch	51	Um den gesamten Solarplexusbereich
	61	Gesamter Bauchbereich
– Pubertät	59	Gesamter Unterleibsbereich
– Streß	86	Um den gesamten Brustbereich
Hautausschlag auf der Brust	3	Gesamter Brustraum, in einem breiten Band vom Brustbein bis zum Abschluß der Rippen
Herzbeschwerden	3	Gesamter Brustraum, in einem breiten Band vom Brustbein bis zum Abschluß der Rippen
	7	Herz- und Solarplexusbereich, rund um den Körper
	10	Um den gesamten Brustbereich
	21	Um den gesamten Herzbereich
	24	Um den gesamten Herzbereich
	31	Zwischen Herzbereich und dem Bereich knapp unter dem Bauchnabel
	34	Um den gesamten Herzbereich
	38	Um den gesamten Haaransatz, um Herzbereich, überall, wo es schmerzt
	45	Auf dem ganzen Körper, bei Streß im Herzbereich
	64	Um den gesamten Brustbereich
	67	Am ganzen Körper
	82	Um den gesamten Rumpf
	85	Um den gesamten Brustbereich

Symptom-Register Equilibrium-Flaschen (Fortsetzung)

Affirmation	Farbe
Ich sage „ja!" zum Leben.	Rot über Gold
Ich stehe am Tor und weiß, daß dahinter die Freude wartet.	Blaßgelb über Blaßgelb
Ich lerne und wachse durch die Schwierigkeiten des Lebens.	Blaßpink über Blaßkoralle
Ich verstehe die Gesetze des Lebens, und ich wachse.	Blaßgelb über Blaßpink
Ich öffne mich dafür, daß sich die Schöpfung in mir ausdrückt.	Klar über Türkis
Ich drücke Liebe und Wahrheit aus.	Blau über Grün
Ich drücke Liebe und Wahrheit aus.	Blau über Grün
Ich habe keine Grenzen, außer denen, die ich mir selbst setze.	Gelb über Grün
Ich habe den Raum, um zu tun, was getan werden muß.	Grün über Grün
Ich halte die Welt in meinen Händen.	Grün über Pink
Ich öffne mich für neue Möglichkeiten in meinem Leben.	Violett über Türkis
Ich lasse meine Angst los und finde Sonnenschein in meinem Herzen.	Grün über Gold
Ich bin, der/die ich bin.	Pink über Türkis
Ich gebe meinen Gefühlen einen Namen.	Violett über Grün
Alles ist auf seine eigene Art schön.	Türkis über Magenta
Möge der Geist der Wahrheit auf die Erde kommen, damit ich das innere Licht finde.	Grün über Klar
Ich warte geduldig, daß das Göttliche sich in meinem Leben enthüllt.	Magenta über Magenta
Ich öffne mein Herz für eine neue Richtung.	Grün über Orange
Leben ist Liebe. Ich liebe das Leben.	Türkis über Klar

Symptom-Register Equilibrium-Flaschen (Fortsetzung)

Symptom	EF	Anwendung
Herzbeschwerden (Fortsetzung)	86	Um den gesamten Brustbereich
	88	Um den ges. Brustraum, um den Hals
	91	Um den gesamten Brust- und Bauchraum
	92	Um den Bauch und die Brust
– ernsthafte	9	Um den gesamten Brustbereich
– mental	47	Um den Solarplexus-, Herzbereich, um den Haaransatz
– beruhigend	62	Um den gesamten Brustbereich, um den Hals
Herzrhythmusstörung	43	Um den gesamten Herzbereich
Hiatal Hernias	4	Auf der Höhe des Solarplexus in einem Band um den Körper
Hirnanhangdrüse	44	Um den Hals und rund um den Haaransatz
Hormonelle Sekretion	29	Um den gesamten Rumpf
Hormonhaushalt	48	Um den Haaransatz
– Übergewicht	81	Um den Unterleib
Hormonsystem	80	Um den gesamten Unterbauch
Hormonsystem – reinigt, – entgiftet, – balanciert	11	Um die Hüften, Unterbauch, unteren Rücken, auch um gesamten Rumpf und um den Hals
Hormonsystembalance	52	Rund um den Bauch
	76	Rund um den Bauch
	77	Am ganzen Körper
	84	Rund um den gesamten Unterbauch
Hüftprobleme	36	Rund um d. Körper oder verletzte Stelle
Husten (nervöser Husten)	93	Um den Rumpf

Symptom-Register Equilibrium-Flaschen (Fortsetzung)

Affirmation	Farbe
Ich öffne mich dafür, daß sich die Schöpfüng in mir ausdrückt.	Klar über Türkis
Ich öffne mich für meine Liebe zur Natur	Grün über Blau
Hoffnung ist mein Weg vorwärts. Ich vertraue dem Prozeß des Lebens.	Olivgrün über Olivgrün
Vor der Erleuchtung hacke Holz, hole Wasser, nach der Erleuchtung hacke Holz, hole Wasser.	Koralle über Türkis
Auf der Suche nach Wahrheit höre ich auf meine innere Stimme.	Türkis über Grün
Ich mache das Beste aus meinen Möglichkeiten.	Königsblau über Zitronengelb
Ich überlasse mich dem Fluß des Lebens.	Blaßtürkis über Blaßtürkis
Alles fließt. Ich gehe mit dem Fluß.	Türkis über Tür-kis
Ich bin sicher. Ich weiß, daß ich nichts weiß.	Gelb über Gold
Ich lasse los und erwarte nichts.	Lila über Blaß-blau
Ich öffne mich für inneren Frieden	Rot über Blau
Ich finde Freude, weil das Licht mich nährt.	Violett über Klar
Ich liebe mich so, wie ich bin.	Pink über Pink
In diesem Moment bin ich frei.	Rot über Pink
Ich liebe mich so, wie ich bin.	Klar über Pink
Ich liebe mich so, wie ich bin.	Blaßpink über Blaßpink
Ich liebe Dich so, daß ich Dich loslassen kann.	Pink über Gold
Ich lasse meine Illusionen los und sehe klar.	Klar ü. Magenta
Ich verabschiede mich von der Vergangenheit und öffne mich für die Liebe.	Pink über Rot
Ich liebe die Herausforderungen des Lebens.	Violett über Pink
Ich öffne mich der universellen Wahrheit.	Koralle über Olivgrün

Symptom-Register Equilibrium-Flaschen (Fortsetzung)

Symptom	EF	Anwendung
Hyperglycemia	7	Herz-und Solarplexusbereich, rund um den Körper
	83	Um den gesamten Rumpf
Immunsystems-schwäche	27	Um den gesamten Rumpf
	28	Um den gesamten Rumpf
	89	Um den gesamten Unterbauch
Impotenz	5	Gesamter Unterbauchbereich
	6	Überall unter den Hüftbereich, Fußsohle
	19	Um den gesamten Unterbauch
	69	Am ganzen Körper
	72	Um den ganzen Rumpf
	84	Um den gesamten Unterbauch
	89	Um den gesamten Unterbauch
Infekte	2	Um gesamten Haaransatz, Nacken und Unterkiefer
	16	Um den gesamten Haaransatz
	60	Um den Hals
	85	Um den gesamten Brustbereich
	21	Um den gesamten Herzbereich
Ischias	1	Am Haaransatz, Hals, um die Ohren
	78	Am Haaransatz, Hals, Nacken, auf dem Dritten Auge u. d. Wirbel oben a. Kopf
Kaliumaufnahme-probleme	25	Um den gesamten Haaransatz
Karma (negativ)	2	Um gesamten Haaransatz, Nacken und Unterkiefer
	10	Um den gesamten Brustbereich
Kieferprobleme	37	Um den gesamten Haaransatz, um den Hals

Symptom-Register Equilibrium-Flaschen (Fortsetzung)

Affirmation	Farbe
Ich habe keine Grenzen, außer denen, die ich mir selbst setze.	Gelb über Grün
Ich öffne mich für die tiefste Freude, damit ich sie mit anderen teilen kann.	Türkis über Gold
Ich sehe das Licht durch die Bäume.	Rot über Grün
Ich finde die Kraft, zu sein, wer ich bin.	Grün über Rot
Die Energie folgt der Absicht.	Rot ü. Tiefmag.
Ich öffne mich für die Freude in meinem Leben.	Gelb über Rot
Was immer ich tue, läßt die Liebe in meinem Leben wachsen.	Rot über Rot
Ich sage „ja" zum Leben und zu mir selbst.	Rot über Violett
Zwischen den Extremen finde ich eine Balance in meinem Leben.	Magenta über Klar
Wenn ihr nicht werdet wie die Kinder, werdet ihr nicht in das Himmelreich eingehen.	Blau über Orange
Ich verabschiede mich von der Vergangenheit und öffne mich für die Liebe.	Pink über Rot
Die Energie folgt der Absicht.	Rot ü. Tiefmag.
Ich atme Frieden ein. Ich atme Frieden aus.	Blau über Blau
Je mehr ich mir meiner Aufgabe bewußt werde, um so heller wird mein Leben.	Violett über Violett
Ich befreie mich von allen Begrenzungen.	Blau über Klar
Leben ist Liebe. Ich liebe das Leben.	Türkis über Klar
Ich halte die Welt in meinen Händen.	Grün über Pink
Ich bin ganz. Ich integriere all meine Teile.	Blau ü. Tiefmag
Ich lade den Geist in alle Bereiche meines Lebens ein.	Violett über Tiefmagenta
Ich lasse meine Enttäuschungen gehen	Rotviolett über Magenta
Ich atme Frieden ein. Ich atme Frieden aus.	Blau über Blau
Ich habe den Raum, um zu tun, was getan werden muß.	Grün über Grün
Ich fülle meinen Kelch, damit er in die Welt überfließt.	Violett über Blau

Symptom-Register Equilibrium-Flaschen (Fortsetzung)

Symptom	EF	Anwendung
Kieferprobleme (Fortsetzung)	44	Um den Hals und rund um den Haaransatz
Kinderkrankheiten	58	Um den Unterleib, um den Hals, um den Haaransatz
Knieprobleme	36	Rund um den Körper oder verletzte Stelle
Knochenbruch	4	Auf der Höhe des Solarplexus in einem Band um den Körper
	7	Herz- und Solarplexusbereich, rund um den Körper
	39	Um den gesamten Haaransatz, um den gesamten Bauch herum
Kopfschmerzen	1	Am Haaransatz, Hals, um die Ohren
	15	Am Haaransatz, um den gesamten Kopf
	30	Um den gesamten Rumpf, bei spirituellen Problemen und Kopfschmerzen um den Haaransatz herum
	35	Am ganzen Körper
	78	Am Haaransatz, Hals, Nacken, auf dem Dritten Auge u. d. Wirbel oben a. Kopf
– chronisch	0	Um den gesamten Haaransatz, um die Ohren. Bei akuten Fällen am ganzen Körper auftragen.
– leichte Vergiftung nervöse	37	Um den gesamten Haaransatz, um den Hals
	56	Um den Haaransatz
	66	Um den gesamten Unterbauch, um den Haaransatz
Kopfverletzungen	36	Rund um d. Körper oder verletzte Stelle
Körper (Probleme, ihn zu akzeptieren/lieben)	73	Gesamter Bauchbereich
Körperbewußtsein	53	Um den gesamten Herzbereich

Symptom-Register Equilibrium-Flaschen (Fortsetzung)

Affirmation	Farbe
Ich lasse los und erwarte nichts.	Lila über Blaßblau
Ich gelange ins Hier und Jetzt, und Veränderung geschieht.	Blaßblau über Blaßpink
Ich liebe die Herausforderungen des Lebens.	Violett über Pink
Ich bin sicher. Ich weiß, daß ich nichts weiß.	Gelb über Gold
Ich habe keine Grenzen, außer denen, die ich mir selbst setze.	Gelb über Grün
Ich habe viel zu lernen und viel zu geben.	Violett über Gold
Ich bin ganz. Ich integriere all meine Teile	Blau ü. Tiefmag.
Je mehr Licht ich in mich hineinlasse, um so heiler werde ich.	Klar über Violett
Kopf im Himmel, Füße auf dem Boden, und der Bauch fließt frei.	Blau über Rot
Indem ich andere heile, heile ich mich selbst.	Pink über Violett
Ich lade den Geist in alle Bereiche meines Lebens ein.	Violett über Tiefmagenta
Ich liebe das Leben. Leben ist Lernen.	Königsblau über Tiefmagenta
Ich fülle meinen Kelch, damit er in die Welt überfließt.	Violett über Blau
Ich vertraue darauf, daß meine Intuition auf Vernunft basiert.	Blaßblau über Blaßblau
Ich achte darauf, wer auf der Bühne meines Lebens steht.	Blaßviolett über Blaßpink
Ich liebe die Herausforderungen des Lebens.	Violett über Pink
Glücklich, wer über sich selbst lachen kann	Gold über Klar
Ich finde, wo für mich die Wahrheit liegt.	Blaßgrün über Blaßgrün

Symptom-Register Equilibrium-Flaschen (Fortsetzung)

Symptom	EF	Anwendung
Körperpflegeöl	67	Am ganzen Körper
	69	Am ganzen Körper
Krampfadern	74	Um den gesamten Solarplexusbereich, um das Herz
Krämpfe	74	Um das Herz, um den Solarplexusbereich
	91	Um den gesamten Brust-, und Bauchraum
Kreislaufprobleme	10	Um den gesamten Brustbereich
	17	Um den gesamten Brustbereich
	87	Um den gesamten Unterbauch
Kurzsichtigkeit	69	Auf die Schläfen und auf den Nacken auftragen
Lähmung	6	Uberall unter den Hüftbereich, Fußsohle
Leber	8	Um den gesamten Rumpf
	14	Um den gesamten Solarplexusbereich
	31	Zwischen Herzbereich und dem Bereich knapp unter dem Bauchnabel
	32	Überall zwischen Kopf und Nabel
	42	Um den gesamten Solarplexusbereich
	82	Um den gesamten Rumpf
	90	Um den gesamten Bauch
Legasthenie	24	Um den Hals herum
	57	Gesamter Unterleibsbereich, Hals und Haaransatz

Symptom-Register Equilibrium-Flaschen (Fortsetzung)

Affirmation	Farbe
Ich warte geduldig, daß das Göttliche sich in meinem Leben enthüllt.	Magenta über Magenta
Zwischen den Extremen finde ich eine Balance in meinem Leben.	Magenta über Klar
Der Weg ist das Ziel.	Blaßgelb über Blaßgrün
Der Weg ist das Ziel.	Blaßgelb über Blaßgrün
Hoffnung ist mein Weg vorwärts. Ich vertraue dem Prozeß des Lebens.	Olivgrün über Olivgrün
Ich habe den Raum, um zu tun, was getan werden muß.	Grün über Grün
Ich suche und finde die Wahrheit.	Grün ü. Violett
Ich verabschiede mich von der Vergangenheit und begrüße die Liebe.	Koralle über Koralle
Zwischen den Extremen finde ich eine Balance in meinem Leben.	Magenta über Klar
Was immer ich tue, läßt die Liebe in meinem Leben wachsen.	Rot über Rot
Ich bin im Hier und Jetzt. Hier und jetzt ist der einzige Moment, etwas zu verändern.	Gelb über Blau
Je mehr ich meine Angst loslasse, um so mehr öffne ich mich für meine innere Wahrheit	Klar über Gold
Ich lasse meine Angst los und finde Sonnenschein in meinem Herzen.	Grün über Gold
Ich lasse meine Ängste los und öffne mich für die Weisheit in mir.	Königsblau über Gold
Ich lasse aus meinem von außen aufgenommenen Wissen inneres Wissen entstehen.	Gelb über Gelb
Ich öffne mein Herz für eine neue Richtung.	Grün ü. Orange
Aus meinem Chaos taucht eine neue Ordnung auf	Gold über Tiefmagenta
Ich öffne mich für neue Möglichkeiten in meinem Leben.	Violett über Türkis
Ich lasse los und vertraue.	Blaßpink über Blaßblau

Symptom-Register Equilibrium-Flaschen (Fortsetzung)

Symptom	EF	Anwendung
Leistenbruch	4	Auf der Höhe des Solarplexus in einem Band um den Körper
Lethargie	89	Um den gesamten Unterbauch
Lungenbeschwerden	85	Um den gesamten Brustbereich
Magenbeschwer-den	41	Um den gesamten Solarplexusbereich
Magenprobleme	32	Überall zwischen Kopf und Nabel
	90	Um den gesamten Bauch
– schwäche	8	Um den gesamten Rumpf
– Streß	40	Zwischen Basis- und Solarplexuschakra
Magersucht (Anorexie)	4	Auf der Höhe des Solarplexus in einem Band um denKörper
	45	Auf dem ganzen Körper
	51	Rund um den Solarplexusbereich
	70	Rund um den Solarplexusbereich
	81	Um den gesamten Unterbauch
Menstruation	5	Gesamter Unterbauchbereich
	11	Um die Hüften, Unterbauch, unteren Rücken, auch um gesamten Rumpf und um den Hals
	34	Um den Unterbauch
	46	Um den Unterleib
	52	Rund um den Bauch
– starke Blutungen	57	Gesamter Unterleibsbereich, Hals und Haaransatz
Migräne	1	Am Haaransatz, Hals, um die Ohren
	16	Um den gesamten Haaransatz

Symptom-Register Equilibrium-Flaschen (Fortsetzung)

Affirmation	Farbe
Ich bin sicher. Ich weiß, daß ich nichts weiß.	Gelb über Gold
Die Energie folgt der Absicht.	Rot ü. Tiefmag.
Leben ist Liebe. Ich liebe das Leben.	Türkis über Klar
Ich suche und finde den Topf Gold am Ende des Regenbogens.	Gold über Gold
Ich lasse meine Ängste los und öffne mich für die Weisheit in mir.	Königsblau über Gold
Aus meinem Chaos taucht eine neue Ordnung auf	Gold über Tief-magenta
Ich bin im Hier und Jetzt. Hier und jetzt ist der einzige Moment, etwas zu verändern.	Gelb über Blau
Ich sage „ja!" zum Leben.	Rot über Gold
Ich bin sicher. Ich weiß, daß ich nichts weiß.	Gelb über Gold
Alles ist auf seine eigene Art schön.	Türkis ü. Mag.
Ich stehe am Tor und weiß, daß dahinter die Freude wartet.	Blaßgelb über Blaßgelb
Ich gewinne Klarheit, weil ich mich für die Freude öffne.	Gelb über Klar
Ich liebe mich so, wie ich bin.	Pink über Pink
Ich öffne mich für die Freude in meinem Leben.	Gelb über Rot
Ich liebe mich so, wie ich bin.	Klar über Pink
Ich bin, der/die ich bin.	Pink über Türkis
Ich sehe den Springbrunnen im Garten meines Herzens.	Grün über Ma-genta
Ich liebe mich so, wie ich bin.	Blaßpink über Blaßpink
Ich lasse los und vertraue.	Blaßpink über Blaßblau
Ich bin ganz. Ich integriere all meine Teile.	Blau über Tief-magenta
Je mehr ich mir meiner Aufgabe bewußt werde, um so heller wird mein Leben.	Violett über Vio-lett

Symptom-Register Equilibrium-Flaschen (Fortsetzung)

Symptom	EF	Anwendung
Migräne (Fortsetzung)	56	Um den gesamten Haaransatz
	78	Am Haaransatz, Hals, Nacken, auf das Dritte Auge u. d. Wirbel oben am Kopf
Mißbrauch	5	Gesamter Unterbauchbereich
– sexueller / körperlicher	72	Um den ganzen Rumpf
Müdigkeit	10	Gesamter Brustbereich
	47	Um den Haaransatz
Multiple Sklerose	18	Um den Solarplexusbereich, um den gesamten Haaransatz
Mundgeruch	77	Überall am Körper
Muskel – Aufbau	10	Um den gesamten Brustbereich
– Verhärtung	26	Um den gesamten Unterbauch herum, vom linken Ohrläppchen bis zur linken Schulter in einem schmalen Band nach unten. Unter dem linken Arm, im breiten Band bis zum Fußknöchel
Muskelkrämpfe	6	Überall unter den Hüftbereich, Fußsohle
Muskelöl für Sportler	4	Auf der Höhe des Solarplexus in einem Band um den Körper
Nackenbeschwerden	2	Um gesamten Haaransatz, Nacken und Unterkiefer
	37	Um den gesamten Haaransatz, um den Hals
	44	Um den Hals und rund um den Haaransatz
	75	Am ganzen Körper
Nährstoff-Assimilationsprobleme	32	Uberall zwischen Kopf und Nabel
	42	Um den Solarplexusbereich, um den gesamten Haaransatz

Symptom-Register Equilibrium-Flaschen (Fortsetzung)

Affirmation	Farbe
Ich vertraue darauf, daß meine Intuition auf Vernunft basiert.	Blaßblau über Blaßblau
Ich lade den Geist in alle Bereiche meines Lebens ein.	Violett über Tiefmagenta
Ich öffne mich für die Freude in meinem Leben	Gelb über Rot
Wenn ihr nicht werdet wie die Kinder, werdet ihr nicht in das Himmelreich eingehen	Blau über Orange
Ich habe den Raum, um zu tun, was getan werden muß.	Grün über Grün
Ich mache das Beste aus meinen Möglichkeiten.	Königsblau über Zitronengelb
Je mehr ich meine Angst loslasse, um so mehr Heilung finde ich.	Gelb über Violett
Ich lasse meine Illusionen los und sehe klar.	Klar ü. Magenta
Ich habe den Raum, um zu tun, was getan werden muß.	Grün über Grün
Die einzige Sicherheit im Leben ist die Veränderung.	Orange über Orange
Was immer ich tue, läßt die Liebe in meinem Leben wachsen.	Rot über Rot
Ich bin sicher. Ich weiß, daß ich nichts weiß.	Gelb über Gold
Ich atme Frieden ein. Ich atme Frieden aus.	Blau über Blau
Ich fülle meinen Kelch, damit er in die Welt überfließt.	Violett über Blau
Ich lasse los und erwarte nichts.	Lila über Blaßblau
Ich öffne mich dafür, die Liebe neu zu sehen.	Mag. über Türkis
Ich lasse meine Ängste los und öffne mich für die Weisheit in mir.	Königsblau über Gold
Ich lasse aus meinem von außen aufgenommenen Wissen inneres Wissen entstehen.	Gelb über Gelb

Symptom-Register Equilibrium-Flaschen (Fortsetzung)

Symptom	EF	Anwendung
Nervensystem-Beschwerden	4	Auf der Höhe des Solarplexus in einem Band um den Körper
	7	Herz- und Solarplexusbereich, rund um den Körper
	61	Gesamter Bauchbereich
	74	Um das Herz, um den Solarplexusbereich
	90	Um den gesamten Bauch
– Schmerzen	16	Um den gesamten Haaransatz
	25	Um den gesamten Haaransatz
– Balance	42	Um den Solarplexusbereich, um den gesamten Haaransatz
Nervosität	90	Um den gesamten Bauch
– im Bauch	32	Überall zwischen Kopf und Nabel
Neuralgie	1	Am Haaransatz, Hals, um die Ohren
	78	Am Haaransatz, Hals, Nacken. Auf das Dritte Auge u. d. Wirbel oben am Kopf
Nierenfunktionsstörungen	91	Um den gesamten Brust- und Bauchraum
Nierenleiden	5	Gesamter Unterbauchbereich
	31	Zwischen Herzbereich und dem Bereich knapp unter dem Bauchnabel.
	32	Überall zwischen Kopf und Nabel
	38	Um den gesamten Haaransatz, um Herzbereich, überall, wo es schmerzt.
– Wasser zurückhaltend	41	Um den gesamten Solarplexusbereich
Oberschenkelprobleme	14	Um den gesamten Solarplexusbereich

Symptom-Register Equilibrium-Flaschen (Fortsetzung)

Affirmation	Farbe
Ich bin sicher. Ich weiß, daß ich nichts weiß.	Gelb über Gold
Ich habe keine Grenzen, außer denen, die ich mir selbst setze.	Gelb über Grün
Ich lerne und wachse durch die Schwierigkeiten des Lebens.	Blaßpink über Blaßkoralle
Der Weg ist das Ziel.	Blaßgelb über Blaßgrün
Aus meinem Chaos taucht eine neue Ordnung auf.	Gold über Tief-magenta
Je mehr ich mir meiner Aufgabe bewußt werde, um so heller wird mein Leben.	Violett über Vio-lett
Ich lasse meine Enttäuschungen gehen.	Rotviolett ü.Mag.
Ich lasse aus meinem von außen aufgenommenen Wissen inneres Wissen entstehen.	Gelb über Gelb
Aus meinem Chaos taucht eine neue Ordnung auf.	Gold über Tief-magenta
Ich lasse meine Ängste los und öffne mich für die Weisheit in mir.	Königsblau über Gold
Ich bin ganz. Ich integriere all meine Teile.	Blau ü. Tiefmag.
Ich lade den Geist in alle Bereiche meines Lebens ein.	Violett über Tiefmagenta
Hoffnung ist mein Weg vorwärts. Ich vertraue dem Prozeß des Lebens.	Olivgrün über Olivgrün
Ich öffne mich für die Freude in meinem Leben.	Gelb über Rot
Ich lasse meine Angst los und finde Sonnenschein in meinem Herzen.	Grün über Gold
Ich lasse meine Ängste los und öffne mich für die Weisheit in mir.	Königsblau über Gold
Ich gebe meinen Gefühlen einen Namen.	Violett über Grün
Ich suche und finde den Topf Gold am Ende des Regenbogens.	Gold über Gold
Je mehr ich meine Angst loslasse, um so mehr öffne ich mich für meine innere Wahrheit.	Klar über Gold

Symptom-Register Equilibrium-Flaschen (Fortsetzung)

Symptom	EF	Anwendung
Ohrenbeschwerden bei Kindern	11	Um die Hüften, Unterbauch, unteren Rücken, auch um gesamten Rumpf und um den Hals
Operationsbeschwerden – finde die eigene Unabhängigkeit wieder	10	Um den gesamten Brustbereich
Operationen	25	Um den gesamten Haaransatz
	26	Um den gesamten Unterbauch herum, vom linken Ohrläppchen bis zur linken Schulter in einem schmalen Band nach unten. Unter dem linken Arm, im breiten Band bis zum Fußknöchel
Pankreas	31	Zwischen Herzbereich und dem Bereich knapp unter dem Bauchnabel.
	32	Überall zwischen Kopf und Nabel
	90	Um den gesamten Bauch
Parkinson-Krankheit	18	Um den Solarplexusbereich, um den gesamtenHaaransatz
	61	Gesamter Bauchbereich
Phobien	4	Auf der Höhe des Solarpiexus in einem Band um den Körper
– Agoraphobien und Klaustrophobien	26	Um den gesamten Unterbauch herum, vom linken Ohrläppchen bis zur linken Schulter in einem schmalen Band nach unten. Unter dem linken Arm, im breiten Band bis zum Fußknöchel
	53	Um den gesamten Herzbereich
Pilzbefall (am und im Körper)	48	Um den Haaransatz
Polypen	49	Um Brustraum und Haaransatz

Symptom-Register Equilibrium-Flaschen (Fortsetzung)

Affirmation	Farbe
Ich liebe mich so, wie ich bin	Klar über Pink
Ich habe den Raum, um zu tun, was getan werden muß.	Grün über Grün
Ich lasse meine Enttäuschungen gehen.	Rotviolett über Magenta
Die einzige Sicherheit im Leben ist die Veränderung.	Orange über Orange
Ich lasse meine Angst los und finde Sonnenschein in meinem Herzen.	Grün über Gold
Ich lasse meine Ängste los und öffne mich für die Weisheit in mir.	Königsblau über Gold
Aus meinem Chaos taucht eine neue Ordnung auf.	Gold über Tiefmagenta
Je mehr ich meine Angst loslasse, um so mehr Heilung finde ich.	Gelb über Violett
Ich lerne und wachse durch die Schwierigkeiten des Lebens.	Blaßpink über Blaßkoralle
Ich lerne und wachse durch die Schwierigkeiten des Lebens.	Gelb über Gold
Die einzige Sicherheit im Leben ist die Veränderung.	Orange über Orange
Ich finde, wo für mich die Wahrheit liegt.	Blaßgrün über Blaßgrün
Ich finde Freude, weil das Licht mich nährt.	Violett über Klar
Ich öffne mich für die Liebe.	Türkis ü. Violett

Symptom-Register Equilibrium-Flaschen (Fortsetzung)

Symptom	EF	Anwendung
Psychosomatische Krankheiten	38	Um den gesamten Haaransatz, um den Herzbereich, überall, wo es schmerzt
	39	Um den gesamten Haaransatz, um den gesamten Bauch herum
	44	Um den Hals und rund um den Haaransatz
Quetschungen	1	Am Haaransatz, Hals, um die Ohren
	2	Um gesamten Haaransatz, Nacken und Unterkiefer
	20	Auf dem ganzen Körper
	78	Am Haaransatz, Hals, Nacken. Auf das Dritte Auge u. d. Wirbel oben am Kopf
Rekonvaleszenz	4	Auf der Höhe des Solarplexus in einem Band um den Körper
	25	Um den gesamten Haaransatz
Rheumatismus	4	Auf der Höhe des Solarplexus in einem Band um den Körper
	38	Um den gesamten Haaransatz, um Herzbereich, überall, wo es schmerzt
	75	Am ganzen Körper
Rückenschmerzen	1	Am Haaransatz, Hals, um die Ohren
– unterer Rücken	5	Gesamter Unterbauchbereich
	9	Gesamter Brustbereich
	11	Um die Hüften, Unterbauch, unteren Rücken, auch um gesamten Rumpf und um den Hals
	48	Um den Haaransatz, um den Unterbauch
	65	Um den Haaransatz, um den Unterbauch
	78	Am Haaransatz, Hals, Nacken, auf das Dritte Auge u. d. Wirbel oben am Kopf.
	93	Um den gesamten Unterbauchbereich

Symptom-Register Equilibrium-Flaschen (Fortsetzung)

Affirmation	Farbe
Ich gebe meinen Gefühlen einen Namen.	Violett über Grün
Ich habe viel zu lernen und viel zu geben.	Violett über Gold
Ich lasse los und erwarte nichts.	Lila über Blaß-blau
Ich bin ganz. Ich integriere all meine Teile.	Blau ü. Tiefmag.
Ich atme Frieden ein. Ich atme Frieden aus.	Blau über Blau
Liebe heißt die Angst loslassen.	Blau über Pink
Ich lade den Geist in alle Bereiche meines Lebens ein.	Violett über Tiefmagenta
Ich bin sicher. Ich weiß, daß ich nichts weiß.	Gelb über Gold
Ich lasse meine Enttäuschungen gehen	Rotviolett über Magenta
Ich bin sicher. Ich weiß, daß ich nichts weiß.	Gelb über Gold
Ich gebe meinen Gefühlen einen Namen.	Violett über Grün
Ich öffne mich dafür, die Liebe neu zu sehen.	Mag. über Türkis
Ich bin ganz. Ich integriere all meine Teile.	Blau ü. Tiefmag.
Ich öffne mich für die Freude in meinem Leben.	Gelb über Rot
Auf der Suche nach Wahrheit höre ich auf meine innereStimme.	Türkis über Grün
Ich liebe mich so, wie ich bin.	Klar über Pink
Ich finde Freude, weil das Licht mich nährt.	Violett über Klar
Ich weiß, wo ich stehe, und ich weiß, wohin ich gehe.	Violett über Rot
Ich lade den Geist in alle Bereiche meines Lebens ein.	Violett über Tiefmagenta
Ich öffne mich der universellen Wahrheit.	Koralle über Olivgrün

Symptom-Register Equilibrium-Flaschen (Fortsetzung)

Symptom	EF	Anwendung
– mittl. Rücken	13	Um den gesamten Herzbereich
	91	Um den gesamten Brust- und Bauchraum
– oberer Rücken	21	Um den gesamten Herzbereich
	63	Um den gesamten Brustraum
	88	Um den gesamten Brustraum
Rückenschmerzen	47	Um den Solarplexus-Herzbereich, um den Haaransatz
Schamgefühle	60	Um den Haaransatz, um den Unterbauch
Schilddrüse	2	Um den Haaransatz, um den Unterbauch
	12	Um den gesamten Hals
	17	Um den gesamten Brustbereich
	26	Um den gesamten Unterbauch herum, vom linken Ohrläppchen bis zur linken Schulter in einem schmalen Band nach unten. Unter dem linken Arm, im breiten Band bis zum Fußknöchel
	30	Um den gesamten Rumpf; bei spirituellen Problemen und Kopfschmerzen um den Haaransatz herum
	37	Um den gesamten Haaransatz, um den Hals
	44	Um den Hals u. rund um d. Haaransatz
	49	Um Brustraum und Haaransatz
	50	Um den gesamten Hals
Schlaflosigkeit	0	Um den gesamten Haaransatz, um die Ohren. Bei akuten Fällen am ganzen Körper auftragen.
	16	Um den gesamten Haaransatz
	35	Am ganzen Körper

Symptom-Register Equilibrium-Flaschen (Fortsetzung)

Affirmation	Farbe
In jedem Ende liegt ein Neuanfang.	Klar über Grün
Hoffnung ist mein Weg vorwärts. Ich vertraue dem Prozeß des Lebens.	Olivgrün über Olivgrün
Ich halte die Welt in meinen Händen.	Grün über Pink
Ich bin im richtigen Moment am richtigen Ort und tue das Richtige.	Grün über Blaß-grün
Ich öffne mich für meine Liebe zur Natur.	Grün über Blau
Ich mache das Beste aus meinen Möglichkeiten.	Königsblau über Zitronengelb
Ich befreie mich von allen Begrenzungen.	Blau über Klar
Ich atme Frieden ein. Ich atme Frieden aus.	Blau über Blau
Je friedlicher ich werde, um so mehr Licht wird mir geschenkt.	Klar über Blau
Ich suche und finde die Wahrheit.	Grün ü. Violett
Die einzige Sicherheit im Leben ist die Verände-rung.	Orange über Orange
Kopf im Himmel, Füße auf dem Boden, und der Bauch fließt frei.	Blau über Rot
Ich fülle meinen Kelch, damit er in die Welt überfließt.	Violett über Blau
Ich lasse los und erwarte nichts.	Lila ü. Blaßblau
Ich öffne mich für die Liebe.	Türkis ü. Violett
Dein Wille geschehe durch mich.	Blaßblau über Blaßblau
Ich liebe das Leben. Leben ist Lernen.	Königsblau über Tiefmagenta
Je mehr ich mir meiner Aufgabe bewußt werde, um so heller wird mein Leben.	Violett über Vio-lett
Indem ich andere heile, heile ich mich selbst.	Pink über Violett

Symptom-Register Equilibrium-Flaschen (Fortsetzung)

Symptom	EF	Anwendung
Schlaflosigkeit (Fortsetzung)	56	Um den Haaransatz
	66	Um den gesamten Unterbauch, um den Haaransatz
Schlaganfall	6	Überall unter dem Hüftbereich, Fußsohle
Schleim-Ausscheidung	54	Am ganzen Körper
Schmerzen	1	Am ganzen Körper
	12	Um den gesamten Hals
	36	Rund um d. Körper od. d. verletzte Stelle
	75	Am ganzen Körper
	78	Am Haaransatz, Hals, Nacken, auf das Dritte Auge u. d. Wirbel oben am Kopf
– akute	16	Um den gesamten Haaransatz
	47	Um den Solarplexus-, Herzbereich, um den Haaransatz
Schock	16	Um den gesamten Haaransatz
	26	Um den gesamten Unterbauch herum, vom linken Ohrläppchen bis zur linken Schulter in einem schmalen Band nach unten. Unter dem linken Arm, im breiten Band bis zum Fußknöchel
	53	Um den gesamten Herzbereich
Schüchternheit	60	Um den Hals
Schulterprobleme	17	Um den gesamten Brustbereich
	38	Um den gesamten Haaransatz, um Herzbereich, überall, wo es schmerzt
	40	Zwischen Basis- und Solarplexuschakra
	49	Um Brustraum und Haaransatz
	88	Um den gesamten Brustraum

Symptom-Register Equilibrium-Flaschen (Fortsetzung)

Affirmation	Farbe
Ich vertraue darauf, daß meine Intuition auf Vernunft basiert.	Blaßviolett über Blaßviolett
Ich achte darauf, wer auf der Bühne meines Lebens steht.	Blaßviolett über Blaßpink
Was immer ich tue, läßt die Liebe in meinem Leben wachsen.	Rot über Rot
Ob ich lache oder weine, ich sehe den Regenbogen in meinen Tränen.	Klar über Klar
Ich bin ganz. Ich integriere alle meine Teile.	Blau ü. Tiefmag.
Je friedlicher ich werde, um so mehr Licht wird mir geschenkt.	Klar über Blau
Ich liebe die Herausforderungen des Lebens.	Violett über Pink
Ich öffne mich dafür, die Liebe neu zu sehen.	Mag. ü. Türkis
Ich lade den Geist in alle Bereiche meines Lebens ein.	Violett über Tiefmagenta
Je mehr ich mir meiner Aufgabe bewußt werde, um so heller wird mein Leben.	Violett über Violett
Ich mache das Beste aus meinen Möglichkeiten.	Königsblau über Zitronengelb
Je mehr ich mir meiner Aufgabe bewußt werde, um so heller wird mein Leben.	Violett über Violett
Die einzige Sicherheit im Leben ist die Veränderung.	Orange über Orange
Ich finde, wo für mich die Wahrheit liegt.	Blaßgrün über Blaßgrün
Ich befreie mich von allen Begrenzungen.	Blau über Klar
Ich suche und finde die Wahrheit.	Grün ü. Violett
Ich gebe meinen Gefühlen einen Namen.	Violett über Grün
Ich sage „ja!" zum Leben.	Rot über Gold
Ich öffne mich für die Liebe.	Türkis ü. Violett
Ich öffne mich für meine Liebe zur Natur.	Grün über Blau

Symptom-Register Equilibrium-Flaschen (Fortsetzung)

Symptom	EF	Anwendung
Schuppenflechte	39	Um den gesamten Haaransatz, um den gesamten Bauch herum
Schürfwunden	1	Am Haaransatz, Hals, um die Ohren
	20	Auf dem ganzen Körper
	78	Am Haaransatz, Hals, Nacken. Auf das Dritte Auge u. d. Wirbel oben am Kopf
Schwangerschaft	2	Um gesamten Haaransatz, Nacken und Unterkiefer
	20	Auf dem ganzen Körper
Schwere Krankheitsfolgen	25	Um den gesamten Haaransatz
Sexuelle Probleme	19	Um den gesamten Unterbauch
	43	Um den gesamten Herzbereich
	55	Um den gesamten Unterbauch
	72	Um den ganzen Rumpf
	79	Um den Haaransatz und um Unterleib herum
	89	Um den gesamten Unterbauch
– bringt Zärtlichkeit	35	Am ganzen Körper
	71	Unterer Bereich des Unterleibs, dazu einen Tropfen auf den Wirbel oben am Kopf geben.
Sonnengeflechtsdisharmonie	14	Um den gesamten Solarplexusbereich
	42	Um den gesamten Solarplexusbereich
	83	Um den gesamten Rumpf
– Blockade lösend	18	Um den Solarplexusbereich, um den gesamten Haaransatz
Sonnenbrand	86	Um den gesamten Brustbereich
Sprachprobleme	2	Um gesamten Haaransatz, Nacken und Unterkiefer
	43	Um den gesamten Herzbereich

Symptom-Register Equilibrium-Flaschen (Fortsetzung)

Affirmation	Farbe
Ich habe viel zu lernen und viel zu geben.	Violett über Gold
Ich bin ganz. Ich integriere all meine Teile.	Blau ü. Tiefmag.
Liebe heißt die Angst loslassen.	Blau über Pink
Ich lade den Geist in alle Bereiche meines Lebens ein.	Violett über Tiefmagenta
Ich atme Frieden ein. Ich atme Frieden aus.	Blau über Blau
Liebe heißt die Angst loslassen.	Blau über Pink
Ich lasse meine Enttäuschungen gehen.	Rotviolett über Magenta
Ich sage „ja" zum Leben und zu mir selbst.	Rot über Violett
Alles fließt. Ich gehe mit dem Fluß.	Türkis ü. Türkis
Ich habe die Energie, meinen Idealen zu folgen.	Klar über Rot
Wenn ihr nicht werdet wie die Kinder, werdet ihr nicht in das Himmelreich eingehen.	Blau über Orange
Ich nehme die Herausforderungen des Lebens freudig an.	Orange über Violett
Die Energie folgt der Absicht.	Rot ü. Tiefmag.
Indem ich andere heile, heile ich mich selbst.	Pink über Violett
„Sei still und wisse: Ich bin Gott."	Pink über Klar
Je mehr ich meine Angst loslasse, um so mehr öffne ich mich für meine innere Wahrheit.	Klar über Gold
Ich lasse aus meinem von außen aufgenommenen Wissen inneres Wissen entstehen.	Gelb über Gelb
Ich öffne mich für die tiefste Freude, damit ich sie mit anderen teilen kann.	Türkis über Gold
Je mehr ich meine Angst loslasse, um so mehr Heilung finde ich.	Gelb über Violett
Ich öffne mich dafür, daß sich die Schöpfung in mir ausdrückt.	Klar über Türkis
Ich atme Frieden ein. Ich atme Frieden aus.	Blau über Blau
Alles fließt. Ich gehe mit dem Fluß.	Türkis ü. Türkis

Symptom-Register Equilibrium-Flaschen (Fortsetzung)

Symptom	EF	Anwendung
Sprachprobleme (Fortsetzung)	49	Um Brustraum und Haaransatz
	57	Gesamter Unterleibsbereich, Hals und Haaransatz
	62	Um den gesamten Brustbereich, um den Hals
– Stottern	15	Am Haaransatz, um den gesamten Kopf
	24	Um den gesamten Hals
	31	Zwischen Herzbereich und dem Bereich knapp unter dem Bauchnabel
– körperliche Ursachen	60	Um den Hals
Stirnhöhlenvereiterung	49	Um Brustraum und Haaransatz
Stottern	15	Am Haaransatz, um den gesamten Kopf
	24	Um den gesamten Hals
	31	Zwischen Herzbereich und dem Bereich knapp unter dem Bauchnabel
Streß	45	Am ganzen Körper
	86	Um den gesamten Brustbereich
– nach Unfall	26	Um den gesamten Unterbauch herum, vom linken Ohrläppchen bis zur linken Schulter in einem schmalen Band nach unten. Unter dem linken Arm, im breiten Band bis zum Fußknöchel
Tennisarm	49	Um Brustraum und Haaransatz
Thymusdrüse	7	Herz- und Solarplexusbereich, rund um den Körper
	9	Um den gesamten Brustbereich
	24	Um den gesamten Hals

Symptom-Register Equilibrium-Flaschen (Fortsetzung)

Affirmation	Farbe
Ich öffne mich für die Liebe.	Türkis ü. Violett
Ich lasse los und vertraue.	Blaßpink über Blaßblau
Ich überlasse mich dem Fluß des Lebens.	Blaßtürkis über Blaßtürkis
Je mehr Licht ich in mich hineinlasse, um so heiler werde ich.	Klar über Violett
Ich öffne mich für neue Möglichkeiten in meinem Leben.	Violett über Türkis
Ich lasse meine Angst los und finde Sonnenschein in meinem Herzen.	Grün über Gold
Ich befreie mich von allen Begrenzungen.	Blau über Klar
Ich öffne mich für die Liebe.	Türkis über Violett
Je mehr Licht ich in mich hineinlasse, um so heiler werde ich.	Klar über Violett
Ich öffne mich für neue Möglichkeiten in meinem Leben.	Violett über Türkis
Ich lasse meine Angst los und finde Sonnenschein in meinem Herzen.	Grün über Gold
Alles ist auf seine eigene Art schön.	Türkis ü. Mag.
Ich öffne mich dafür, daß sich die Schöpfüng in mir ausdrückt.	Klar über Türkis
Die einzige Sicherheit im Leben ist die Veränderung.	Orange über Orange
Ich öffne mich für die Liebe.	Türkis ü. Violett
Ich habe keine Grenzen, außer denen, die ich mir selbst setze.	Gelb über Grün
Auf der Suche nach Wahrheit höre ich auf meine innere Stimme.	Türkis über Grün
Ich öffne mich für neue Möglichkeiten in meinem Leben.	Violett über Türkis

Symptom-Register Equilibrium-Flaschen (*Fortsetzung*)

Symptom	EF	Anwendung
Thymusdrüse	49	Um Brustraum und Haaransatz
(Fortsetzung)	62	Um den gesamten Brustbereich, um den Hals
	93	Um den Rumpf
– bei Kindern	43	Um den gesamten Herzbereich
Trauma	26	Um den gesamten Unterbauch herum, vom linken Ohrläppchen bis zur linken Schulter in einem schmalen Band nach unten. Unter dem linken Arm, im breiten Band bis zum Fußknöchel
	31	Zwischen Herzbereich und dem Bereich knapp unter dem Bauchnabel
Traumarbeit (Schwierigkeit bei)	34	Um den gesamten Haaransatz
Überarbeitung	45	Am ganzen Körper
Übererregung	56	Um den gesamten Haaransatz
Übergewicht – hormonell	81	Um den Unterleib
Ulkus	18	Um den Solarplexusbereich, um den gesamten Haaransatz
Unfall	53	Um gesamten Herzbereich
	26	Um den gesamten Unterbauch herum, vom linken Ohrläppchen bis zur linken Schulter in einem schmalen Band nach unten. Unter dem linken Arm, im breiten Band bis zum Fußknöchel
Unfruchtbarkeit	5	Gesamter Unterbauchbereich
Unlust	89	Um den gesamten Unterbauch
Unterleibsgeschwüre	46	Um das Herz
Uterus	5	Gesamter Unterbauchbereich
	26	Um den gesamten Unterbauch herum, vom linken Ohrläppchen … zum Fußknöchel (wie EF 26 bei *Unfall*)

Symptom-Register Equilibrium-Flaschen (Fortsetzung)

Affirmation	Farbe
Ich öffne mich für die Liebe.	Türkis ü. Violett
Ich überlasse mich dem Fluß des Lebens.	Blaßtürkis über Blaßtürkis
Ich öffne mich der universellen Wahrheit.	Koralle ü. Olivgrün
Alles fließt. Ich gehe mit dem Fluß.	Türkis ü. Türkis
Die einzige Sicherheit im Leben ist die Veränderung.	Orange über Orange
Ich lasse meine Angst los und finde Sonnenschein in meinem Herzen.	Grün über Gold
Ich bin, der/die ich bin.	Pink über Türkis
Alles ist auf seine eigene Art schön.	Türkis ü. Mag.
Ich vertraue darauf, daß meine Intuition auf Vernunft basiert.	Blaßblau über Blaßblau
Ich liebe mich so, wie ich bin.	Pink über Pink
Je mehr ich meine Angst loslasse, um so mehr Heilung finde ich.	Gelb über Violett
Ich finde, wo für mich die Wahrheit liegt.	Blaßgrün über Blaßgrün
Die einzige Sicherheit im Leben ist die Veränderung.	Orange über Orange
Ich öffne mich für die Freude in meinem Leben.	Gelb über Rot
Die Energie folgt der Absicht.	Rot ü. Tiefmag.
Ich sehe den Springbrunnen im Garten meines Herzens.	Grün über Magenta
Ich öffne mich für die Freude in meinem Leben.	Gelb über Rot
Die einzige Sicherheit im Leben ist die Veränderung.	Orange über Orange

Symptom-Register Equilibrium-Flaschen (Fortsetzung)

Symptom	EF	Anwendung
Uterus (Fortsetzung)	52	Rund um den Bauch
Verbrennungen	1	Am Haaransatz, Hals, um die Ohren
	20	Auf dem ganzen Körper
	78	Am Haaransatz, Hals, Nacken, auf das Dritte Auge u. d. Wirbel oben a. Kopf
Verbrennungs-wunden	68	Um den Hals, um den Haaransatz
Verdauungs-probleme	8	Um den gesamten Rumpf
	22	Um den gesamten Solarplexusbereich
	39	Um den gesamten Haaransatz, um den gesamten Bauch herum
	51	Um den gesamten Solarplexusbereich
	73	Um den gesamten Bauch herum
	74	Um den gesamten Solarplexusbereich, um das Herz
	87	Um den gesamten Unterbauch herum
– Übersäuerung	42	Um den gesamten Solarplexusbereich
Vergewaltigung	53	Um den gesamten Herzbereich
Vergiftung (leichte)	41	Um den gesamten Solarplexusbereich
Verletzungen	0	Um den gesamten Haaransatz, um die Ohren. Bei akuten Fällen am ganzen Körper auftragen.
Verspannungen	10	Um den gesamten Brustbereich
Verstopfung	4	Auf der Höhe des Solarplexus in einem Band um den Körper
	7	Herz- und Solarplexusbereich, rund um den Körper

Symptom-Register Equilibrium-Flaschen (Fortsetzung)

Affirmation	Farbe
Ich liebe mich so, wie ich bin.	Blaßpink über Blaßpink
Ich bin ganz. Ich integriere all meine Teile.	Blau ü. Tiefmag.
Liebe heißt die Angst loslassen.	Blau über Pink
Ich lade den Geist in alle Bereiche meines Lebens ein.	Violett über Tiefmagenta
Ich beende, was beendet werden muß. Damit mache ich einen Neuanfang möglich.	Blau über Violett
Ich bin im Hier und Jetzt. Hier und jetzt ist der einzige Moment, etwas zu verändern.	Gelb über Blau
Ich atme Liebe ein, ich atme Liebe aus.	Gelb über Pink
Ich habe viel zu lernen und viel zu geben.	Violett über Gold
Ich stehe am Tor und weiß, daß dahinter die Freude wartet.	Blaßgelb über Blaßgelb
Glücklich, wer über sich selbst lachen kann.	Gold über Klar
Der Weg ist das Ziel.	Blaßgelb über Blaßgrün
Ich verabschiede mich von der Vergangenheit und begrüße die Liebe.	Koralle über Koralle
Ich lasse aus meinem von außen aufgenommenen Wissen inneres Wissen entstehen.	Gelb über Gelb
Ich finde, wo für mich die Wahrheit liegt.	Blaßgrün über Blaßgrün
Ich suche und finde den Topf Gold am Ende des Regenbogens.	Gold über Gold
Ich liebe das Leben. Leben ist Lernen.	Königsblau über Tiefmagenta
Ich habe den Raum, um zu tun, was getan werden muß.	Grün über Grün
Ich bin sicher. Ich weiß, daß ich nichts weiß.	Gelb über Gold
Ich habe keine Grenzen, außer denen, die ich mir selbst setze.	Gelb über Grün

Symptom-Register Equilibrium-Flaschen (Fortsetzung)

Symptom	EF	Anwendung
Verstopfung	19	Um den gesamten Unterbauch
(Fortsetzung)	77	Am ganzen Körper
Wachstums- schmerzen	34	Um den Herzbereich
Warzen	68	Um den Hals, um den Haaransatz
Wasserausschei- dung	54	Am ganzen Körper
Wasserlassen (Urinieren)	67	Am ganzen Körper
Wechseljahre	4	Auf der Höhe des Solarplexus in einem Band um den Körper
	8	Um den gesamten Rumpf
	35	Am ganzen Körper
	52	Rund um den Bauch
Wehen	0	Um den gesamten Haaransatz, um die Ohren. Bei akuten Fällen am ganzen Körper auftragen.
Weitsichtigkeit	69	Auf die Schläfen und auf dem Nacken auftragen.
Wirbelsäulen- beschwerden	4	Auf der Höhe des Solarplexus in einem Band um den Körper
	41	Um den gesamten Solarplexusbereich
– nach Operatio- nen	58	Um den Unterleib, um den Hals, um den Haaransatz
Wunden	12	Um den gesamten Hals herum
	85	Um den gesamten Brustbereich
(Antiseptische Wirkung)	86	Um den gesamten Brustbereich
Zahnen von Babies	2	Um gesamten Haaransatz, Nacken und Unterkiefer
	20	Um den Hals und um den Kiefer

Symptom-Register Equilibrium-Flaschen (Fortsetzung)

Affirmation	Farbe
Ich sage „ja" zum Leben und zu mir selbst.	Rot über Violett
Ich lasse meine Illusionen los und sehe klar.	Klar ü. Magenta
Ich bin, der/die ich bin.	Pink über Türkis
Ich beende, was beendet werden muß. Damit mache ich einen Neuanfang möglich.	Blau über Violett
Ob ich lache oder weine, ich sehe den Regenbogen in meinen Tränen.	Klar über Klar
Ich warte geduldig, daß das Göttliche sich in meinem Leben enthüllt.	Magenta über Magenta
Ich bin sicher. Ich weiß, daß ich nichts weiß.	Gelb über Gold
Ich bin im Hier und Jetzt. Hier und jetzt ist der einzige Moment, etwas zu verändern.	Gelb über Blau
Indem ich andere heile, heile ich mich selbst.	Pink über Violett
Ich liebe mich so, wie ich bin.	Blaßpink über Blaßpink
Ich liebe das Leben. Leben ist Lernen.	Königsblau über Tiefmagenta
Zwischen den Extremen finde ich eine Balance in meinem Leben.	Magenta über Klar
Ich bin sicher. Ich weiß, daß ich nichts weiß.	Gelb über Gold
Ich suche und finde den Topf Gold am Ende des Regenbogens.	Gold über Gold
Ich gelange ins Hier und Jetzt, und Veränderung geschieht.	Blaßblau über Blaßpink
Je friedlicher ich werde, um so mehr Licht wird mir geschenkt.	Klar über Blau
Leben ist Liebe. Ich liebe das Leben.	Türkis über Klar
Ich öffne mich dafür, daß sich die Schöpfüng in mir ausdrückt.	Klar über Türkis
Ich atme Frieden ein. Ich atme Frieden aus.	Blau über Blau
Liebe heißt die Angst loalassen.	Blau über Pink

Symptom-Register Equilibrium-Flaschen (Fortsetzung)

Symptom	EF	Anwendung
Zelluläre Probleme	10	Um den gesamten Brustbereich
Zuckerkrankheit	4	Auf der Höhe des Solarplexus in einem Band um den Körper
	5	Gesamter Unterbauchbereich
	42	Um den gesamten Solarplexusbereich
– besonders für Kinder	14	Um den gesamten Solarplexusbereich
Zysten	1	Am Haaransatz, Hals, um die Ohren
	78	Am Haaransatz, Hals, Nacken, auf das Dritte Auge u. d. Wirbel oben am Kopf
Aphrodisiakum	5	Gesamter Unterbauchbereich

Symptom-Register Equilibrium-Flaschen (Fortsetzung)

Affirmation	Farbe
Ich habe den Raum, um zu tun, was getan werden muß.	Grün über Grün
Ich bin sicher. Ich weiß, daß ich nichts weiß.	Gelb über Gold
Ich öffne mich für die Freude in meinem Leben.	Gelb über Rot
Ich lasse aus meinem von außen aufgenommenen Wissen inneres Wissen entstehen.	Gelb über Gelb
Je mehr ich meine Angst loslasse, um so mehr öffne ich mich für meine innere Wahrheit.	Klar über Gold
Ich bin ganz. Ich integriere all meine Teile.	Blau über Tiefmagenta
Ich lade den Geist in alle Bereiche meines Lebens ein.	Violett über Tiefmagenta
Ich öffne mich für die Freude in meinem Leben.	Gelb über Rot

Symptom-Register Pomander A-Z

Transformation durch Pomander

Symptom	P	Farbe
Adrenalinspiegel – erhöht	2	rosa
Aggressionen	2	rosa
Allergien	1	weiß
Ängste – allgemein	9	smaragdgrün
Ängste	12	königsblau
Ängste	3	dunkelrot
Ängste – Existenz	3	dunkelrot
Asthma	9	smaragdgrün
Asthma	10	türkis
Blasenprobleme	5	orange
Bronchitis	9	smaragdgrün
Bronchitis	10	türkis
Darmprobleme	5	orange
Depressionen	6	gold
Depressionen	7	gelb
Depressionen	12	königsblau
Depressionen	14	dunkelmagenta
Erschöpfung	3	dunkelrot
Existenzängste	3	dunkelrot
Gehirn – Störungen im	14	dunkelmagenta
Genitalbereichsbeschwerden	5	orange
Halsschmerzen	11	saphirblau
Hautleiden	6	gold
Hautleiden	13	violett
Herzbeschwerden	9	smaragdgrün
Herzbeschwerden	10	türkis
Hirnanhangdrüse – Störungen	12	königsblau
Hormonsystem – Störungen	2	rosa
Hormonsystem – Störungen	4	rot
Hormonsystem – Störungen	5	orange
Hörprobleme	12	königsblau

Symptom-Register Pomander A-Z (Fortsetzung)

Transformation durch Pomander

Symptom	P	Farbe
Immunsystem – Störungen	8	olivgrün
Immunsystem – Störungen	10	türkis
Immunsystem – Störungen	11	saphirblau
Insektenstiche	1	weiß
Knochengerüst – probleme	3	dunkelrot
Kopfbeschwerden	14	dunkelmagenta
Kopfschmerzen	13	violett
Körper-Störungen im gesamten	14	dunkelmagenta
Kreislaufprobleme	4	rot
Migräne	13	violett
Nebenhöhlenerkrankungen	1	weiß
Nervensystem – Störungen im	13	violett
Nervensystem	7	gelb
Nervensystem – Störungen i. vegetativen	8	olivgrün
Nervosität	13	violett
Nierenprobleme	5	orange
Ohrenschmerzen	12	königsblau
Operation	5	orange
Organprobleme – nervlich bedingte	7	gelb
Phobien	5	orange
Phobien	9	smaragdgrün
Pubertät	5	orange
Rücken	3	dunkelrot
Sakralchakra-Beschwerden	5	orange
Schilddrüse – Funktionsstörungen	11	saphirblau
Schlafstörungen	13	violett
Schock	5	orange
Spannung – innere	3	dunkelrot
Sprachprobleme	10	türkis
Stroffwechselprobleme	6	gold
Streß	3	dunkelrot

Symptom-Register Pomander A-Z (Fortsetzung)

Transformation durch Pomander

Symptom	P	Farbe
Streß	13	violett
Süchte	6	gold
Süchte	5	orange
Traumata	5	orange
Überaktivität	5	orange
Verdauungsprobleme	6	gold
Verletzungen aller Art	1	weiß
Wechseljahre – Umstellung	5	orange
Winterdepressionen	7	gelb
Wirbelsäule	3	dunkelrot
Wunden	1	weiß
Zwischenmenschliche Spannungen	2	rosa

Symptom-Register Quintessenzen A-Z

Transformation durch Quintessenzen

Symptom	Q	Farbe
Aggressionen	3	hellrosa
Ängste	7	hellviolett
Ängste	10	gold
Ängste	14	smaragdgrün
Ängste – spirituelle	2	hellgold
Ängste – vor dem Unbekannten	2	hellgold
Ärger	3	hellrosa
Atemprobleme	4	hellgrün
Augenleiden	3	hellrosa
Aura – energetische Belastungen der	5	klar
Autoritätsprobleme	1	hellblau
Beklemmungsgefühle	4	hellgrün
Bitterkeit	5	klar
Blockaden	1	hellblau
Blockaden	2	hellgold
Blockaden	3	hellrosa
Blockaden	6	dunkelrot
Blockaden	7	hellviolett
Blockaden	13	helltürkis
Blockaden	14	smaragdgrün
Druck – innerer	4	hellgrün
Edelsteine – energetische Belastungen d.	5	klar
Egoismus	1	hellblau
Egozentrik – negative	3	hellrosa
Einsamkeit	1	hellblau
Einsamkeit	2	hellgold
Emotionale Probleme	7	hellviolett
Emotionale Probleme	12	hellkoralle
Emotionale Probleme	13	helltürkis
Emotionale Probleme	14	smaragdgrün
Erdung – mangelnde	9	rosa

Symptom-Register Quintessenzen A-Z (Fortsetzung)

Transformation durch Quintessenzen

Symptom	Q	Farbe
Erdung – mangelnde	14	smaragdgrün
Erfahrungen – unausgewertete	5	klar
Erschöpfung	6	dunkelrot
Erstarrung	4	hellgrün
Erstarrung	9	rosa
Erstarrung	11	hellorange
Erstarrung	13	helltürkis
Erstarrung	14	smaragdgrün
Erwartungsängste	10	gold
Existenzängste	8	rosenpink
Existenzprobleme	7	hellviolett
Frustration	6	dunkelrot
Gefühle – sich unverstanden fühlen	7	hellviolett
Gegenwartsbezogenheit – mangelnde	5	klar
Gegenwartsbezogenheit – mangelnde	9	rosa
Geschlechterrolle – Identifikationsprobleme	12	hellkoralle
Grundsätze – festhalten an überlebten	13	helltürkis
Grundsätze – festhalten an überlebten	5	klar
Grundsätze – festhalten an überlebten	8	rosenpink
Grundsätze – festhalten an überlebten	11	hellorange
Helfersyndrom	3	hellrosa
Helfersyndrom	6	dunkelrot
Identifikationsprobleme – mit Geschlechterrolle	12	hellkoralle
Identitätsprobleme – mit eigener Geschlechterrolle	3	hellrosa
Illusionen	7	hellviolett
Illusionen	9	rosa
Integration – Mangel des männl. Aspekts	7	hellviolett
Integration – Mangel des weibl. Aspekts	7	hellviolett
Ischias	6	dunkelrot

Symptom-Register Quintessenzen A-Z (Fortsetzung)

Transformation durch Quintessenzen

Symptom	Q	Farbe
Isolationsgefühl	9	rosa
Isolationsgefühle	12	hellkoralle
Isolationsgefühle	13	helltürkis
Kommunikationsprobleme	3	hellrosa
Kommunikationsprobleme	7	hellviolett
Konditionierung – alte	1	hellblau
Konditionierung – alte	8	rosenpink
Konditionierungen – alte	10	gold
Konditionierungen – alte	11	hellorange
Konditionierungen – alte	12	hellkoralle
Konditionierungen – alte	14	smaragdgrün
Konditionierungen – alte	5	klar
Kopflastigkeit	4	hellgrün
Kopflastigkeit	13	helltürkis
Krämpfe	11	hellorange
Kritiksucht	10	gold
Lebenseinstellung – negative	3	hellrosa
Lebensunlust	8	rosenpink
Leere – innere	6	dunkelrot
Leiden	11	hellorange
Mißbrauch	12	hellkoralle
Mißtrauen	12	hellkoralle
Müdigkeit	6	dunkelrot
Mustern – festhalten an überlebten	7	hellviolett
Naivität	12	hellkoralle
Neid	3	hellrosa
Ohrenprobleme	3	hellrosa
Operation	11	hellorange
Pubertät – Probleme	9	rosa
Räume – energetische Belastungen von	5	klar
Rheuma	6	dunkelrot

Symptom-Register Quintessenzen A-Z (Fortsetzung)

Transformation durch Quintessenzen

Symptom	Q	Farbe
Rückenprobleme	6	dunkelrot
Schocks	11	hellorange
Schuldgefühle,	10	gold
Schwangerschaft	1	hellblau
Selbstakzeptanz – mangelnde	4	hellgrün
Selbstgefühl – mangelndes	8	rosenpink
Selbstliebe – mangelnde	13	helltürkis
Selbstverständnis – mangelndes	8	rosenpink
Selbstverurteilung	3	hellrosa
Selbstvorwürfe	5	klar
Selbstvorwürfe	10	gold
Selbstwertgefühl – mangelndes	3	hellrosa
Selbstzweifel	12	hellkoralle
Sinnkrise	1	hellblau
Sinnkrise	8	rosenpink
Spirituelle Probleme	14	smaragdgrün
Streß	4	hellgrün
Süchte	7	hellviolett
Trauer	5	klar
Traumata	11	hellorange
Überaktivität	7	hellviolett
Überaktivität	10	gold
Überemotionalität	14	smaragdgrün
Unentschlossenheit	4	hellgrün
Ungeliebt – sich ungeliebt fühlen	13	helltürkis
Unsicherheit	9	rosa
Unterscheidungsprobleme	4	hellgrün
Unterscheidungsprobleme	10	gold
Unversöhnlichkeit	6	dunkelrot
Verhalten – selbstzerstörerisches	10	gold
Vernachlässigung des „inneren Kindes"	9	rosa

Symptom-Register Quintessenzen A-Z (Fortsetzung)

Transformation durch Quintessenzen

Symptom	Q	Farbe
Vernachlässigung des „inneren Kindes"	12	hellkoralle
Verspannungen	11	hellorange
Verwirrung	2	hellgold
Vorurteile	10	gold
Vorwürfe	5	klar
Wechseljahre – Probleme	9	rosa
Weltschmerz	9	rosa
Zeitgefühl – mangelndes	9	rosa
Zorn	5	klar

Symptom-Register Solare Schmetterlings-Essenzen

Hilfreich, fördert	Nr.	Name
Aktivität	20	Tori Sommarion
Anerkennung	25	Yova Tirilion
Anfänge, neue	12	Wima Pilliron
Angelegenheiten, schwierige	27	Nina Sirion
Ängste, gegen	12	Wima Pilliron
Arbeit	18	Nori Ristillion
Astralkörper	12	Wima Pilliron
Astralreisen	14	Sola Vikerlion
Atmung	15	Wira Tentaron
Audrucksweise, künstlerische	14	Sola Vikerlion
Ausdruck, künstlerischer	16	Tira Winirion
Ausdruck, Sozialer	16	Tira Winirion
Ausgeglichenheit	28	Rainbow Butterflies
Ausgewogenheit	28	Rainbow Butterflies
Ausrichtung	13	Yisa Summaron
Babys, Schutz des	10	Tema Visiron
Beruhigung	22	Puma Tosaron
Besonnenheit	4	Simi Parillion
Bestrebungen, künstlerische	7	Kimi Pinirion
Bewußtsein	22	Puma Tosaron
Bewußtsein	27	Nina Sirion
Beziehungen	3	Nola Marilion
Beziehungen	9	Kaya Ninilion
Beziehungen	16	Tira Winirion
Beziehungen, Kinder u. Erwachsene	9	Kaya Ninilion
Chakra, Dritte-Auge	21	Vima Tokaron
Dankbarkeit	7	Kimi Pinirion
Dankbarkeit	25	Yova Tirilion
Denken	21	Vima Tokaron
Denken, klares	11	Solo Tisillion
Denkprozeß	18	Nori Ristillion
Depressionen	3	Nola Marilion
Depressivum, Anti-	6	Suma Mimarilion
Depressivum, Anti-	11	Solo Tisillion
Dienst am Nächsten	23	Wina Simarion

Symptom-Register Solare Schmetterlings-Essenzen

Farbe	Energie
Königsblau	Den Willen stärkende u. harmonisierende En.
Flieder	Selbstwertschätzungs- Energie
Oliv	Erlösende, reinigende und befreiende Energie
Silber	Einheits- Energie
Oliv	Erlösende, reinigende und befreiende Energie
Blau	Entspannende und streßlösende Energie
Oliv	Erlösende, reinigende und befreiende Energie
Hellgrün	Unterstützende, innerste individuelle Energie
Smaragdgrün	Harmonisierende, heilende Energie
Hellgrün	Unterstützende, innerste individuelle Energie
Türkis	Kommunikations- Energie
Türkis	Kommunikations- Energie
Regenbogen	Beinhaltet in sich sieben Farbenergien
Regenbogen	Beinhaltet in sich sieben Farbenergien
Grün	Integrations- Energie
Hellpink/Hellrosa	Beruhigende und reinigende reine Liebes- En.
Violett	Intensive, schöne, spirituelle Türöffnungs- En.
Gold	Harmonisierende, ausgleichende, klärende und bereichernde Energie
Hellgelb	Intensiv erhebende, verstärkende Engels- En.
Violett	Intensive, schöne, spirituelle Türöffnungs- En.
Silber	Einheits- Energie
Orange	Erfrischende und belebende Energie
Pink/Rosa	Beziehungs- Energie
Türkis	Kommunikations- Energie
Pink/Rosa	Beziehungs- Energie
Indigo	Höhere geistige Energie
Hellgelb	Intensiv erhebende, verstärkende Engels- En.
Flieder	Selbstwertschätzungs- Energie
Indigo	Höhere geistige Energie
Zitronengelb	Verbundenheits- Energie
Blau	Entspannende und streßlösende Energie
Orange	Erfrischende und belebende Energie
Gelb	Balancierende, verstärkende Energie
Zitronengelb	Verbundenheits- Energie
Hellviolett	Reine, unberührte Engel-Heilungs- Energie

Sympt.-Reg. Solare Schmetterlings-Essenzen (Forts.)

Hilfreich, fördert	Nr.	Name
Disharmonie, gegen	10	Tema Visiron
Disharmonie, gegen nervliche	20	Tori Sommarion
Disharmonie, gegen sexuelle	20	Tori Sommarion
Dynamik	3	Nola Marilion
Einfühlungsvermögen	17	Mala Linilion
Einschlafen	2	Rono Simaron
Einsicht	24	Zila Sissilion
Einstellung, positive	11	Solo Tisillion
Elan	3	Nola Marilion
Emotionen, gegen	6	Suma Mimarilion
Emotionen, balanciert	11	Solo Tisillion
Emotionen, gegen negative	12	Wima Pilliron
Empathie	21	Vima Tokaron
Engel-Kontakte	18	Nori Ristillion
Entspannung	2	Rono Simaron
Entspannung	10	Tema Visiron
Entspannung	22	Puma Tosaron
Entwicklung, spirituelle	23	Wina Simarion
Entzücken	7	Kimi Pinirion
Erfahrung, spirituelle	22	Puma Tosaron
Erfahrungen, irdische	26	Vaza Risiron
Erfahrungen, schwierige	13	Yisa Summaron
Erschöpfung, gegen	3	Nola Marilion
Freiheit	14	Sola Vikerlion
Freiheit	19	Lina Sinlinlon
Freude	4	Simi Parillion
Freude	6	Suma Mimarilion
Freude	7	Kimi Pinirion
Freude	11	Solo Tisillion
Freude	28	Rainbow Butterflies
Frieden	9	Kaya Ninilion
Frieden	12	Wima Pilliron
Frieden	12	Wima Pilliron
Frieden	19	Lina Sinlinlon
Frieden, tiefer	22	Puma Tosaron

Sympt.-Reg. Solare Schmetterlings-Essenzen (Forts.)

Farbe	Energie
Hellpink/Hellrosa	Beruhigende und reinigende reine Liebes- En.
Königsblau	Den Willen stärkende und harmonisierende En.
Königsblau	Den Willen stärkende und harmonisierende En.
Orange	Erfrischende und belebende Energie
Helltürkis	New-Age- Energie
Rot	Zutiefst entspannende und zentriende Energie
Purpur	Manifestations- Energie
Zitronengelb	Verbundenheits- Energie
Orange	Erfrischende und belebende Energie
Gelb	Balancierende, verstärkende Energie
Zitronengelb	Verbundenheits- Energie
Oliv	Erlösende, reinigende und befreiende Energie
Indigo	Höhere geistige Energie
Blau	Entspannende und streßlösende Energie
Rot	Zutiefst entspannende und zentrierende Energie
Hellpink/Hellrosa	Beruhigende und reinigende reine Liebes- En.
Violett	Intensive, schöne, spirituelle Türöffnungs- En.
Hellviolett	Reine, unberührte Engel-Heilungs- Energie
Hellgelb	Intensiv erhebende, verstärkende Engel- En.
Violett	Intensive, schöne, spirituelle Türöffnungs- En.
Magenta	Transformative Energie
Grün	Integrations- Energie
Orange	Erfrischende und belebende Energie
Hellgrün	Unterstützende, innerste individuelle Energie
Hellblau	„Laß-los-und-laß-Gott-machen" - Energie
Gold	Harmonisierende, ausgleichende, klärende und bereichernde Energie
Gelb	Balancierende, verstärkende Energie
Hellgelb	Intensiv erhebende, verstärkende Engel- En.
Zitronengelb	Verbundenheits- Energie
Regenbogen	Beinhaltet in sich sieben Farbenergien
Pink/Rosa	Beziehungs- Energie
Oliv	Erlösende, reinigende und befreiende Energie
Oliv	Erlösende, reinigende und befreiende Energie
Hellblau	„Laß-los-und-laß-Gott-machen" - Energie
Violett	Intensive, schöne, spirituelle Türöffnungs- En.

Sympt.-Reg. Solare Schmetterlings-Essenzen (Forts.)

Hilfreich, fördert	Nr.	Name
Führerschaft	15	Wira Tentaron
Führung	26	Vaza Risiron
Fürsorge	8	Timi Mokariron
Fürsorge	10	Tema Visiron
Geben	23	Wina Simarion
Gefühle	21	Vima Tokaron
Geist, balanciert	11	Solo Tisillion
Geist, höherer	10	Tema Visiron
Geist, universeller	11	Solo Tisillion
Geist, universeller	21	Vima Tokaron
Geistheilung	17	Mala Linilion
Gelegenheiten, alle	27	Nina Sirion
Gesundheit	3	Nola Marilion
Gewißheit	20	Tori Sommarion
Gleichgewicht	9	Kaya Ninilion
Gleichgewicht	19	Lina Sinlinlon
Gleichgewicht, wahres	13	Yisa Summaron
Glücklichsein	11	Solo Tisillion
Glückseligkeit	23	Wina Simarion
Glückseligkeit	28	Rainbow Butterflies
Glücksgefühl	6	Suma Mimarilion
Gottes Liebe	19	Lina Sinlinlon
Gottes Wille	19	Lina Sinlinlon
Harmonie	3	Nola Marilion
Harmonie	6	Suma Mimarilion
Harmonie	9	Kaya Ninilion
Harmonie	15	Wira Tentaron
Harmonie	17	Mala Linilion
Harmonie	19	Lina Sinlinlon
Harmonie	21	Vima Tokaron
Harmonie	28	Rainbow Butterflies
Harmonisierung	28	Rainbow Butterflies
Harmonisierungsaktivitäten	22	Puma Tosaron
Heilung	10	Tema Visiron
Heilungsaktivitäten	22	Puma Tosaron
Hellsichtigkeit	21	Vima Tokaron

Sympt.-Reg. Solare Schmetterlings-Essenzen (Forts.)

Farbe	Energie
Smaragdgrün	Harmonisierende, heilende Energie
Magenta	Transformative Energie
Ros.pink/Ros.rosa	Sehr weibliche, energetische Energie
Hellpink/Hellrosa	Beruhigende und reinigende reine Liebes- En.
Hellviolett	Reine, unberührte Engel-Heilungs- Energie
Indigo	Höhere geistige Energie
Zitronengelb	Verbundenheits- Energie
Hellpink/Hellrosa	Beruhigende und reinigende reine Liebes- En.
Zitronengelb	Verbundenheits- Energie
Indigo	Höhere geistige Energie
Helltürkis	New-Age- Energie
Silber	Einheits- Energie
Orange	Erfrischende und belebende Energie
Königsblau	Den Willen stärkende und harmonisierende En.
Pink/Rosa	Beziehungs- Energie
Hellblau	„Laß-los-und-laß-Gott-machen" - Energie
Grün	Integrations- Energie
Zitronengelb	Verbundenheits- Energie
Hellviolett	Reine, unberührte Engel-Heilungs- Energie
Regenbogen	Beinhaltet in sich sieben Farbenergien
Gelb	Balancierende, verstärkende Energie
Hellblau	„Laß-los-und-laß-Gott-machen" - Energie
Hellblau	„Laß-los-und-laß-Gott-machen" - Energie
Orange	Erfrischende und belebende Energie
Gelb	Balancierende, verstärkende Energie
Pink/Rosa	Beziehungs- Energie
Smaragdgrün	Harmonisierende, heilende Energie
Helltürkis	New-Age- Energie
Hellblau	„Laß-los-und-laß-Gott-machen" - Energie
Indigo	Höhere geistige Energie
Regenbogen	Beinhaltet in sich sieben Farbenergien
Regenbogen	Beinhaltet in sich sieben Farbenergien
Violett	Intensive, schöne, spirituelle Türöffnungs- En.
Hellpink/Hellrosa	Beruhigende und reinigende reine Liebes- En.
Violett	Intensive, schöne, spirituelle Türöffnungs- En.
Indigo	Höhere geistige Energie

Sympt.-Reg. Solare Schmetterlings-Essenzen (Forts.)

Hilfreich, fördert	Nr.	Name
Hellsichtigkeit	24	Zila Sissilion
Herzchakra	13	Yisa Summaron
Herzebene	25	Yova Tirilion
Herzensverbindungen	13	Yisa Summaron
Herzzentrum	15	Wira Tentaron
Hingabe	8	Timi Mokariron
Hingabe	10	Tema Visiron
Hingabe	12	Wima Pilliron
Hochachtung	25	Yova Tirilion
Höhere Quelle	17	Mala Linilion
Höhere Welten	14	Sola Vikerlion
Individualität	14	Sola Vikerlion
Inkarnationsplan, Kontakt zum	26	Vaza Risiron
Inneres Kind, Verbindung zum	14	Sola Vikerlion
Inspiration	7	Kimi Pinirion
Inspiration	11	Solo Tisillion
Inspiration	26	Vaza Risiron
Inspiration durch Engel	7	Kimi Pinirion
Inspiration, kreative	11	Solo Tisillion
Integration	13	Yisa Summaron
Interaktion	7	Kimi Pinirion
Interaktion	17	Mala Linilion
Interaktionen	15	Wira Tentaron
Intuition	21	Vima Tokaron
Irritationen, gegen	2	Rono Simaron
Klarheit	12	Wima Pilliron
Klarheit	13	Yisa Summaron
Klarheit	23	Wina Simarion
Klarheit nach Krankheit	11	Solo Tisillion
Klarheit nach Problemen	11	Solo Tisillion
Kommunikation	16	Tira Winirion
Kommunikation, geistige Welt	23	Wina Simarion
Kommunikation, verstärkende	17	Mala Linilion
Kommunikation, zwischenmenschliche	18	Nori Ristillion
Kontrolle über Ereignisse	20	Tori Sommarion
Kooperation	16	Tira Winirion

Sympt.-Reg. Solare Schmetterlings-Essenzen (Forts.)

Farbe	Energie
Purpur	Manifestations- Energie
Grün	Integrations- Energie
Flieder	Selbstwertschätzungs- Energie
Grün	Integrations- Energie
Smaragdgrün	Harmonisierende, heilende Energie
Ros.pink/Ros.rosa	Sehr weibliche, energetische Energie
Hellpink/Hellrosa	Beruhigende und reinigende reine Liebes- En.
Oliv	Erlösende, reinigende und befreiende Energie
Flieder	Selbstwertschätzungs-Energie
Helltürkis	New-Age- Energie
Hellgrün	Unterstützende, innerste individuelle Energie
Hellgrün	Unterstützende, innerste individuelle Energie
Magenta	Transformative Energie
Hellgrün	Unterstützende, innerste individuelle Energie
Hellgelb	Intensiv erhebende, verstärkende Engel- En.
Zitronengelb	Verbundenheits- Energie
Magenta	Transformative Energie
Hellgelb	Intensiv erhebende, verstärkende Engel- En.
Zitronengelb	Verbundenheits- Energie
Grün	Integrations- Energie
Hellgelb	Intensiv erhebende, verstärkende Engel- En.
Helltürkis	New-Age- Energie
Smaragdgrün	Harmonisierende, heilende Energie
Indigo	Höhere geistige Energie
Rot	Zutiefst entspannende und zentrierende Energie
Oliv	Erlösende, reinigende und befreiende Energie
Grün	Integrations- Energie
Hellviolett	Reine, unberührte Engel-Heilungs- Energie
Zitronengelb	Verbundenheits- Energie
Zitronengelb	Verbundenheits- Energie
Türkis	Kommunikations- Energie
Hellviolett	Reine, unberührte Engel-Heilungs- Energie
Helltürkis	New-Age- Energie
Blau	Entspannende und streßlösende Energie
Königsblau	Den Willen stärkende und harmonisierende En.
Türkis	Kommunikations- Energie

Sympt.-Reg. Solare Schmetterlings-Essenzen (Forts.)

Hilfreich, fördert	Nr.	Name
Kooperation	17	Mala Linilion
Kosmischer Strahl	21	Vima Tokaron
Kraftessenz	20	Tori Sommarion
Kranke, Schutz für	10	Tema Visiron
Kreativer Ausdruck	5	Kana Yinarron
Kreativer Prozeß	14	Sola Vikerlion
Kreatives Potential	24	Zila Sissilion
Kreativität	14	Sola Vikerlion
Kreativität, soziale	16	Tira Winirion
Kristalle	17	Mala Linilion
Kummer auflösen	12	Wima Pilliron
Kunst	5	Kana Yinarron
Künstler des Neuen Zeitalters	24	Zila Sissilion
Künstlerische Audrucksweise	14	Sola Vikerlion
Künstlerische Fähigkeiten	11	Solo Tisillion
Lebensentwurf, höherer	16	Tira Winirion
Lebenserfahrung	5	Kana Yinarron
Lebensqualität	5	Kana Yinarron
Leichtigkeit	7	Kimi Pinirion
Leichtigkeit	20	Tori Sommarion
Liebe	4	Simi Parillion
Liebe	8	Timi Mokariron
Liebe	12	Wima Pilliron
Liebe, bedingungslose	10	Tema Visiron
Liebe, geistige	10	Tema Visiron
Liebe, tiefe	25	Yova Tirilion
Liebe, universelle	9	Kaya Ninilion
Macht	9	Kaya Ninilion
Materielle Welt	27	Nina Sirion
Medialität	21	Vima Tokaron
Meditation	10	Tema Visiron
Meditation	27	Nina Sirion
Meditationen	23	Wina Simarion
Menschen	28	Rainbow Butterflies
Menschen, Schutz für ältere	10	Tema Visiron

Sympt.-Reg. Solare Schmetterlings-Essenzen (Forts.)

Farbe	Energie
Helltürkis	New-Age- Energie
Indigo	Höhere geistige Energie
Königsblau	Den Willen stärkende und harmonisierende En.
Hellpink/Hellrosa	Beruhigende und reinigende reine Liebes- En.
Koralle	Harmonisierende, feinfühlende Energie
Hellgrün	Unterstützende, innerste individuelle Energie
Purpur	Manifestations- Energie
Hellgrün	Unterstützende, innerste individuelle Energie
Türkis	Kommunikations- Energie
Helltürkis	New-Age- Energie
Oliv	Erlösende, reinigende und befreiende Energie
Koralle	Harmonisierende, feinfühlende Energie
Purpur	Manifestations- Energie
Hellgrün	Unterstützende, innerste individuelle Energie
Zitronengelb	Verbundenheits- Energie
Türkis	Kommunikations- Energie
Koralle	Harmonisierende, feinfühlende Energie
Koralle	Harmonisierende, feinfühlende Energie
Hellgelb	Intensiv erhebende, verstärkende Engel- En.
Königsblau	Den Willen stärkende und harmonisierende En.
Gold	Harmonisierende, ausgleichende, klärende und bereichernde Energie
Ros.pink/Ros.rosa	Sehr weibliche, energetische Energie
Oliv	Erlösende, reinigende und befreiende Energie
Hellpink/Hellrosa	Beruhigende und reinigende reine Liebes- En.
Hellpink/Hellrosa	Beruhigende und reinigende reine Liebes- En.
Flieder	Selbstwertschätzungs- Energie
Pink/Rosa	Beziehungs- Energie
Pink/Rosa	Beziehungs- Energie
Silber	Einheits- Energie
Indigo	Höhere geistige Energie
Hellpink/Hellrosa	Beruhigende und reinigende reine Liebes- En.
Silber	Einheits- Energie
Hellviolett	Reine, unberührte Engel-Heilungs- Energie
Regenbogen	Beinhaltet in sich sieben Farbenerien
Hellpink/Hellrosa	Beruhigende und reinigende reine Liebes- En.

Sympt.-Reg. Solare Schmetterlings-Essenzen (Forts.)

Hilfreich, fördert	Nr.	Name
Mitgefühl	15	Wira Tentaron
Musik	17	Mala Linilion
Muster auflösen	6	Suma Mimarilion
Mut	15	Wira Tentaron
Mut	15	Wira Tentaron
Mutterliebe	8	Timi Mokariron
Natur, Kontakt zur	13	Yisa Summaron
Natur, höhere	24	Zila Sissilion
Nerven	15	Wira Tentaron
Neuanfang	25	Yova Tirilion
Neuanfänge	6	Suma Mimarilion
Notfälle, gegen	1	Xifa Visisilion
Ökologie	9	Kaya Ninilion
Optimismus	6	Suma Mimarilion
Pflanzen	13	Yisa Summaron
Pflanzen	15	Wira Tentaron
Pflanzen	28	Rainbow Butterflies
Pionier neuer Ideen	17	Mala Linilion
Plan, göttlicher	18	Nori Ristillion
Platz, wahren	13	Yisa Summaron
Positivität	6	Suma Mimarilion
Probleme, gegen	15	Wira Tentaron
Probleme lösen	26	Vaza Risiron
Quelle	4	Simi Parillion
Raum	13	Yisa Summaron
Raum, individueller	14	Sola Vikerlion
Raum, wahren	13	Yisa Summaron
Realität, innere	24	Zila Sissilion
Redner	16	Tira Winirion
Respekt	23	Wina Simarion
Richtungsfindung	3	Nola Marilion
Ruhe	15	Wira Tentaron
Ruhe	22	Puma Tosaron
Ruhe	23	Wina Simarion
Schauspieler	16	Tira Winirion

Sympt.-Reg. Solare Schmetterlings-Essenzen (Forts.)

Farbe	Energie
Smaragdgrün	Harmonisierende, heilende Energie
Helltürkis	New-Age- Energie
Gelb	Balancierende, verstärkende Energie
Smaragdgrün	Harmonisierende, heilende Energie
Smaragdgrün	Harmonisierende, heilende Energie
Ros.pink/Ros.rosa	Sehr weibliche, energetische Energie
Grün	Integrations- Energie
Purpur	Manifestations- Energie
Smaragdgrün	Harmonisierende, heilende Energie
Flieder	Selbstwertschätzungs- Energie
Gelb	Balancierende, verstärkende Energie
Purpurmagenta	Zentriert nervliche und physische Energie
Pink/Rosa	Beziehungs- Energie
Gelb	Balancierende, verstärkende Energie
Grün	Integrations- Energie
Smaragdgrün	Harmonisierende, heilende Energie
Regenbogen	Beinhaltet in sich sieben Farbenergien
Helltürkis	New-Age- Energie
Blau	Entspannende und streßlösende Energie
Grün	Integrations- Energie
Gelb	Balancierende, verstärkende Energie
Smaragdgrün	Harmonisierende, heilende Energie
Magenta	Transformative Energie
Gold	Harmonisierende, ausgleichende, klärende und bereichernde Energie
Grün	Integrations- Energie
Hellgrün	Unterstützende, innerste individuelle Energie
Grün	Integrations- Energie
Purpur	Manifestations- Energie
Türkis	Kommunikations- Energie
Hellviolett	Reine, unberührte Engel-Heilungs- Energie
Orange	Erfrischende und belebende Energie
Smaragdgrün	Harmonisierende, heilende Energie
Violett	Intensive, schöne, spirituelle Türöffnungs- En.
Hellviolett	Reine, unberührte Engel-Heilungs- Energie
Türkis	Kommunikations- Energie

Sympt.-Reg. Solare Schmetterlings-Essenzen (Forts.)

Hilfreich, fördert	Nr.	Name
Schlaf, tiefer	2	Rono Simaron
Schlüsselinformationen	26	Vaza Risiron
Schock, gegen	1	Xifa Visisilion
Schönheit	24	Zila Sissilion
Schönheit Gottes	24	Zila Sissilion
Schöpfung, Fülle der	4	Simi Parillion
Schöpfung, innere	14	Sola Vikerlion
Schöpfung, Weisheit der	4	Simi Parillion
Schreiben	14	Sola Vikerlion
Schutz	10	Tema Visiron
Schwangere, Schutz für	10	Tema Visiron
Schwierigkeiten, gegen	15	Wira Tentaron
Seelenbewußtsein	26	Vaza Risiron
Seelenebene	25	Yova Tirilion
Seelenheilung	25	Yova Tirilion
Sehfähigkeit	11	Solo Tisillion
Sehfähigkeit	24	Zila Sissilion
Selbst, Höheres	4	Simi Parillion
Selbsterkenntnis	19	Lina Sinlinlon
Sensibilität	5	Kana Yinarron
Sensibilität	8	Timi Mokariron
Sensitivität	5	Kana Yinarron
Sensitivität	23	Wina Simarion
Sensitivität	23	Wina Simarion
Sensitivität	25	Yova Tirilion
Sexualität	5	Kana Yinarron
Sexualität	8	Timi Mokariron
Sinne unterstützen	5	Kana Yinarron
Situationen, gegen schwierige	13	Yisa Summaron
Solidarität	12	Wima Pilliron
Sorgsamkeit	25	Yova Tirilion
Soziale Belange	18	Nori Ristillion
Spaß	3	Nola Marilion

Sympt.-Reg. Solare Schmetterlings-Essenzen (Forts.)

Farbe	Energie
Rot	Zutiefst entspannende und zentrierende Energie
Magenta	Transformative Energie
Purpurmagenta	Zentriert nervliche und physische Energie
Purpur	Manifestations- Energie
Purpur	Manifestations- Energie
Gold	Harmonisierende, ausgleichende, klärende und bereichernde Energie
Hellgrün	Unterstützende, innerste individuelle Energie
Gold	Harmonisierende, ausgleichende, klärende und bereichernde Energie
Hellgrün	Unterstützende, innerste individuelle Energie
Hellpink/Hellrosa	Beruhigende und reinigende reine Liebes- En.
Hellpink/Hellrosa	Beruhigende und reinigende reine Liebes- En.
Smaragdgrün	Harmonisierende, heilende Energie
Magenta	Transformative Energie
Flieder	Selbstwertschätzungs- Energie
Flieder	Selbstwertschätzungs- Energie
Zitronengelb	Verbundenheits- Energie
Purpur	Manifestations- Energie
Gold	Harmonisierende, ausgleichende, klärende und bereichernde Energie
Hellblau	„Laß-los-und-laß-Gott-machen" - Energie
Koralle	Harmonisierende, feinfühlende Energie
Ros.pink/Ros.rosa	Sehr weibliche, energetische Energie
Koralle	Harmonisierende, feinfühlende Energie
Hellviolett	Reine, unberührte Engel-Heilungs- Energie
Hellviolett	Reine, unberührte Engel-Heilungs- Energie
Flieder	Selbstwertschätzungs- Energie
Koralle	Harmonisierende, feinfühlende Energie
Ros.pink/Ros.rosa	Sehr weibliche, energetische Energie
Koralle	Harmonisierende, feinfühlende Energie
Grün	Integrations- Energie
Oliv	Erlösende, reinigende und befreiende Energie
Flieder	Selbstwertschätzungs- Energie
Blau	Entspannende und streßlösende Energie
Orange	Erfrischende und belebende Energie

Sympt.-Reg. Solare Schmetterlings-Essenzen (Forts.)

Hilfreich, fördert	Nr.	Name
Spritualität	28	Rainbow Butterflies
Stärke	15	Wira Tentaron
Stärke, persönliche	20	Tori Sommarion
Stärkungsmittel, emotionales	28	Rainbow Butterflies
Stärkungsmittel, mentales	28	Rainbow Butterflies
Stärkungsmittel, physisches	28	Rainbow Butterflies
Streß, gegen	1	Xifa Visisilion
Streß, gegen	2	Rono Simaron
Streß, gegen	20	Tori Sommarion
Streßbewältigungstechniken	22	Puma Tosaron
Tanz	5	Kana Yinarron
Tänzer	16	Tira Winirion
Telepathie	21	Vima Tokaron
Themen, mentale	28	Rainbow Butterflies
Themen, seelische	28	Rainbow Butterflies
Themen, spirituelle	28	Rainbow Butterflies
Therapien, unterstützend	22	Puma Tosaron
Tiere, Kontakt zu	15	Wira Tentaron
Tiere, Kontakt zu	28	Rainbow Butterflies
Transformation	25	Yova Tirilion
Traumata, gegen	1	Xifa Visisilion
Überfluß, reiner	28	Rainbow Butterflies
Überzeugung	15	Wira Tentaron
Unfälle, gegen	1	Xifa Visisilion
Unterscheidungsvermögen	23	Wina Simarion
Verbindung, liebevolle	27	Nina Sirion
Verbundenheit	11	Solo Tisillion
Verbundenheit	19	Lina Sinlinlon
Vergnügen	5	Kana Yinarron
Vergnügen	7	Kimi Pinirion
Verspannungen	2	Rono Simaron
Verständnis	7	Kimi Pinirion
Verständnis von Schönheit	23	Wina Simarion
Verständnis, tiefes	27	Nina Sirion
Verträglichkeit, soziale	9	Kaya Ninilion
Vertrauen	19	Lina Sinlinlon

Sympt.-Reg. Solare Schmetterlings-Essenzen (Forts.)

Farbe	Energie
Regenbogen	Beinhaltet in sich sieben Farbenergien
Smaragdgrün	Harmonisierende, heilende Energie
Königsblau	Den Willen stärkende und harmonisierende En.
Regenbogen	Beinhaltet in sich sieben Farbenergien
Regenbogen	Beinhaltet in sich sieben Farbenergien
Regenbogen	Beinhaltet in sich sieben Farbenergien
Purpurmagenta	Zentriert nervliche und physische Energie
Rot	Zutiefst entspannende und zentrierende Energie
Königsblau	Den Willen stärkende und harmonisierende En.
Violett	Intensive, schöne, spirituelle Türöffnungs- En.
Koralle	Harmonisierende, feinfühlende Energie
Türkis	Kommunikations- Energie
Indigo	Höhere geistige Energie
Regenbogen	Beinhaltet in sich sieben Farbenergien
Regenbogen	Beinhaltet in sich sieben Farbenergien
Regenbogen	Beinhaltet in sich sieben Farbenergien
Violett	Intensive, schöne, spirituelle Türöffnungs- En.
Smaragdgrün	Harmonisierende, heilende Energie
Regenbogen	Beinhaltet in sich sieben Farbenergien
Flieder	Selbstwertschätzungs- Energie
Purpurmagenta	Zentriert nervliche und physische Energie
Regenbogen	Beinhaltet in sich sieben Farbenergien
Smaragdgrün	Harmonisierende, heilende Energie
Purpurmagenta	Zentriert nervliche und physische Energie
Hellviolett	Reine, unberührte Engel-Heilungs- Energie
Silber	Einheits- Energie
Zitronengelb	Verbundenheits- Energie
Hellblau	„Laß-los-und-laß-Gott-machen" - Energie
Koralle	Harmonisierende, feinfühlende Energie
Hellgelb	Intensiv erhebende, verstärkende Engel- En.
Rot	Zutiefst entspannende und zentrierende Energie
Hellgelb	Intensiv erhebende, verstärkende Engel- En.
Hellviolett	Reine, unberührte Engel-Heilungs- Energie
Silber	Einheits- Energie
Pink/Rosa	Beziehungs- Energie
Hellblau	„Laß-los-und-laß-Gott-machen"- Energie

Sympt.-Reg. Solare Schmetterlings-Essenzen (Forts.)

Hilfreich, fördert	Nr.	Name
Vertrauen	20	Tori Sommarion
Verwirrung, gegen	21	Vima Tokaron
Verwurzelung	2	Rono Simaron
Visionen, klare	21	Vima Tokaron
Vitalität	6	Suma Mimarilion
Vitalität	11	Solo Tisillion
Vitalität	28	Rainbow Butterflies
Vorstellungskraft	5	Kana Yinarron
Vorstellungskraft	14	Sola Vikerlion
Wahrnehmung, sensorische	5	Kana Yinarron
Wahrnehmung, visuelle	24	Zila Sissilion
Weisheit	12	Wima Pilliron
Welt, spirituelle	22	Puma Tosaron
Wertschätzung	5	Kana Yinarron
Wesen, Kontakt zu ozeanischen	16	Tira Winirion
Wesen, Kontakt zu Elementar-	18	Nori Ristillion
Wesen, Kontakt zu göttlichen	26	Vaza Risiron
Wesen, Kontakt zu spirituellen	18	Nori Ristillion
Wiedergeburt	25	Yova Tirilion
Willen	20	Tori Sommarion
Wissen	19	Lina Sinlinlon
Wissensquelle	21	Vima Tokaron
Wohlbefinden	11	Solo Tisillion
Wohlbefinden	12	Wima Pilliron
Wohlbefinden	14	Sola Vikerlion
Wohlbefinden	18	Nori Ristillion
Wohlbefinden	22	Puma Tosaron
Wohlgefühl	2	Rono Simaron
Wohlgefühl	6	Suma Mimarilion
Würde	23	Wina Simarion
Zentriertheit	18	Nori Ristillion
Zentriertheit	22	Puma Tosaron
Zuhören	18	Nori Ristillion
Zusammenarbeit, soziale	6	Suma Mimarilion
Zyklen der Natur	9	Kaya Ninilion

Sympt.-Reg. Solare Schmetterlings-Essenzen (Forts.)

Farbe	Energie
Königsblau	Den Willen stärkende und harmonisierende En.
Indigo	Höhere geistige Energie
Rot	Zutiefst entspannende und zentrierende Energie
Indigo	Höhere geistige Energie
Gelb	Balancierende, verstärkende Energie
Zitronengelb	Verbundenheits- Energie
Regenbogen	Beinhaltet in sich sieben Farbenergien
Koralle	Harmonisierende, feinfühlende Energie
Hellgrün	Unterstützende, innerste individuelle Energie
Koralle	Harmonisierende, feinfühlende Energie
Purpur	Manifestations- Energie
Oliv	Erlösende, reinigende und befreiende Energie
Violett	Intensive, schöne, spirituelle Türöffnungs- En.
Koralle	Harmonisierende, feinfühlende Energie
Türkis	Kommunikations- Energie
Blau	Entspannende und streßlösende Energie
Magenta	Transformative Energie
Blau	Entspannende und streßlösende Energie
Flieder	Selbstwertschätzungs- Energie
Königsblau	Den Willen stärkende und harmonisierende En.
Hellblau	„Laß-los-und-laß-Gott-machen" - Energie
Indigo	Höhere geistige Energie
Zitronengelb	Verbundenheits- Energie
Oliv	Erlösende, reinigende und befreiende Energie
Hellgrün	Unterstützende, innerste individuelle Energie
Blau	Entspannende und streßlösende Energie
Violett	Intensive, schöne, spirituelle Türöffnungs- En.
Rot	Zutiefst entspannende und zentrierende Energie
Gelb	Balancierende, verstärkende Energie
Hellviolett	Reine, unberührte Engel-Heilungs- Energie
Blau	Entspannende und streßlösende Energie
Violett	Intensive, schöne, spirituelle Türöffnungs- En.
Blau	Entspannende und streßlösende Energie
Gelb	Balancierende, verstärkende Energie
Pink/Rosa	Beziehungs- Energie

Symptom-Register Solare See-Essenzen A-Z

Hilfreich, fördert	Nr.
Abgestumpftheit, gegen	1
Abhängigkeit, gegen	1
Anerkennung	8
Angespanntheit, mentale	6
Angst, gegen	10
Angst (gegen) vor Feindschaft	12
Ängste, tiefe phychologische, gegen	10
Ängstlichkeit, gegen	6
Antagonismen, gegen	12
Arbeitsenergie	11
Aromatherapie	14
Aufrichtigkeit	3
Ausbrüche, gegen unkontrollierbare	7
Bewußtseinsverstärkung	3
Beziehung zu Mitmenschen	11
Beziehung zu Tieren (besonders Pferden)	1
Beziehungen verschönern	2
Beziehungen, gegen blockierte	5
Beziehungen, gegen mißverstandene	5
Beziehungen, stärkt	8
Beziehungen, gegen verletzte	5
Beziehungen, zwischenmenschliche	5
Beziehungskonflikte, gegen	9
Beziehungsverbesserer	13
Beziehungsverstärker	3
Beziehungsverstärker	6
Beziehungsverstärker	8
Bitterkeit, gegen	9
Bitterkeit, gegen	9
Blockaden, löst	7
Blockaden, löst	14
Blockaden im Emotionalköper auflösend	1
Dankbarkeit	8
Denken, klärt	2

Symptom-Register Solare See-Essenzen A-Z

Name	Feinstofflicher Körper
Sea Horse	Mentalkörper, kräftigend
Sea Horse	Mentalkörper, kräftigend
Sea Pen	Emotionalkörper, stärkend
Sea Dandelion	Emotionalkörper, Mentalkörper, stärkend
Spiney Lobster	Mentalkörper, befreiend
Horseshoe Crab	Emotionalkörper, stärkend
Spiney Lobster	Mentalk., befreiend /.Ätherk., stärkend
Sea Dandelion	Emotionalkörper, Mentalkörper, stärkend
Horseshoe Crab	Emotionalkörper, stärkend
Octopus Cyaneus	Kausalk., stärkend / Ätherk., befreiend
Cassiopea Andromeda Jellyfish	Mentalkörper,stärkend / Astralkörper und Ätherkörper, befreiend
Gossamer Parasol	Astralkörper, kräftigend
Sea Fan	Mentalk. u. Emotionalk., verbindend
Gossamer Parasol	Astralkörper, kräftigend
Tropical Octopus	Kausalk., stärkend / Ätherk., befreiend
Sea Horse	Mentalkörper, kräftigend
Barrel Sponge	Mental-und Astralkörper, verbindend
Sea Cucumber	Kausalkörper, stärkend
Sea Cucumber	Kausalkörper, stärkend
Sea Pen	Emotionalkörper, stärkend
Sea Cucumber	Kausalkörper, stärkend
Sea Cucumber	Kausalkörper, stärkend
Sea Tulip	Emotionalkörper, stärkend
Harlequin Shrimp	Mentalk.,stärkend / Emotionalk., befreiend
Gossamer Parasol	Astralkörper, kräftigend
Sea Dandelion	Emotionalkörper, Mentalkörper, stärkend
Sea Pen	Emotionalkörper, stärkend
Sea Tulip	Emotionalkörper, stärkend
Sea Tulip	Emotionalkörper, stärkend
Sea Fan	Mentalk. u. Emotionalk., verbindend
Cassiopea Andromeda Jellyfish	Mentalkörper,stärkend / Astralkörper und Ätherkörper, befreiend
Sea Horse	Mentalkörper, kräftigend
Sea Pen	Emotionalkörper, stärkend
Barrel Sponge	Mental- und Astralkörper, verbindend

Symptom-Reg. Solare See-Essenzen A-Z (Forts.)

Hilfreich, fördert	Nr.
Denken, stärkt	2
Disharmonie, überwindet	6
Disharmonie überwinden	6
Disharmonie, gegen	2
Disharmonie, gegen	14
Disharmonien, überwindet	10
Dispute, löst langwierige	12
Einfühlungsvermögen	3
Einssein	14
Emotionalköper, löst Blockaden auf	1
Emotionen, reinigt vergiftete	9
Energie	11
Energie, gegen emotionale	5
Engel-Kontakte, verstärkt	4
Entgiftung	9
Familien-Kontakte, fördert	5
Familienfehden, gegen	9
Fassungs-Probleme, löst Wut, gegen	7
Feind zum Freund	10
Feindseligkeit	12
Flexibilität	11
Freunde	5
Frieden	10
Frieden	12
Frieden bringend	7
Friedensenergie	7
Friedensverhandlungen, familäre	9
Friedensverhandlungen, geschäftliche	9
Friedensverhandlungen, persönliche	9
Frustration, gegen	7
Fürsorge, zwischenmenschliche	5
Führungspositionen	8
Geben und Nehmen	8
Gedanken, stärkend	7

Symptom-Reg. Solare See-Essenzen A-Z (Forts.)

Name	Feinstofflicher Körper
Barrel Sponge	Mental- und Astralkörper, verbindend
Sea Dandelion	Emotionalkörper, Mentalkörper, stärkend
Sea Dandelion	Emotionalkörper, Mentalkörper, stärkend
Barrel Sponge	Mental- und Astralkörper, verbindend
Cassiopea Andromeda Jellyfish	Mentalkörper,stärkend / Astralkörper und Ätherkörper, befreiend
Spiney Lobster	Mentalk., befreiend / Ätherk., stärkend
Horseshoe Crab	Emotionalkörper, stärkend
Gossamer Parasol	Astralkörper, kräftigend
Cassiopea Andromeda Jellyfish	Mentalkörper,stärkend / Astralkörper und Ätherkörper, befreiend
Sea Horse	Mentalkörper, kräftigend
Sea Tulip	Emotionalkörper, stärkend
Tropical Octopus	Kausalk., stärkend / Ätherk., befreiend
Sea Cucumber	Kausalkörper, stärkend
Nautilus	Astralkörper, kräftigend
Sea Tulip	Emotionalkörper, stärkend
Sea Cucumber	Kausalkörper, stärkend
Sea Tulip	Emotionalkörper, stärkend
Sea Fan	Mentalk. und Emotionalk., verbindend
Spiney Lobster	Mentalk., befreiend / Ätherk., stärkend
Horseshoe Crab	Emotionalkörper, stärkend
Tropical Octopus	Kausalk., stärkend / Ätherk., befreiend
Sea Cucumber	Kausalkörper, stärkend
Spiney Lobster	Mentalk., befreiend / Ätherk., stärkend
Horseshoe Crab	Emotionalkörper, stärkend
Sea Fan	Mentalk. und Emotionalk., verbindend
Sea Fan	Mentalk. und Emotionalk., verbindend
Sea Tulip	Emotionalkörper, stärkend
Sea Tulip	Emotionalkörper, stärkend
Sea Tulip	Emotionalkörper, stärkend
Sea Fan	Mentalk. und Emotionalk., verbindend
Sea Cucumber	Kausalkörper, stärkend
Sea Pen	Emotionalkörper, stärkend
Sea Pen	Emotionalkörper, stärkend
Sea Fan	Mentalk. und Emotionalk., verbindend

Symptom-Reg. Solare See-Essenzen A-Z (Forts.)

Hilfreich, fördert	**Nr.**
Gedankenenergie, gegen negative	2
Gedankenformen, klärt	2
Gedankenformen, schützt Harmonie d. Geistes	2
Gedankenformen, stärkt	2
Gefahr, gegen	10
Gefühle, reinigt verseuchte	9
Gefühlslosigkeit, gegen	1
Geist entspannend	6
Geist, beruhigend	6
Geist, reinigend	14
Gemeinschaft	12
Gereiztheit, gegen	7
Grausamkeit, gegen	1
Groll auf Menschen, gegen	5
Groll, gegen	9
Gruppenarbeit	14
Gruppensituationen	6
Gruppensituationen	12
Harmonie, mentale	13
Haß, gegen	9
Hellhörigkeit	4
Herz-zu-Herz-Kontakt	3
Herzenskontakt, fördert	3
Herzzentrum	3
Herzzentrum	14
Humor	13
Initiative	11
Inneres Kind verbinden	13
Kind, inneres	13
Kommumnikation, zwischenmenschliche	5
Kommunikation	8
Kommunikation mit Engeln	4
Kommunikation, Herz-zu-Herz-	5

Symptom-Reg. Solare See-Essenzen A-Z (Forts.)

Name	Feinstofflicher Körper
Barrel Sponge	Mental- und Astralkörper, verbindend
Barrel Sponge	Mental- und Astralkörper, verbindend
Barrel Sponge	Mental- und Astralkörper, verbindend
Barrel Sponge	Mental- und Astralkörper, verbindend
Spiney Lobster	Mentalk., befreiend / Ätherk., stärkend
Sea Tulip	Emotionalkörper, stärkend
Sea Horse	Mentalkörper, kräftigend
Sea Dandelion	Emotionalkörper, Mentalkörper, stärkend
Sea Dandelion	Emotionalkörper, Mentalkörper, stärkend
Cassiopea Andromeda Jellyfish	Mentalkörper, stärkend / Astralkörper und Ätherkörper, befreiend
Horseshoe Crab	Emotionalkörper, stärkend
Sea Fan	Mentalk. und Emotionalk., verbindend
Sea Horse	Mentalkörper, kräftigend
Sea Cucumber	Kausalkörper, stärkend
Sea Tulip	Emotionalkörper, stärkend
Cassiopea Andromeda Jellyfish	Mentalkörper, stärkend / Astralkörper und Ätherkörper, befreiend
Sea Dandelion	Emotionalkörper, Mentalkörper, stärkend
Horseshoe Crab	Emotionalkörper, stärkend
Harlequin Shrimp	Mentalk., stärkend / Emotionalk., befreiend
Sea Tulip	Emotionalkörper, stärkend
Nautilus	Astralkörper, kräftigend
Gossamer Parasol	Astralkörper, kräftigend
Gossamer Parasol	Astralkörper, kräftigend
Gossamer Parasol	Astralkörper, kräftigend
Cassiopea Andromeda Jellyfish	Mentalkörper, stärkend / Astralkörper und Ätherkörper, befreiend
Harlequin Shrimp	Mentalk., stärkend / Emotionalk., befreiend
Tropical Octopus	Kausalk., stärkend / Ätherk., befreiend
Harlequin Shrimp	Mentalk., stärkend / Emotionalk., befreiend
Harlequin Shrimp	Mentalk., stärkend / Emotionalk., befreiend
Sea Cucumber	Kausalkörper, stärkend
Sea Pen	Emotionalkörper, stärkend
Nautilus	Astralkörper, kräftigend
Sea Cucumber	Kausalkörper, stärkend

Symptom-Reg. Solare See-Essenzen A-Z (Forts.)

Hilfreich, fördert	Nr.
Kommunikation, telepathische	10
Kommunikation, verbessert	8
Kommunikation, zwischenmenschliche	3
Kommunikationsverstärker	3
Konflikte, gegen substantielle	9
Konfliktsituationen, gegen	9
Kooperation	12
Launenhaftigkeit, gegen	7
Lichtarbeiter	4
Liebe	12
Liebe	12
Liebe, zwischenmenschliche	5
Liebenswürdigkeit	8
Loslassen	14
Meditation	14
Mentale Entspannung	6
Mitgefühl	3
Mitgefühl	12
Mitmenschen, Beziehung zu	11
Musik	4
Muskeln	14
Mut	10
Natur	3
Negativität, gegen	5
Negativität, gegen	2
Negativität, gegen	8
Negativität, gegen	11
Negativität, gegen	12
Negativitäten	13
Nerven	14
Nervensystem	3
Neubeginn	5

Symptom-Reg. Solare See-Essenzen A-Z (Forts.)

Name	Feinstofflicher Körper
Spiney Lobster	Mentalk., befreiend / Ätherk., stärkend
Sea Pen	Emotionalkörper, stärkend
Gossamer Parasol	Astralkörper, kräftigend
Gossamer Parasol	Astralkörper, kräftigend
Sea Tulip	Emotionalkörper, stärkend
Sea Tulip	Emotionalkörper, stärkend
Horseshoe Crab	Emotionalkörper, stärkend
Sea Fan	Mentalk. und Emotionalk., verbindend
Nautilus	Astralkörper, kräftigend
Horseshoe Crab	Emotionalkörper, stärkend
Horseshoe Crab	Emotionalkörper, stärkend
Sea Cucumber	Kausalkörper, stärkend
Sea Pen	Emotionalkörper, stärkend
Cassiopea Andromeda Jellyfish	Mentalkörper, stärkend / Astralkörper und Ätherkörper, befreiend
Cassiopea Andromeda Jellyfish	Mentalkörper, stärkend / Astralkörper und Ätherkörper, befreiend
Sea Dandelion	Emotionalkörper, Mentalkörper, stärkend
Gossamer Parasol	Astralkörper, kräftigend
Horseshoe Crab	Emotionalkörper, stärkend
Tropical Octopus	Kausalk., stärkend / Ätherk., befreiend
Nautilus	Astralkörper, kräftigend
Cassiopea Andromeda Jellyfish	Mentalkörper, stärkend / Astralkörper und Ätherkörper, befreiend
Spiney Lobster	Mentalk., befreiend / Ätherk., stärkend
Gossamer Parasol	Astralkörper, kräftigend
Sea Cucumber	Kausalkörper, stärkend
Barrel Sponge	Mental- und Astralkörper, verbindend
Sea Pen	Emotionalkörper, stärkend
Tropical Octopus	Kausalk., stärkend / Ätherk., befreiend
Horseshoe Crab	Emotionalkörper, stärkend
Harlequin Shrimp	Mentalk., stärkend / Emotionalk., befreiend
Cassiopea Andromeda Jellyfish	Mentalkörper, stärkend / Astralkörper und Ätherkörper, befreiend
Gossamer Parasol	Astralkörper, kräftigend
Sea Cucumber	Kausalkörper, stärkend

Symptom-Reg. Solare See-Essenzen A-Z (Forts.)

Hilfreich, fördert	Nr.
Neurosen, gegen	13
Objektivität	14
Objektivität	13
Objektivität (das Schlimmste befürchten)	13
Obsessionen, gegen	13
Offenheit	3
Ökologie-Probleme	3
Prozesse, überwindet negative	8
Rassismus, gegen	9
Schlüsselessenz, eine	14
Schönheit, natürliche	4
Schule	2
Schutz	10
Schutzengel	4
Selbstschutz	10
Sensibilität	8
Sicherheitsgefühl	12
Solidarität	12
Sorgsamkeit	8
Spannung, gegen mentale	6
Spannung, gegen zerstreute	6
Spannungen, abbauen	14
Spannungen, gegen nervöse	14
Stärke	10
Stärke, innere	11
Stille, innere	4
Streßbewältigung, gegen	14
Tagungen, politische	12
Telepathie	5
Telepathie	6
Telepathie	10

Symptom-Reg. Solare See-Essenzen A-Z (Forts.)

Name	Feinstofflicher Körper
Harlequin Shrimp	Mentalk., stärkend / Emotionalk., befreiend
Cassiopea Andromeda Jellyfish	Mentalkörper, stärkend / Astralkörper und Ätherkörper, befreiend
Harlequin Shrimp	Mentalk., stärkend / Emotionalk., befreiend
Harlequin Shrimp	Mentalk., stärkend / Emotionalk., befreiend
Harlequin Shrimp	Mentalk., stärkend / Emotionalk., befreiend
Gossamer Parasol	Astralkörper, kräftigend
Gossamer Parasol	Astralkörper, kräftigend
Sea Pen	Emotionalkörper, stärkend
Sea Tulip	Emotionalkörper, stärkend
Cassiopea Andromeda Jellyfish	Mentalkörper, stärkend / Astralkörper und Ätherkörper, befreiend
Nautilus	Astralkörper, kräftigend
Barrel Sponge	Mental- und Astralkörper, verbindend
Spiney Lobster	Mentalk., befreiend / Ätherk., stärkend
Nautilus	Astralkörper, kräftigend
Spiney Lobster	Mentalk., befreiend / Ätherk., stärkend
Sea Pen	Emotionalkörper, stärkend
Horseshoe Crab	Emotionalkörper, stärkend
Horseshoe Crab	Emotionalkörper, stärkend
Sea Pen	Emotionalkörper, stärkend
Sea Dandelion	Emotionalkörper, Mentalkörper, stärkend
Sea Dandelion	Emotionalkörper, Mentalkörper, stärkend
Cassiopea Andromeda Jellyfish	Mentalkörper, stärkend / Astralkörper und Ätherkörper, befreiend
Cassiopea Andromeda Jellyfish	Mentalkörper,stärkend Astralkörper und Ätherkörper, befreiend
Spiney Lobster	Mentalk., befreiend / Ätherk., stärkend
Tropical Octopus	Kausalk., stärkend / Ätherk., befreiend
Nautilus	Astralkörper, kräftigend
Cassiopea Andromeda Jellyfish	Mentalkörper, stärkend / Astralkörper und Ätherkörper, befreiend
Horseshoe Crab	Emotionalkörper, stärkend
Sea Cucumber	Kausalkörper, stärkend
Sea Dandelion	Emotionalkörper, Mentalkörper, stärkend
Spiney Lobster	Mentalk., befreiend / Ätherk., stärkend

Symptom-Reg. Solare See-Essenzen A-Z (Forts.)

Hilfreich, fördert	Nr.
Tiefenentspannung	14
Trägheit	3
Überforderung, gegen	6
Unbeweglichkeit, gegen geistige	14
Verbitterung, gegen	12
Vergebungsarbeit	9
Vergiftungen, gegen	12
Verhandlungen, politische	12
Versöhnung	5
Vertrauen	13
Verwirrung, gegen	2
Verwirrungen, Überwindung von	1
Vorurteile	9
Wahrnehmungsvermögen, visuelles	3
Water-balancing	14
Wertschätzung	8
Wiederaussöhnungsarbeit	9
Willenskraft	11
Wut, gegen	12
Wutgefühle, gegen unkontrollierbare	7
Zorn, gegen	7
Zwänge auflösen	13

Name	Feinstofflicher Körper
Cassiopea Andromeda Jellyfish	Mentalkörper, stärkend / Astralkörper und Ätherkörper, befreiend
Gossamer Parasol	Astralkörper, kräftigend
Sea Dandelion	Emotionalkörper, Mentalkörper, stärkend
Cassiopea Andromeda Jellyfish	Mentalkörper, stärkend / Astralkörper und Ätherkörper, befreiend
Horseshoe Crab	Emotionalkörper, stärkend
Sea Tulip	Emotionalkörper, stärkend
Horseshoe Crab	Emotionalkörper, stärkend
Horseshoe Crab	Emotionalkörper, stärkend
Sea Cucumber	Kausalkörper, stärkend
Harlequin Shrimp	Mentalk., stärkend / Emotionalk., befreiend
Barrel Sponge	Mental- und Astralkörper, verbindend
Sea Horse	Mentalkörper, kräftigend
Sea Tulip	Emotionalkörper, stärkend
Gossamer Parasol	Astralkörper, kräftigend
Cassiopea Andromeda Jellyfish	Mentalkörper, stärkend / Astralkörper und Ätherkörper, befreiend
Sea Pen	Emotionalkörper, stärkend
Sea Tulip	Emotionalkörper, stärkend
Tropical Octopus	Kausalk., stärkend / Ätherk., befreiend
Horseshoe Crab	Emotionalkörper, stärkend
Sea Fan	Mentalk. und Emotionalk., verbindend
Sea Fan	Mentalk. und Emotionalk., verbindend
Harlequin Shrimp	Mentalk., stärkend / Emotionalk., befreiend

Symptom-Register Solare See- & Schmetterlings-Essenzen

Hilfreich, fördert	**Nr.**
Abgestumpftheit, gegen	1
Abhängigkeit, gegen	1
Aktivität	20
Anerkennung	8
Anerkennung	25
Anfänge, neue	12
Angelegenheiten, schwierige	27
Angespanntheit, mentale	6
Angst vor Feindschaft	12
Angst, gegen	10
Ängste, gegen	12
Ängste, tiefe phychologische, gegen	10
Ängstlichkeit, gegen	6
Antagonismen, gegen	12
Arbeit	18
Arbeitsenergie	11
Aromatherapie	14
Astralkörper	12
Astralreisen	14
Atmung	15
Aufrichtigkeit	3
Ausbrüche, gegen unkontrollierbare	7
Ausdruck, künstlerischer	16
Ausdruck, sozialer	16
Ausdrucksweise, künstlerische	14
Ausgeglichenheit	28
Ausgewogenheit	28
Ausrichtung	13
Babys, Schutz des	10
Beruhigung	22
Besonnenheit	4
Bestrebungen, künstlerische	7
Bewußtsein	22
Bewußtsein	27
Bewußtseinsverstärkung	3

Symptom-Register Solare See- & Schmetterlings-Essenzen

Essenz	Name
Solare See-Essenz	Sea Horse
Solare See-Essenz	Sea Horse
Solare Schmetterlings-Essenz	Tori Sommarion
Solare See-Essenz	Sea Pen
Solare Schmetterlings-Essenz	Yova Tirilion
Solare Schmetterlings-Essenz	Wima Pilliron
Solare Schmetterlings-Essenz	Nina Sirion
Solare See-Essenz	Sea Dandelion
Solare See-Essenz	Horseshoe Crab
Solare See-Essenz	Spiney Lobster
Solare Schmetterlings-Essenz	Wima Pilliron
Solare See-Essenz	Spiney Lobster
Solare See-Essenz	Sea Dandelion
Solare See-Essenz	Horseshoe Crab
Solare Schmetterlings-Essenz	Nori Ristillion
Solare See-Essenz	Tropical Octopus
Solare See-Essenz	Cassiopea Andromeda Jellyfish
Solare Schmetterlings-Essenz	Wima Pilliron
Solare Schmetterlings-Essenz	Sola Vikerlion
Solare Schmetterlings-Essenz	Wira Tentaron
Solare See-Essenz	Gossamer Parasol
Solare See-Essenz	Sea Fan
Solare Schmetterlings-Essenz	Tira Winirion
Solare Schmetterlings-Essenz	Tira Winirion
Solare Schmetterlings-Essenz	Sola Vikerlion
Solare Schmetterlings-Essenz	Rainbow Butterflies
Solare Schmetterlings-Essenz	Rainbow Butterflies
Solare Schmetterlings-Essenz	Yisa Summaron
Solare Schmetterlings-Essenz	Tema Visiron
Solare Schmetterlings-Essenz	Puma Tosaron
Solare Schmetterlings-Essenz	Simi Parillion
Solare Schmetterlings-Essenz	Kimi Pinirion
Solare Schmetterlings-Essenz	Puma Tosaron
Solare Schmetterlings-Essenz	Nina Sirion
Solare See-Essenz	Gossamer Parasol

Symptom-Register Solare See- & Schmetterlings-Essenzen (Fortsetzung)

Hilfreich, fördert	Nr.
Beziehung zu Mitmenschen	11
Beziehung zu Tieren (besonders Pferden)	1
Beziehungen	3
Beziehungen	9
Beziehungen	16
Beziehungen verschönern	2
Beziehungen, gegen blockierte	5
Beziehungen, gegen mißverstandene	5
Beziehungen, gegen verletzte	5
Beziehungen, Kinder und Erwachsene	9
Beziehungen, stärkt	8
Beziehungen, zwischenmenschliche	5
Beziehungskonflikte, gegen	9
Beziehungsverbesserer	13
Beziehungsverstärker	3
Beziehungsverstärker	6
Beziehungsverstärker	8
Bitterkeit, gegen	9
Bitterkeit, gegen	9
Blockaden im Emotionalköper auflösend	1
Blockaden, löst	7
Blockaden, löst	14
Chakra, Drittes Auge	21
Dankbarkeit	8
Dankbarkeit	7
Dankbarkeit	25
Denken	21
Denken, klares	11
Denken, klärt	2
Denken, stärkt	2
Denkprozeß	18
Depressionen	3
Depressivum, Anti-	6
Depressivum, Anti-	11
Dienst am Nächsten	23

Symptom-Register Solare See- & Schmetterlings-Essenzen (Fortsetzung)

Essenz	Name
Solare See-Essenz	Tropical Octopus
Solare See-Essenz	Sea Horse
Solare Schmetterlings-Essenz	Nola Marilion
Solare Schmetterlings-Essenz	Kaya Ninilion
Solare Schmetterlings-Essenz	Tira Winirion
Solare See-Essenz	Barrel Sponge
Solare See-Essenz	Sea Cucumber
Solare See-Essenz	Sea Cucumber
Solare See-Essenz	Sea Cucumber
Solare Schmetterlings-Essenz	Kaya Ninilion
Solare See-Essenz	Sea Pen
Solare See-Essenz	Sea Cucumber
Solare See-Essenz	Sea Tulip
Solare See-Essenz	Harlequin Shrimp
Solare See-Essenz	Gossamer Parasol
Solare See-Essenz	Sea Dandelion
Solare See-Essenz	Sea Pen
Solare See-Essenz	Sea Tulip
Solare See-Essenz	Sea Tulip
Solare See-Essenz	Sea Horse
Solare See-Essenz	Sea Fan
Solare See-Essenz	Cassiopea Andromeda Jellyfish
Solare Schmetterlings-Essenz	Vima Tokaron
Solare See-Essenz	Sea Pen
Solare Schmetterlings-Essenz	Kimi Pinirion
Solare Schmetterlings-Essenz	Yova Tirilion
Solare Schmetterlings-Essenz	Vima Tokaron
Solare Schmetterlings-Essenz	Solo Tisillion
Solare See-Essenz	Barrel Sponge
Solare See-Essenz	Barrel Sponge
Solare Schmetterlings-Essenz	Nori Ristillion
Solare Schmetterlings-Essenz	Nola Marilion
Solare Schmetterlings-Essenz	Suma Mimarilion
Solare Schmetterlings-Essenz	Solo Tisillion
Solare Schmetterlings-Essenz	Wina Simarion

Symptom-Register Solare See- & Schmetterlings-Essenzen (Fortsetzung)

Hilfreich, fördert	Nr.
Dishamonie, überwindet	6
Disharmonie überwinden	6
Disharmonie, gegen	2
Disharmonie, gegen	14
Disharmonie, gegen	10
Disharmonie, gegen nervliche	20
Disharmonie, gegen sexuelle	20
Disharmonien, überwindet	10
Dispute, löst langwierige	12
Dynamik	3
Einfühlungsvermögen	3
Einfühlungsvermögen	17
Einschlafen	2
Einsicht	24
Einssein	14
Einstellung, positive	11
Elan	3
Emotionalköper, löst Blockaden auf	1
Emotionen, balanciert	11
Emotionen, gegen	6
Emotionen, gegen negative	12
Emotionen, reinigt vergiftete	9
Empathie	21
Energie	11
Energie, gegen emotionale	5
Engel-Kontakte	18
Engel-Kontakte, verstärkt	4
Entgiftung	9
Entspannung	2
Entspannung	10
Entspannung	22
Entwicklung, spirituelle	23
Entzücken	7
Erfahrung, spirituelle	22
Erfahrungen, irdische	26

Symptom-Register Solare See- & Schmetterlings-Essenzen (Fortsetzung)

Essenz	Name
Solare See-Essenz	Sea Dandelion
Solare See-Essenz	Sea Dandelion
Solare See-Essenz	Barrel Sponge
Solare See-Essenz	Cassiopea Andromeda Jellyfish
Solare Schmetterlings-Essenz	Tema Visiron
Solare Schmetterlings-Essenz	Tori Sommarion
Solare Schmetterlings-Essenz	Tori Sommarion
Solare See-Essenz	Spiney Lobster
Solare See-Essenz	Horseshoe Crab
Solare Schmetterlings-Essenz	Nola Marilion
Solare See-Essenz	Gossamer Parasol
Solare Schmetterlings-Essenz	Mala Linilion
Solare Schmetterlings-Essenz	Rono Simaron
Solare Schmetterlings-Essenz	Zila Sissilion
Solare See-Essenz	Cassiopea Andromeda Jellyfish
Solare Schmetterlings-Essenz	Solo Tisillion
Solare Schmetterlings-Essenz	Nola Marilion
Solare See-Essenz	Sea Horse
Solare Schmetterlings-Essenz	Solo Tisillion
Solare Schmetterlings-Essenz	Suma Mimarilion
Solare Schmetterlings-Essenz	Wima Pilliron
Solare See-Essenz	Sea Tulip
Solare Schmetterlings-Essenz	Vima Tokaron
Solare See-Essenz	Tropical Octopus
Solare See-Essenz	Sea Cucumber
Solare Schmetterlings-Essenz	Nori Ristillion
Solare Schmetterlings-Essenz	Nautilus
Solare See-Essenz	Sea Tulip
Solare Schmetterlings-Essenz	Rono Simaron
Solare Schmetterlings-Essenz	Tema Visiron
Solare Schmetterlings-Essenz	Puma Tosaron
Solare Schmetterlings-Essenz	Wina Simarion
Solare Schmetterlings-Essenz	Kimi Pinirion
Solare Schmetterlings-Essenz	Puma Tosaron
Solare Schmetterlings-Essenz	Vaza Risiron

Symptom-Register Solare See- & Schmetterlings-Essenzen (Fortsetzung)

Hilfreich, fördert	Nr.
Erfahrungen, schwierige	13
Erschöpfung, gegen	3
Familie-Kontakte, fördert	5
Familienfehden, gegen	9
Fassungs-Probleme, löst Wut, gegen	7
Feind zum Freund	10
Feindseligkeit	12
Flexibilität	11
Freiheit	14
Freiheit	19
Freude	4
Freude	6
Freude	7
Freude	11
Freude	28
Freunde	5
Frieden	10
Frieden	12
Frieden	9
Frieden	12
Frieden	19
Frieden bringend	7
Frieden, tiefer	22
Friedensenergie	7
Friedensverhandlungen, familäre	9
Friedensverhandlungen, geschäftliche	9
Friedensverhandlungen, persönliche	9
Frustration, gegen	7
Führerschaft	15
Fürsorge, zwischenmenschliche	5
Führung	26
Führungspositionen	8
Fürsorge	8
Fürsorge	10
Geben	23

Symptom-Register Solare See- & Schmetterlings-Essenzen (Fortsetzung)

Essenz	Name
Solare Schmetterlings-Essenz	Yisa Summaron
Solare Schmetterlings-Essenz	Nola Marilion
Solare See-Essenz	Sea Cucumber
Solare See-Essenz	Sea Tulip
Solare See-Essenz	Sea Fan
Solare See-Essenz	Spiney Lobster
Solare See-Essenz	Horseshoe Crab
Solare See-Essenz	Tropical Octopus
Solare Schmetterlings-Essenz	Sola Vikerlion
Solare Schmetterlings-Essenz	Lina Sinlinlon
Solare Schmetterlings-Essenz	Simi Parillion
Solare Schmetterlings-Essenz	Suma Mimarilion
Solare Schmetterlings-Essenz	Kimi Pinirion
Solare Schmetterlings-Essenz	Solo Tisillion
Solare Schmetterlings-Essenz	Rainbow Butterflies
Solare See-Essenz	Sea Cucumber
Solare See-Essenz	Spiney Lobster
Solare See-Essenz	Horseshoe Crab
Solare Schmetterlings-Essenz	Kaya Ninilion
Solare Schmetterlings-Essenz	Wima Pilliron
Solare Schmetterlings-Essenz	Lina Sinlinlon
Solare See-Essenz	Sea Fan
Solare Schmetterlings-Essenz	Puma Tosaron
Solare See-Essenz	Sea Fan
Solare See-Essenz	Sea Tulip
Solare See-Essenz	Sea Tulip
Solare See-Essenz	Sea Tulip
Solare See-Essenz	Sea Fan
Solare Schmetterlings-Essenz	Wira Tentaron
Solare Schmetterlings-Essenz	Sea Cucumber
Solare Schmetterlings-Essenz	Vaza Risiron
Solare See-Essenz	Sea Pen
Solare Schmetterlings-Essenz	Timi Mokariron
Solare Schmetterlings-Essenz	Tema Visiron
Solare Schmetterlings-Essenz	Wina Simarion

Symptom-Register Solare See- & Schmetterlings-Essenzen (Fortsetzung)

Hilfreich, fördert	Nr.
Geben und Nehmen	8
Gedanken, stärkend	7
Gedankenenergie, gegen negative	2
Gedankenformen, klärt	2
Gedankenformen, schützt Harmonie des Geistes	2
Gedankenformen, stärkt	2
Gefahr, gegen	10
Gefühle	21
Gefühle, reinigt verseuchte	9
Gefühlslosigkeit, gegen	1
Geist entspannend	6
Geist, balanciert	11
Geist, beruhigend	6
Geist, höherer	10
Geist, reinigend	14
Geist, universeller	11
Geist, universeller	21
Geistheilung	17
Gelegenheiten, alle	27
Gemeinschaft	12
Gereiztheit, gegen	7
Gesundheit	3
Gewißheit	20
Gleichgewicht	9
Gleichgewicht	19
Gleichgewicht, wahres	13
Glücklichsein	11
Glückseligkeit	23
Glückseligkeit	28
Glücksgefühl	6
Gottes Liebe	19
Gottes Wille	19
Grausamkeit, gegen	1
Groll auf Menschen, gegen	5
Groll, gegen	9

Symptom-Register Solare See- & Schmetterlings-Essenzen (Fortsetzung)

Essenz	Name
Solare See-Essenz	Sea Pen
Solare See-Essenz	Sea Fan
Solare See-Essenz	Barrel Sponge
Solare See-Essenz	Barrel Sponge
Solare See-Essenz	Barrel Sponge
Solare See-Essenz	Barrel Sponge
Solare See-Essenz	Spiney Lobster
Solare Schmetterlings-Essenz	Vima Tokaron
Solare See-Essenz	Sea Tulip
Solare See-Essenz	Sea Horse
Solare See-Essenz	Sea Dandelion
Solare Schmetterlings-Essenz	Solo Tisillion
Solare See-Essenz	Sea Dandelion
Solare Schmetterlings-Essenz	Tema Visiron
Solare See-Essenz	Cassiopea Andromeda Jellyfish
Solare Schmetterlings-Essenz	Solo Tisillion
Solare Schmetterlings-Essenz	Vima Tokaron
Solare Schmetterlings-Essenz	Mala Linilion
Solare Schmetterlings-Essenz	Nina Sirion
Solare See-Essenz	Horseshoe Crab
Solare See-Essenz	Sea Fan
Solare Schmetterlings-Essenz	Nola Marilion
Solare Schmetterlings-Essenz	Tori Sommarion
Solare Schmetterlings-Essenz	Kaya Ninilion
Solare Schmetterlings-Essenz	Lina Sinlinlon
Solare Schmetterlings-Essenz	Yisa Summaron
Solare Schmetterlings-Essenz	Solo Tisillion
Solare Schmetterlings-Essenz	Wina Simarion
Solare Schmetterlings-Essenz	Rainbow Butterflies
Solare Schmetterlings-Essenz	Suma Mimarilion
Solare Schmetterlings-Essenz	Lina Sinlinlon
Solare Schmetterlings-Essenz	Lina Sinlinlon
Solare See-Essenz	Sea Horse
Solare See-Essenz	Sea Cucumber
Solare See-Essenz	Sea Tulip

Symptom-Register Solare See- & Schmetterlings-Essenzen (Fortsetzung)

Hilfreich, fördert	Nr.
Gruppenarbeit	14
Gruppensituationen	6
Gruppensituationen	12
Harmonie	3
Harmonie	6
Harmonie	9
Harmonie	15
Harmonie	17
Harmonie	19
Harmonie	21
Harmonie	28
Harmonie, mentale	13
Harmonisierung	28
Harmonisierungsaktivitäten	22
Haß, gegen	9
Heilung	10
Heilungsaktivitäten	22
Hellhörigkeit	4
Hellsichtigkeit	21
Hellsichtigkeit	24
Herz-zu-Herz-Kontakt	3
Herzchakra	13
Herzebene	25
Herzenskontakt, fördert	3
Herzensverbindungen	13
Herzzentrum	3
Herzzentrum	14
Herzzentrum	15
Hingabe	8
Hingabe	10
Hingabe	12
Hochachtung	25
Höhere Quelle	17
Höhere Welten	14
Humor	13

Symptom-Register Solare See- & Schmetterlings-Essenzen (Fortsetzung)

Essenz	Name
Solare See-Essenz	Cassiopea Andromeda Jellyfish
Solare See-Essenz	Sea Dandelion
Solare See-Essenz	Horseshoe Crab
Solare Schmetterlings-Essenz	Nola Marilion
Solare Schmetterlings-Essenz	Suma Mimarilion
Solare Schmetterlings-Essenz	Kaya Ninilion
Solare Schmetterlings-Essenz	Wira Tentaron
Solare Schmetterlings-Essenz	Mala Linilion
Solare Schmetterlings-Essenz	Lina Sinlinlon
Solare Schmetterlings-Essenz	Vima Tokaron
Solare Schmetterlings-Essenz	Rainbow Butterflies
Solare See-Essenz	Harlequin Shrimp
Solare Schmetterlings-Essenz	Rainbow Butterflies
Solare Schmetterlings-Essenz	Puma Tosaron
Solare See-Essenz	Sea Tulip
Solare Schmetterlings-Essenz	Tema Visiron
Solare Schmetterlings-Essenz	Puma Tosaron
Solare See-Essenz	Nautilus
Solare Schmetterlings-Essenz	Vima Tokaron
Solare Schmetterlings-Essenz	Zila Sissilion
Solare See-Essenz	Gossamer Parasol
Solare Schmetterlings-Essenz	Yisa Summaron
Solare Schmetterlings-Essenz	Yova Tirilion
Solare See-Essenz	Gossamer Parasol
Solare Schmetterlings-Essenz	Yisa Summaron
Solare See-Essenz	Gossamer Parasol
Solare See-Essenz	Cassiopea Andromeda Jellyfish
Solare Schmetterlings-Essenz	Wira Tentaron
Solare Schmetterlings-Essenz	Timi Mokariron
Solare Schmetterlings-Essenz	Tema Visiron
Solare Schmetterlings-Essenz	Wima Pilliron
Solare Schmetterlings-Essenz	Yova Tirilion
Solare Schmetterlings-Essenz	Mala Linilion
Solare Schmetterlings-Essenz	Sola Vikerlion
Solare See-Essenz	Harlequin Shrimp

Symptom-Register Solare See- & Schmetterlings-Essenzen (Fortsetzung)

Hilfreich, fördert	Nr.
Individualität	14
Initiative	11
Inkarnationsplan, Kontakt zum	26
Inneres Kind verbinden	13
Inneres Kind, Verbindung zum	14
Inspiration	7
Inspiration	11
Inspiration	26
Inspiration durch Engel	7
Inspiration, kreative	11
Integration	13
Interaktion	7
Interaktion	17
Interaktionen	15
Intuition	21
Irritationen, gegen	2
Kind, inneres	13
Klarheit	12
Klarheit	13
Klarheit	23
Klarheit nach Krankheit	11
Klarheit nach Problemen	11
Kommumnikation, zwischenmenschlich	5
Kommunikation	8
Kommunikation	16
Kommunikation mit Engeln	4
Kommunikation, Herz zu Herz	5
Kommunikation, geistige Welt	23
Kommunikation, telepathische	10
Kommunikation, verbessert	8
Kommunikation, verstärkende	17
Kommunikation, zwischenmenschliche	3
Kommunikation, zwischenmenschliche	18
Kommunikationsverstärker	3
Konflikte, gegen substantielle	9

Symptom-Register Solare See- & Schmetterlings-Essenzen (Fortsetzung)

Essenz	Name
Solare Schmetterlings-Essenz	Sola Vikerlion
Solare See-Essenz	Tropical Octopus
Solare Schmetterlings-Essenz	Vaza Risiron
Solare See-Essenz	Harlequin Shrimp
Solare Schmetterlings-Essenz	Sola Vikerlion
Solare Schmetterlings-Essenz	Kimi Pinirion
Solare Schmetterlings-Essenz	Solo Tisillion
Solare Schmetterlings-Essenz	Vaza Risiron
Solare Schmetterlings-Essenz	Kimi Pinirion
Solare Schmetterlings-Essenz	Solo Tisillion
Solare Schmetterlings-Essenz	Yisa Summaron
Solare Schmetterlings-Essenz	Kimi Pinirion
Solare Schmetterlings-Essenz	Mala Linilion
Solare Schmetterlings-Essenz	Wira Tentaron
Solare Schmetterlings-Essenz	Vima Tokaron
Solare Schmetterlings-Essenz	Rono Simaron
Solare See-Essenz	Harlequin Shrimp
Solare Schmetterlings-Essenz	Wima Pilliron
Solare Schmetterlings-Essenz	Yisa Summaron
Solare Schmetterlings-Essenz	Wina Simarion
Solare Schmetterlings-Essenz	Solo Tisillion
Solare Schmetterlings-Essenz	Solo Tisillion
Solare See-Essenz	Sea Cucumber
Solare See-Essenz	Sea Pen
Solare Schmetterlings-Essenz	Tira Winirion
Solare See-Essenz	Nautilus
Solare See-Essenz	Sea Cucumber
Solare Schmetterlings-Essenz	Wina Simarion
Solare See-Essenz	Spiney Lobster
Solare See-Essenz	Sea Pen
Solare Schmetterlings-Essenz	Mala Linilion
Solare See-Essenz	Gossamer Parasol
Solare Schmetterlings-Essenz	Nori Ristillion
Solare See-Essenz	Gossamer Parasol
Solare See-Essenz	Sea Tulip

Symptom-Register Solare See- & Schmetterlings-Essenzen (Fortsetzung)

Hilfreich, fördert	Nr.
Konfliktsituationen, gegen	9
Kontrolle über Ereignisse	20
Kooperation	12
Kooperation	16
Kooperation	17
Kosmischer Strahl	21
Kraftessenz	20
Kranke, Schutz für	10
Kreativer Ausdruck	5
Kreativer Prozeß	14
Kreatives Potential	24
Kreativität	14
Kreativität, soziale	16
Kristalle	17
Kummer auflösen	12
Kunst	5
Künstler des neuen Zeitalters	24
Künstlerische Audrucksweise	14
Künstlerische Fähigkeiten	11
Launenhaftigkeit, gegen	7
Lebensentwurf, höherer	16
Lebenserfahrung	5
Lebensqualität	5
Leichtigkeit	7
Leichtigkeit	20
Lichtarbeiter	4
Liebe	12
Liebe	12
Liebe	1
Liebe	8
Liebe	12
Liebe, bedingungslose	10
Liebe, geistige	10
Liebe, tiefe	25
Liebe, universelle	9

Symptom-Register Solare See- & Schmetterlings-Essenzen (Fortsetzung)

Essenz	Name
Solare See-Essenz	Sea Tulip
Solare Schmetterlings-Essenz	Tori Sommarion
Solare See-Essenz	Horseshoe Crab
Solare Schmetterlings-Essenz	Tira Winirion
Solare Schmetterlings-Essenz	Mala Linilion
Solare Schmetterlings-Essenz	Vima Tokaron
Solare Schmetterlings-Essenz	Tori Sommarion
Solare Schmetterlings-Essenz	Tema Visiron
Solare Schmetterlings-Essenz	Kana Yinarron
Solare Schmetterlings-Essenz	Sola Vikerlion
Solare Schmetterlings-Essenz	Zila Sissilion
Solare Schmetterlings-Essenz	Sola Vikerlion
Solare Schmetterlings-Essenz	Tira Winirion
Solare Schmetterlings-Essenz	Mala Linilion
Solare Schmetterlings-Essenz	Wima Pilliron
Solare Schmetterlings-Essenz	Kana Yinarron
Solare Schmetterlings-Essenz	Zila Sissilion
Solare Schmetterlings-Essenz	Sola Vikerlion
Solare Schmetterlings-Essenz	Solo Tisillion
Solare See-Essenz	Sea Fan
Solare Schmetterlings-Essenz	Tira Winirion
Solare Schmetterlings-Essenz	Kana Yinarron
Solare Schmetterlings-Essenz	Kana Yinarron
Solare Schmetterlings-Essenz	Kimi Pinirion
Solare Schmetterlings-Essenz	Tori Sommarion
Solare See-Essenz	Nautilus
Solare See-Essenz	Horseshoe Crab
Solare See-Essenz	Horseshoe Crab
Solare Schmetterlings-Essenz	Simi Parillion
Solare Schmetterlings-Essenz	Timi Mokariron
Solare Schmetterlings-Essenz	Wima Pilliron
Solare Schmetterlings-Essenz	Tema Visiron
Solare Schmetterlings-Essenz	Tema Visiron
Solare Schmetterlings-Essenz	Yova Tirilion
Solare Schmetterlings-Essenz	Kaya Ninilion

Symptom-Register Solare See- & Schmetterlings-Essenzen (Fortsetzung)

Hilfreich, fördert	Nr.
Liebe, zwischenmenschliche	5
Liebenswürdigkeit	8
Loslassen	14
Macht	9
Materielle Welt	27
Medialität	21
Meditation	14
Meditation	10
Meditation	27
Meditationen	23
Menschen	28
Menschen, Schutz für ältere	10
Mentale Entspannung	6
Mitgefühl	3
Mitgefühl	12
Mitgefühl	15
Mitmenschen, Beziehung zu	11
Musik	4
Musik	17
Muskeln	14
Muster auflösen	6
Mut	10
Mut	15
Mut	15
Mutterliebe	8
Natur	3
Natur, höhere	24
Natur, Kontakt zur	13
Negativität, gegen	5
Negativität, gegen	2
Negativität, gegen	8
Negativität, gegen	11
Negativität, gegen	12
Negativitäten	13
Nerven	14

Symptom-Register Solare See- & Schmetterlings-Essenzen (Fortsetzung)

Essenz	Name
Solare See-Essenz	Sea Cucumber
Solare See-Essenz	Sea Pen
Solare See-Essenz	Cassiopea Andromeda Jellyfish
Solare Schmetterlings-Essenz	Kaya Ninilion
Solare Schmetterlings-Essenz	Nina Sirion
Solare Schmetterlings-Essenz	Vima Tokaron
Solare See-Essenz	Cassiopea Andromeda Jellyfish
Solare Schmetterlings-Essenz	Tema Visiron
Solare Schmetterlings-Essenz	Nina Sirion
Solare Schmetterlings-Essenz	Wina Simarion
Solare Schmetterlings-Essenz	Rainbow Butterflies
Solare Schmetterlings-Essenz	Tema Visiron
Solare See-Essenz	Sea Dandelion
Solare See-Essenz	Gossamer Parasol
Solare See-Essenz	Horseshoe Crab
Solare Schmetterlings-Essenz	Wira Tentaron
Solare See-Essenz	Tropical Octopus
Solare See-Essenz	Nautilus
Solare Schmetterlings-Essenz	Mala Linilion
Solare See-Essenz	Cassiopea Andromeda Jellyfish
Solare Schmetterlings-Essenz	Suma Mimarilion
Solare See-Essenz	Spiney Lobster
Solare Schmetterlings-Essenz	Wira Tentaron
Solare Schmetterlings-Essenz	Wira Tentaron
Solare Schmetterlings-Essenz	Timi Mokariron
Solare See-Essenz	Gossamer Parasol
Solare Schmetterlings-Essenz	Zila Sissilion
Solare Schmetterlings-Essenz	Yisa Summaron
Solare See-Essenz	Sea Cucumber
Solare See-Essenz	Barrel Sponge
Solare See-Essenz	Sea Pen
Solare See-Essenz	Tropical Octopus
Solare See-Essenz	Horseshoe Crab
Solare See-Essenz	Harlequin Shrimp
Solare See-Essenz	Cassiopea Andromeda Jellyfish

Symptom-Register Solare See- & Schmetterlings-Essenzen (Fortsetzung)

Hilfreich, fördert	Nr.
Nerven	15
Nervensystem	3
Neuanfang	25
Neuanfänge	6
Neubeginn	5
Neurosen, gegen	13
Notfälle, gegen	1
Objektivität	14
Objektivität	13
Objektivität (Schlimmste befürchten)	13
Obsessionen, gegen	13
Offenheit	3
Ökologie	9
Ökologie-Probleme	3
Optimismus	6
Pflanzen	13
Pflanzen	15
Pflanzen	28
Pionier neuer Ideen	17
Plan, göttlicher	18
Platz, wahren	13
Positivität	6
Probleme lösen	26
Probleme, gegen	15
Prozesse, überwindet negative	8
Quelle	4
Rassismus, gegen	9
Raum	13
Raum, individueller	14
Raum, wahren	13
Realität, innere	24
Redner	16
Respekt	23
Richtungsfindung	3
Ruhe	15

Symptom-Register Solare See- & Schmetterlings-Essenzen (Fortsetzung)

Essenz	Name
Solare Schmetterlings-Essenz	Wira Tentaron
Solare See-Essenz	Gossamer Parasol
Solare Schmetterlings-Essenz	Yova Tirilion
Solare Schmetterlings-Essenz	Suma Mimarilion
Solare See-Essenz	Sea Cucumber
Solare See-Essenz	Harlequin Shrimp
Solare Schmetterlings-Essenz	Xifa Visisilion
Solare See-Essenz	Cassiopea Andromeda Jellyfish
Solare See-Essenz	Harlequin Shrimp
Solare See-Essenz	Harlequin Shrimp
Solare See-Essenz	Harlequin Shrimp
Solare See-Essenz	Gossamer Parasol
Solare Schmetterlings-Essenz	Kaya Ninilion
Solare See-Essenz	Gossamer Parasol
Solare Schmetterlings-Essenz	Suma Mimarilion
Solare Schmetterlings-Essenz	Yisa Summaron
Solare Schmetterlings-Essenz	Wira Tentaron
Solare Schmetterlings-Essenz	Rainbow Butterflies
Solare Schmetterlings-Essenz	Mala Linilion
Solare Schmetterlings-Essenz	Nori Ristillion
Solare Schmetterlings-Essenz	Yisa Summaron
Solare Schmetterlings-Essenz	Suma Mimarilion
Solare Schmetterlings-Essenz	Vaza Risiron
Solare Schmetterlings-Essenz	Wira Tentaron
Solare See-Essenz	Sea Pen
Solare Schmetterlings-Essenz	Simi Parillion
Solare See-Essenz	Sea Tulip
Solare Schmetterlings-Essenz	Yisa Summaron
Solare Schmetterlings-Essenz	Sola Vikerlion
Solare Schmetterlings-Essenz	Yisa Summaron
Solare Schmetterlings-Essenz	Zila Sissilion
Solare Schmetterlings-Essenz	Tira Winirion
Solare Schmetterlings-Essenz	Wina Simarion
Solare Schmetterlings-Essenz	Nola Marilion
Solare Schmetterlings-Essenz	Wira Tentaron

Symptom-Register Solare See- & Schmetterlings-Essenzen (Fortsetzung)

Hilfreich, fördert	Nr.
Ruhe	22
Ruhe	23
Schauspieler	16
Schlaf, tiefer	2
Schlüsselessenz, eine	14
Schlüsselinformationen	26
Schock, gegen	1
Schönheit	24
Schönheit Gottes	24
Schönheit, natürliche	4
Schöpfung, Fülle der	4
Schöpfung, innere	14
Schöpfung, Weisheit der	4
Schreiben	14
Schule	2
Schutz	10
Schutz	10
Schutzengel	4
Schwangere, Schutz für	10
Schwierigkeiten, gegen	15
Seelenbewußtsein	26
Seelenebene	25
Seelenheilung	25
Sehfähigkeit	11
Sehfähigkeit	24
Selbst, Höheres	4
Selbsterkenntnis	19
Selbstschutz	10
Sensibilität	8
Sensibilität	5
Sensibilität	8
Sensitivität	5
Sensitivität	23
Sensitivität	23
Sensitivität	25

Symptom-Register Solare See- & Schmetterlings-Essenzen (Fortsetzung)

Essenz	Name
Solare Schmetterlings-Essenz	Puma Tosaron
Solare Schmetterlings-Essenz	Wina Simarion
Solare Schmetterlings-Essenz	Tira Winirion
Solare Schmetterlings-Essenz	Rono Simaron
Solare See-Essenz	Cassiopea Andromeda Jellyfish
Solare Schmetterlings-Essenz	Vaza Risiron
Solare Schmetterlings-Essenz	Xifa Visisilion
Solare Schmetterlings-Essenz	Zila Sissilion
Solare Schmetterlings-Essenz	Zila Sissilion
Solare See-Essenz	Nautilus
Solare Schmetterlings-Essenz	Simi Parillion
Solare Schmetterlings-Essenz	Sola Vikerlion
Solare Schmetterlings-Essenz	Simi Parillion
Solare Schmetterlings-Essenz	Sola Vikerlion
Solare See-Essenz	Barrel Sponge
Solare See-Essenz	Spiney Lobster
Solare Schmetterlings-Essenz	Tema Visiron
Solare See-Essenz	Nautilus
Solare Schmetterlings-Essenz	Tema Visiron
Solare Schmetterlings-Essenz	Wira Tentaron
Solare Schmetterlings-Essenz	Vaza Risiron
Solare Schmetterlings-Essenz	Yova Tirilion
Solare Schmetterlings-Essenz	Yova Tirilion
Solare Schmetterlings-Essenz	Solo Tisillion
Solare Schmetterlings-Essenz	Zila Sissilion
Solare Schmetterlings-Essenz	Simi Parillion
Solare Schmetterlings-Essenz	Lina Sinlinlon
Solare See-Essenz	Spiney Lobster
Solare See-Essenz	Sea Pen
Solare Schmetterlings-Essenz	Kana Yinarron
Solare Schmetterlings-Essenz	Timi Mokariron
Solare Schmetterlings-Essenz	Kana Yinarron
Solare Schmetterlings-Essenz	Wina Simarion
Solare Schmetterlings-Essenz	Wina Simarion
Solare Schmetterlings-Essenz	Yova Tirilion

Symptom-Register Solare See- & Schmetterlings-Essenzen (Fortsetzung)

Hilfreich, fördert	Nr.
Sexualität	5
Sexualität	8
Sicherheitsgefühl	12
Sinne unterstützen	5
Situationen, gegen schwierige	13
Solidarität	12
Solidarität	12
Sorgsamkeit	8
Sorgsamkeit	25
Soziale Belange	18
Spannung, gegen mentale	6
Spannung, gegen zerstreute	6
Spannungen, abbauen	14
Spannungen, gegen nervöse	14
Spaß	3
Spritualität	28
Stärke	10
Stärke	15
Stärke, innere	11
Stärke, persönliche	20
Stärkungsmittel, emotionales	28
Stärkungsmittel, mentales	28
Stärkungsmittel, physisches	28
Stille, innere	4
Streß, gegen	1
Streß, gegen	2
Streß, gegen	20
Streßbewältigung, gegen	14
Streßbewältigungstechniken	22
Tagungen, politische	12
Tanz	5
Tänzer	16
Telepathie	5
Telepathie	6
Telepathie	10

Symptom-Register Solare See- & Schmetterlings-Essenzen (Fortsetzung)

Essenz	Name
Solare Schmetterlings-Essenz	Kana Yinarron
Solare Schmetterlings-Essenz	Timi Mokariron
Solare See-Essenz	Horseshoe Crab
Solare Schmetterlings-Essenz	Kana Yinarron
Solare Schmetterlings-Essenz	Yisa Summaron
Solare See-Essenz	Horseshoe Crab
Solare Schmetterlings-Essenz	Wima Pilliron
Solare See-Essenz	Sea Pen
Solare Schmetterlings-Essenz	Yova Tirilion
Solare Schmetterlings-Essenz	Nori Ristillion
Solare See-Essenz	Sea Dandelion
Solare See-Essenz	Sea Dandelion
Solare See-Essenz	Cassiopea Andromeda Jellyfish
Solare See-Essenz	Cassiopea Andromeda Jellyfish
Solare Schmetterlings-Essenz	Nola Marilion
Solare Schmetterlings-Essenz	Rainbow Butterflies
Solare See-Essenz	Spiney Lobster
Solare Schmetterlings-Essenz	Wira Tentaron
Solare See-Essenz	Tropical Octopus
Solare Schmetterlings-Essenz	Tori Sommarion
Solare Schmetterlings-Essenz	Rainbow Butterflies
Solare Schmetterlings-Essenz	Rainbow Butterflies
Solare Schmetterlings-Essenz	Rainbow Butterflies
Solare See-Essenz	Nautilus
Solare Schmetterlings-Essenz	Xifa Visisilion
Solare Schmetterlings-Essenz	Rono Simaron
Solare Schmetterlings-Essenz	Tori Sommarion
Solare See-Essenz	Cassiopea Andromeda Jellyfish
Solare Schmetterlings-Essenz	Puma Tosaron
Solare See-Essenz	Horseshoe Crab
Solare Schmetterlings-Essenz	Kana Yinarron
Solare Schmetterlings-Essenz	Tira Winirion
Solare See-Essenz	Sea Cucumber
Solare See-Essenz	Sea Dandelion
Solare See-Essenz	Spiney Lobster

Symptom-Register Solare See- & Schmetterlings-Essenzen (Fortsetzung)

Hilfreich, fördert	Nr.
Telepathie	21
Themen, mentale	28
Themen, seelische	28
Themen, spirituelle	28
Therapien, unterstützend	22
Tiefenentspannung	14
Tiere, Kontakt zu	15
Tiere, Kontakt zu	28
Trägheit	3
Transformation	25
Traumata, gegen	1
Überfluß, reiner	28
Überforderung, gegen	6
Überzeugung	15
Unbeweglichkeit, gegen geistige	14
Unfälle, gegen	1
Unterscheidungsvermögen	23
Verbindung, liebevolle	27
Verbitterung, gegen	12
Verbundenheit	11
Verbundenheit	19
Vergebungsarbeit	9
Vergiftungen, gegen	12
Vergnügen	5
Vergnügen	7
Verhandlungen, politische	12
Versöhnung	5
Verspannungen	2
Verständnis	7
Verständnis von Schönheit	23
Verständnis, tiefes	27
Verträglichkeit, soziale	9
Vertrauen	13
Vertrauen	19
Vertrauen	20

Symptom-Register Solare See- & Schmetterlings-Essenzen (Fortsetzung)

Essenz	Name
Solare Schmetterlings-Essenz	Vima Tokaron
Solare Schmetterlings-Essenz	Rainbow Butterflies
Solare Schmetterlings-Essenz	Rainbow Butterflies
Solare Schmetterlings-Essenz	Rainbow Butterflies
Solare Schmetterlings-Essenz	Puma Tosaron
Solare See-Essenz	Cassiopea Andromeda Jellyfish
Solare Schmetterlings-Essenz	Wira Tentaron
Solare Schmetterlings-Essenz	Rainbow Butterflies
Solare See-Essenz	Gossamer Parasol
Solare Schmetterlings-Essenz	Yova Tirilion
Solare Schmetterlings-Essenz	Xifa Visisilion
Solare Schmetterlings-Essenz	Rainbow Butterflies
Solare See-Essenz	Sea Dandelion
Solare Schmetterlings-Essenz	Wira Tentaron
Solare See-Essenz	Cassiopea Andromeda Jellyfish
Solare Schmetterlings-Essenz	Xifa Visisilion
Solare Schmetterlings-Essenz	Wina Simarion
Solare Schmetterlings-Essenz	Nina Sirion
Solare See-Essenz	Horseshoe Crab
Solare Schmetterlings-Essenz	Solo Tisillion
Solare Schmetterlings-Essenz	Lina Sinlinlon
Solare See-Essenz	Sea Tulip
Solare See-Essenz	Horseshoe Crab
Solare Schmetterlings-Essenz	Kana Yinarron
Solare Schmetterlings-Essenz	Kimi Pinirion
Solare See-Essenz	Horseshoe Crab
Solare See-Essenz	Sea Cucumber
Solare Schmetterlings-Essenz	Rono Simaron
Solare Schmetterlings-Essenz	Kimi Pinirion
Solare Schmetterlings-Essenz	Wina Simarion
Solare Schmetterlings-Essenz	Nina Sirion
Solare Schmetterlings-Essenz	Kaya Ninilion
Solare See-Essenz	Harlequin Shrimp
Solare Schmetterlings-Essenz	Lina Sinlinlon
Solare Schmetterlings-Essenz	Tori Sommarion

Symptom-Register Solare See- & Schmetterlings-Essenzen (Fortsetzung)

Hilfreich, fördert	Nr.
Verwirrung, gegen	2
Verwirrung, gegen	21
Verwirrungen, Überwindung von	1
Verwurzelung	2
Visionen, klare	21
Vitalität	6
Vitalität	11
Vitalität	28
Vorstellungskraft	5
Vorstellungskraft	14
Vorurteile	9
Wahrnehmung, sensorische	5
Wahrnehmung, visuelle	24
Wahrnehmungsvermögen, visuelles	3
Water-balancing	14
Weisheit	12
Welt, spirituelle	22
Wertschätzung	8
Wertschätzung	5
Wesen, Kontakt zu Elementar-	18
Wesen, Kontakt zu göttlichen	26
Wesen, Kontakt zu ozeanischen	16
Wesen, Kontakt zu spirituellen	18
Wiederaussöhnungsarbeit	9
Wiedergeburt	25
Willen	20
Willenskraft	11
Wissen	19
Wissensquelle	21
Wohlbefinden	11
Wohlbefinden	12
Wohlbefinden	14
Wohlbefinden	18
Wohlbefinden	22
Wohlgefühl	2

Symptom-Register Solare See- & Schmetterlings-Essenzen (Fortsetzung)

Essenz	Name
Solare See-Essenz	Barrel Sponge
Solare Schmetterlings-Essenz	Vima Tokaron
Solare See-Essenz	Sea Horse
Solare Schmetterlings-Essenz	Rono Simaron
Solare Schmetterlings-Essenz	Vima Tokaron
Solare Schmetterlings-Essenz	Suma Mimarilion
Solare Schmetterlings-Essenz	Solo Tisillion
Solare Schmetterlings-Essenz	Rainbow Butterflies
Solare Schmetterlings-Essenz	Kana Yinarron
Solare Schmetterlings-Essenz	Sola Vikerlion
Solare See-Essenz	Sea Tulip
Solare Schmetterlings-Essenz	Kana Yinarron
Solare Schmetterlings-Essenz	Zila Sissilion
Solare See-Essenz	Gossamer Parasol
Solare See-Essenz	Cassiopea Andromeda Jellyfish
Solare Schmetterlings-Essenz	Wima Pilliron
Solare Schmetterlings-Essenz	Puma Tosaron
Solare See-Essenz	Sea Pen
Solare Schmetterlings-Essenz	Kana Yinarron
Solare Schmetterlings-Essenz	Nori Ristillion
Solare Schmetterlings-Essenz	Vaza Risiron
Solare Schmetterlings-Essenz	Tira Winirion
Solare Schmetterlings-Essenz	Nori Ristillion
Solare See-Essenz	Sea Tulip
Solare Schmetterlings-Essenz	Yova Tirilion
Solare Schmetterlings-Essenz	Tori Sommarion
Solare See-Essenz	Tropical Octopus
Solare Schmetterlings-Essenz	Lina Sinlinlon
Solare Schmetterlings-Essenz	Vima Tokaron
Solare Schmetterlings-Essenz	Solo Tisillion
Solare Schmetterlings-Essenz	Wima Pilliron
Solare Schmetterlings-Essenz	Sola Vikerlion
Solare Schmetterlings-Essenz	Nori Ristillion
Solare Schmetterlings-Essenz	Puma Tosaron
Solare Schmetterlings-Essenz	Rono Simaron

Symptom-Register Solare See- & Schmetterlings-Essenzen (Fortsetzung)

Symptom-Register Solare See- & Schmetterlings-Essenzen (Fortsetzung)

Essenz	Name
Solare Schmetterlings-Essenz	Suma Mimarilion
Solare Schmetterlings-Essenz	Wina Simarion
Solare See-Essenz	Horseshoe Crab
Solare See-Essenz	Sea Fan
Solare Schmetterlings-Essenz	Nori Ristillion
Solare Schmetterlings-Essenz	Puma Tosaron
Solare See-Essenz	Sea Fan
Solare Schmetterlings-Essenz	Nori Ristillion
Solare Schmetterlings-Essenz	Suma Mimarilion
Solare See-Essenz	Harlequin Shrimp
Solare Schmetterlings-Essenz	Kaya Ninilion

Teil II

Praxisbuch für Lichtarbeitende

Begleitwort für Lichtarbeitende

Liebe(r) schaufensterbummelnde(r) Lichtarbeitende(r),
liebe(r) teilzeitliche(r) Lichtarbeitende(r),
liebe(r) vollzeitliche(r) Lichtarbeitende(r)!

Welche Anrede begrüßt dich?
Laß mich diese Begrüßungen etwas ausführlicher interpretieren.

Liebe(r) schaufensterbummelnde(r), erwachende(r) Lichtarbeitende(r)!

Du bist in Einkaufsbummel-Laune. Du hast einige spirituelle Bücher gelesen und Seminare besucht. Du interessierst dich sehr für alle metaphysischen Phänomene. Du hast gelernt, dir regelmäßig „einen Parkplatz zu reservieren", und du hast wahrscheinlich neue Freunde gefunden, mit denen du spannende Unterhaltungen hast. All dies ist neu oder seit mehreren Jahren in deinem Leben. Du teilst diesen Interessenbereich nur mit einer bestimmten Gruppe von Menschen. Wann willst du den nächsten Schritt machen? deine innere Suche hat begonnen, dich aufgeweckt. Wann willst du ganz erwachen und deine Lebensaufgabe finden? In allen sozialen Schichten, in allen Berufen, in allen Teilen der Erde und gerade da wo du stehst oder sitzt, wirst du dringend gebraucht. Die Zeit ist reif - auch für dich!

Liebe(r) teilzeitliche(r), aufstehende(r) Lichtarbeitende(r)!

Du hast deine Lebensaufgabe entdeckt und willst oder hast sie bereits zu deiner Arbeit gemacht.

Achtung: Haben sie einmal die Lebensaufgabe gefunden, machen viele einen großen Fehler und stürzten sich damit in unerfreuliche Situationen. Das größte und oft beobachtete Mißverständnis ist: Jetzt gehe ich „on mission", und somit muß ich mein ganzes Leben verändern. Stop! Dies ist ein Irrweg, beziehungsweise ein Umweg. Du kannst gerade jetzt, da wo du bist, deine Mission ausführen. Das Leben um dich herum wird sich in einem natürlichen Prozeß verändern, manchmal schneller und manchmal etwas langsamer; jedoch immer unter Oberaufsicht von deinen Erzengeln und inneren Lehrern. Bist du wirklich vorbereitet und bereit, so kann es über Nacht erfolgen. Allerdings ist nicht die Geschwindigkeit entscheidend, sondern die Disziplin, Willenskraft, kontinuierlich jeden Tag einen Schritt vorwärts zu gehen, denn es ist nicht mehr „Arbeit in Verbindung mit deiner Bestimmung“, sondern bist du einmal mit deiner Lebensaufgabe verbunden, wirst du auch von dieser getragen!

Liebe(r) vollzeitliche(r) (wache(r)) Lichtarbeitende(r)!

„You walk what you talk“ - du tust was du sagst und du verkörperst deine Lebensaufgabe. Du lebst diese bedingungslos mit Herz und von Freude erfüllt. Du hast den ersten großen Wandlungsprozeß hinter dir. Du hast dein Leben neu ausgerichtet und synchronistische Begebenheiten sind für dich alltäglich. Du manifestierst mehr und mehr, was du brauchst. Du siehst die größeren Zusammenhänge von Situationen, kannst diese mit Leichtigkeit lesen und interpretieren. Wahrscheinlich bietest du einen professionellen Service an, der den Menschen hilft, ihr Bewußtsein und ihre Energie anzuheben. Schlicht und einfach: du bist rund um die Uhr „on mission“.

Liebe(r) Lichtarbeitende(r)!

Lichtarbeit hat nichts damit zu tun ob du Vegetarier, alkohol- und koffeinfrei bist oder nicht, ob du ein Mönchs- oder Nonnendasein lebst und ob du zu einer bestimmten Gemeinschaft gehörst oder nicht. All dies sind Etiketten, die in unseren sozialen Schichten schnell mit Esoterik, New Age oder neu auch mit Lichtarbeit – Bewegung verbunden werden. Die Zeit ist reif, daß wir davon abkommen, Menschen nach Eßgewohnheiten, Kleidung und so weiter einzuteilen. Du bist in deinem Herzen LichtarbeiterIn, weil du dies in deinem Leben zwischen dem Leben, in deiner Blaupause eingeplant und anschließend in deinem Lebensvertrag unterzeichnet hast. Nochmals: Nicht dein äußerer Lebensstil macht dich zu einem Lichtarbeitenden, sondern die innere, herzliche Verpflichtung.

Wie weißt du, daß du ein Lichtarbeiter oder eine Lichtarbeiterin bist? Es gibt viele Anzeichen dafür:

- ➢ Fühlst du dich berufen andere zu heilen?
- ➢ Fühlst du einen inneren Ruf die Welt zu retten?
- ➢ Fühlst du, daß spirituelle Methoden alle Situationen heilen können?

- ➢ Hattest du mystische Erfahrungen wie Hellsehen, Hellhören oder Kontakte in die geistige Welt?
- ➢ Fühlst du den Drang von deinen Heilerfahrungen zu schreiben?
- ➢ Fühlst du dich berufen, zu unterrichten und zu beraten?
- ➢ Weißt du, daß du hier bist, um eine höhere Bestimmung zu erfüllen?

Mache dich wie viele Tausende Lichtarbeitende auf den Weg. Alle, die nur einen kleinen Funken in ihrem Innersten verspüren, daß auch sie aufgerufen sind, die Welt zu transformieren, sollen es tun – jetzt.

Als Lichtarbeitende heilst und löst du zuerst Schritt für Schritt deine eigenen Muster und Fallen. Bei jeder Heilung, die du dann erfahren darfst, erweiterst du die Heilung für Personen, die zur gleichen Zeit ähnliche Situationen erleben. Als dritte Ebene schließt du den Planeten Erde, die Universen und Galaxien mit ein.

Elsbeth Devi

Die „Chakra-Body-Analyse"

Wie du deine energetischen Schwachpunkte findest und auflöst

Diese wirkungsvolle Übung hat zum Ziel, negative Energien, die seit Jahren im feinstofflichen Körper vibrieren, aufzuspüren und aufzulösen. Du brauchst dazu lediglich etwas Zeit und Vertrauen, um die nachfolgenden Übungen zu erarbeiten. Es lohnt sich. Du wirst Ballast loslassen können, der dich seit Jahren auf dem Weg zur Vollkommenheit behindert.

Viele meiner Klienten finden diese Entdeckungsreise spannend und können die Interpretation des Ergebnisses kaum erwarten! Du wirst aus dieser Selbstanalyse-Erfahrung zu vielen neuen Erkenntnissen kommen und einige Aha-Erlebnisse haben. Hier folgt die Anleitung zur ersten Übung. Lies diese erst einmal ganz durch, bevor du mit deiner eigenen „Chakra-Body-Analyse" beginnst.

Beispiel einer „Chakra-Body-Analyse"

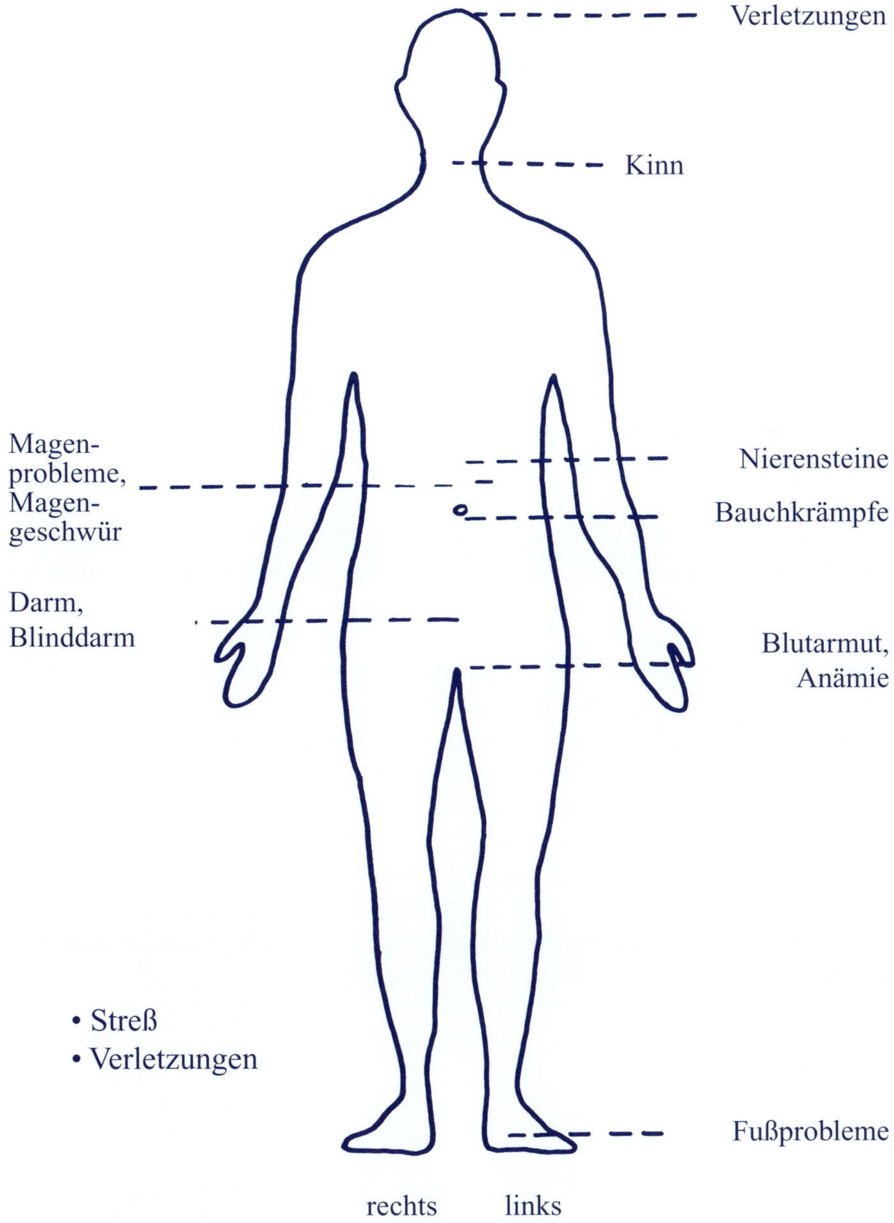

Übung I Selbst-Analyse

- ➢ Gehe im Buch zur Abbildung „Chakra-Body"
- ➢ Bezeichne mit einem Stift die Füße auf der Abbildung mit „links" und „rechts"
- ➢ Markiere gemäß nachstehender Auflistung alle deine *scheinbar* physischen Symptome. Bezeichne diese, indem du auf der Abbildung einen Punkt bei der entsprechenden Körperstelle einzeichnest und danach eine horizontale Linie zum linken oder rechten Blattrand ziehst.
- ➢ Beschrifte diese Linie mit Alter und Jahreszahl des Ereignisses
- ➢ Krankheiten (betroffene Körperstellen)
- ➢ Chronische Krankheiten
- ➢ Operationen
- ➢ Narben
- ➢ Unfälle
- ➢ Sehschäden (Brille)
- ➢ Hörprobleme / Ohrenschmerzen
- ➢ Zähne / Weisheitszähne

Alle diese Symptome haben nicht nur den physischen Körper beeinflußt, sondern auch ganz nachdrücklich Emotional-, Mental- und Spiritualkörper, um hier nur die vier ersten Körpersysteme zu erwähnen. Wir wissen, daß wir im Delta-Zustand der Gehirnströme Zugang und Therapiemöglichkeiten zu diesen Systemen haben. In diesem Zustand können wir am effektivsten Heilungsprozesse einleiten und Heilung integrieren. Die von dir aufgelisteten Symptome haben also auch in anderen Schichten deines Wesens Narben beziehungsweise Löcher in der Aura hinterlassen. Durch diese Öffnungen haben nun auch weitere Krankheiten einen leichteren Zugang, wie du später selbst entdecken wirst.

Mit der folgenden Übung kannst du selbst deine energetischen Blockaden finden. Die so gefilterten Symptome leiten dich zur Ursache und damit zur Kerndynamik im Körpersystem. Hier folgt der nächste Schritt, der dich zu deinen persönlichen Erkenntnissen führt.

Übung II Selbstinterpretation

Wie sieht deine „Chakra-Body-Analyse“ aus? Ich bin immer wieder verblüfft, wieviel Sinn dieses Bild auf den zweiten Blick ergibt. Interessanterweise hat eine mentale oder spirituelle Ursache oft ganz unterschiedliche Ausdrucksmöglichkeiten in Krankheitsbildern. Auf den ersten Blick haben die Symptome oft gar nichts miteinander zu tun. Durch die „Chakra-Body-Analyse“ sehen wir dann endlich schwarz auf weiß, daß die Symptome sehr wohl verbunden sind, wir erhalten so plötzlich Antworten auf bisher ungeklärte Fragen.

Schritt 1 Beginne bei der obersten oder untersten Eintragung in der „Chakra-Body-Analyse“.

Schritt 2 Schreibe auf ein leeres Blatt Papier (Querformat) das entsprechende Symptom auf.

Schritt 3 Schlage im Farb-Lexikon unter „Symptom-Register, Equilibrium-Flaschen A–Z“ die entsprechenden Krankheiten nach, und schreibe die Affirmation dahinter.

Schritt 4 Zeichne dahinter die Farbkombination der entsprechenden Equilibrium-Flaschen und ihre Nummern.

Schritt 5 Trage die entsprechende Chakra-Nummer oder den Chakra-Namen ein.

Schritt 6 Arbeite eventuell auch ergänzend mit dem Buch von Louise L. Hay: „Heile deinen Körper“. Dies kann dir noch zusätzliche Informationen über die mentale Ursache beziehungsweise über das zugrundeliegende Energiemuster der Krankheit geben.

Schritt 7 Erkenne die sich wiederholenden Muster.

Beispiel einer „Chakra-Body-Analyse“

Symptom	Farbe	Nr.	Chakra
Bauchkrämpfe	Blau über Grün	3	Sonnengeflecht
Blinddarm	–	–	Sonnengeflecht
Blutarmut, Anämie	Pink über Rot	84	Wurzel-Chakra
Magengeschwür	Königsblau über Gold	32	Sonnengeflecht
Darm	Gelb über Rot	5 u. 32	Sakral-Chakra
Fußprobleme	Rot über Violett	19	Wurzel-Chakra
Verletzungen	Königsblau über Tief-Magenta	0	Kronen- und alle übrigen Chakras
Kinn	Violett über Blau	37	Hals-Chakra
Nierensteine	Königsblau über Gold	32	Sakral-Chakra
Magenprobleme	Gelb über Rot	5	Sonnengeflecht
Streß	Türkis über Ma-genta	45	Alle Chakras

von Frau Joel aus meiner Praxis (*Name geändert*)

Grundmuster	Affirmation
Angst. Bringt den weiteren Fortschritt zum Stillstand.	Ich drücke Liebe und Wahrheit aus.
Angst. *Angst* vor dem Leben blockiert den Fluß des Guten.	Ich bin in Sicherheit. Ich entspanne mich und lasse das Leben freudig fließen.
„Ja-aber-Haltung". Mangel an Freude. *Angst* vor dem Leben.	Ich verabschiede mich von der Vergangenheit und öffne mich für die Liebe.
Angst. Glaube, du seist nicht gut genug. Ängstlich darauf bedacht zu gefallen.	Ich lasse meine Ängste los und öffne mich für die Weisheit in mir.
Festhalten an der Vergangenheit. *Angst* loszulassen.	Ich öffne mich für die Freude in meinem Leben.
Angst vor der Zukunft und vor dem Voran-Schreiten im Leben.	Ich sage „ja" zum Leben und zu mir selbst.
Ärger über das Selbst. Schuldgefühle.	Ich liebe das Leben. Leben ist Lernen.
Wut. Groll. Rachsucht.	Ich fülle meinen Kelch, damit er in die Welt überfließt.
Geschwür verursacht durch unaufgelösten *Ärger*.	Ich lasse meine Ängste los und öffne mich für die Weisheit in mir.
Große *Furcht*. *Angst* vor dem Neuen.	Ich sage „Ja"! zum Leben.
Unfähigkeit, Neues zu verdauen	Alles ist auf seine eigene Art schön.

Frau Joel hat ihre wichtigsten 11 Symptome herausgearbeitet. Sechs davon sind mit Ängsten verbunden, drei davon mit Ärger und Wut. Erstaunlich ist, daß aus einer Auswahl von fast hundert Equilibriumflaschen, bei elf analysierten Symptomen zweimal die Equilibriumflasche Nr. 5 auftaucht und sogar dreimal die Equilibriumflasche Nr. 32! Dieses Resultat spricht dafür, daß die universellen Gesetze mit ihren Farben eine Sprache der Wahrheit sprechen.

Frau Joels hauptsächliche Verletzungen sind deutlich im Sonnengeflecht, zwei im Wurzel- und im Sakralchakra und die anderen im Hals- und Kronenchakra konzentriert.

Frau Joel zeigte sich sehr überrascht, daß das Grundthema ihrer Symptome mehrheitlich auf Angst und Ärger zurückgeführt werden kann. Sie wirkt eher als zurückgezogene und scheue Persönlichkeit. Offensichtlich sind die aufgedeckten Aspekte sehr tief in ihr versteckt. Nur dadurch konnten diese auch immer wieder aus dem Unbewußten aufsteigen und den physischen Körper attackieren. Dies mag auch aufzeigen, welcher Möglichkeiten sich der Körper immer wieder bedient, um uns dieselbe Botschaft zu senden – in der Absicht, uns endlich wachzurütteln!

Diese Analyse liefert uns wichtige Informationen für die nachfolgende Energiearbeit. Hier meine Empfehlung an die Klientin:

Erstens ist es für sie wichtig zu erkennen, mit wieviel Ängsten, Ärger und Wut sie bis heute durchs Leben ging.

Zweitens kann sie täglich ihre Affirmationen wiederholen, die genau diese Ursachen aufzulösen helfen. Am besten schreibt sie sich die eigenen Affirmationen aus der oben entstandenen Liste auf, oder sie stellt eine bis drei nach ihrem Geschmack zusammen.

Drittens beginnt sie mit den Equilibriumflaschen 5 und 32 zu arbeiten und entscheidet sich, die damit verbundenen Affirmationen auch anzuwenden. Dabei ist es ihr überlassen, mit wievielen Affirmationen sie gleichzeitig arbeiten möchte.

Viertens ist es jetzt Zeit, auf eine liebevolle Weise die alten Verhaltensmuster aufzulösen, indem sie professionelle Hilfe annimmt und/oder mit der Übung III im nachfolgenden Abschnitt beginnt.

Übung III Befreiung

Hier erfährst du, wie du die in den Übungen I und II erkannten physischen und psychischen Muster transformieren kannst. Wie aus dem vorangehenden Beispiel der „Chakra-Body-Analyse“ ersichtlich ist, hat diese Klientin mit zwei Hauptbereichen zu arbeiten: Angst und Ärger

Schritt 1: Nimm dein Blatt wieder zur Hand und erinnere dich, wann du zum ersten Mal diese Symptome gespürt hast, und setze hier deine persönlichen Erkenntnisse ein, (für Frau Joel war es die Angst...). Dein Verhalten mag dir unter Umständen heute kleinlich und dumm erscheinen, – damals war es jedoch wichtig und verursachte Blockaden im Körpersystem. Ob dieses Muster durch eine Person, ein Objekt oder ein Tier ausgelöst wurde, macht keinen Unterschied, denn alle materialisierten Dinge haben Schwingung und sind reine Energie. Deshalb sind Objekte auf diesem Planeten genauso wichtig wie weiterentwickelte Lebewesen. Nur nehmen wir Menschen diese Wirklichkeiten leider oft nicht wahr. Laß die Geschichte in dein Bewußtsein zurückfließen und tauche so tief hinein, wie es für dich erträglich ist. Nimm nochmals Kontakt mit den Geschehnissen auf, und verbinde dich mit den damals empfundenen Gefühlen. Sollte dies aus irgendwelchen Gründen zu intensiv oder unangenehm sein, so nimm die Bilder vor dein inneres Auge, und schau sie dir so an, als ob du im Kino sitzen und dir einen bekannten Film ansehen würdest.

Schritt 2: Nachdem du dich nun auf die eine oder andere Weise mit den alten, unangenehmen Gefühlen wieder verbunden hast, kommt wohl der schwierigste Teil der Übung und natürlich zugleich auch der effektivste.

Vergib dir selbst und den einzelnen Personen, Objekten und Tieren, die involviert waren. Du befreist alle krankmachenden Energien, wenn du wirklich von Herzen und vom Herzchakra aus in göttlicher Liebe vergibst.

Schritt 3: Sprich folgendes laut aus:

*"Ich vergebe dir (Vorname, Name bzw. Objekt oder Tier)
und lasse dich los und weiterziehen.
Ich lasse jetzt alle unvergebenen Ereignisse los
und übergebe sie der göttlichen Gnade.*

Meine Vergebung für dich ist vollkommen.

Du bist jetzt frei, und ich bin frei! – Jetzt."

Zusammenfassung der Übungen:

I „Chakra-Body-Analyse", II Selbstinterpretation, III Auflösung

Schritt 1 „Chakra-Body-Analyse" erstellen.

Schritt 2 Selbstinterpretations-Tabelle aufstellen.

Schritt 3 Die erstellte Tabelle analysieren.

Schritt 4 Ursachen für die Krankheitsmuster herausfinden.

Schritt 5 Zum letzten Mal dich mit der Vergangenheit verbinden.

Schritt 6 Dir und allen damit verbundenen Personen und Wesen vergeben.

Schritt 7 Heilungsplan umsetzen.

Empfange ein Wunder und Heilung.

Kommentar: Wir sind nicht unser Körper

Erinnere dich immer wieder daran: Du bist ein LichtWesen. Dein Körper ist zur Zeit dein irdisches Zuhause, dein Tempel. Wir sind nicht Menschen mit einer spirituellen Erfahrung, wir sind spirituelle Wesen mit einer spezifisch ausgewählten, menschlichen Erfahrung. Somit ist mit ICH unser spirituelles Wesen gemeint. Wir haben irgendwann im Babyalter angefangen, uns mit dem Körper zu identifizieren, die illusorische Trennung von der Einheit zu akzeptieren und somit „Ich" mit dem Körper und dem Getrenntsein zu verbinden. Wir sind in jedem Moment gesund, ausgeglichen, im Überfluß und erfüllt. Unsere physischen Erfahrungen in der materiellen Welt haben uns in der Vergangenheit allerdings ganz andere Erkenntnisse gebracht. Beachte deine soeben erstellte „Chakra-Body-Analyse" und die Fakten beweisen, wie der Körper bis heute gelitten hat. Zum Beispiel: Wenn du sagst: „Ich bin krank", so ist dies nicht die Wahrheit, denn nicht dein Ich ist krank, sondern der physische Körper. Nicht du als LichtWesen bist krank, sondern du machst zur Zeit die Erfahrung einer Krankheit im physischen Körper. Es ist nichts weiter als eine Lernsituation. Wie schnell bist du bereit zu lernen? – über Nacht? Wieviel Zeit gibst du dir? Einen Tag, eine Woche, ein Monat, ein Jahr oder einfach vielleicht später mal? Dies sind wichtige Überlegungen im besonderen, wenn es um ein Leiden geht, das chronisch ist und/oder aus der Familiengeschichte übernommen oder vom Arzt gar als unheilbar erklärt wurde.

Kannst du ein Wunder annehmen? Bist du bereit dazu? Willst du gesund werden, mit allen Konsequenzen? Die „scheinbaren" Krankheiten haben unter Umständen Angst, innere Leere, mangelnder Selbstwert und andere psychische Symptome ausgelöst. Und da sind wir beim eigentlichen Kern der Selbst-Analyse beziehungsweise der Selbsterkenntnis angelangt. Sobald wir uns mit ICH als unserem Körper identifizieren, verankern wir die „scheinbare" Krankheit in unserer Aura und allen feinstofflichen Körpern. Von da an bahnt sich diese einen Weg in den physischen Körper, um sich als zu beachtendes und zu behandelndes Symptom einzunisten. Nun ist es nur noch eine Frage der Zeit, bis ein negativer Gedanke den physischen Körper angreift.

Um diesem Mechanismus auszuweichen, kannst du dir angewöhnen, so wenig wie möglich über eine auftretende Krankheit zu sprechen. Falls du jedoch darüber sprichst, benutze das Symptom nur in Verbindung mit „anscheinend" oder „scheinbar" und mit „ich fühle mich", anstatt mit „ich bin"!

Lies nun bitte laut folgende Sätze und laß diese auf dich wirken:

„Ich bin krank und habe folgende Beschwerden ..... “
oder sag jetzt:

*„**Scheinbar fühle** ich mich krank und habe folgende Beschwerden ..... “.*

Bemerkst du den Unterschied, wenn du diese zwei Sätze laut aussprichst? Da kommt wahrscheinlich sofort eine Stimme in dir hoch und sagt: „Aber da nimmt mich doch niemand mehr ernst! Dann bin ich ja gar nicht krank! Es scheint ja nur so!“ ....Ja! – siehst du, das ist genau der wunde Punkt. du fühlst dich scheinbar krank und wenn du das Wort ‚scheinbar‘ sagst, sieht es nur so aus und entspricht nicht der ganzen Wirklichkeit. Die Krankheit an sich soll in ihrer Aufgabe, uns wachzurütteln und uns eine Botschaft zu übermitteln, ernst genommen werden. Mit dem Einsetzen des Wortes ‚scheinbar‘ verändert sich deine Wahrnehmung und damit natürlich auch deine Aufmerksamkeit. Ist dies nicht wunderbar? Nicht dich wird man weniger ernst nehmen, sondern das kleine Ich, der Körper, macht diese Erfahrung. Das große ICH erlebt sich als ICH BIN gesund und es geht ihm bestens!

Empfange ein Wunder und Heilung!

Produkte-Hinweis:

1. Benütze weiterhin deine zur Zeit aktuellen Aura-Soma-Produkte. Willst du für diese spezifische Arbeit – „Chakra-Body-Analyse“ – eine neue Selektion machen, so tue dies. Laß dich von deinen inneren Führern leiten. Empfehlung: Wenn du dich mit Hilfe von diesem Praxisbuch zu einem neuen Aufbruch angeregt fühlst, so wähle für diese Zeit-Periode eine neue Palette, die du mit dieser Lichtarbeit verbinden kannst.
2. Integriere in deine Lichtarbeit mehrere solare See-Essenzen. Laß dich von deinen inneren Führern leiten, oder finde die für dich passenden Essenzen im „Symptom-Register See-Essenzen A-Z“.
3. Integriere in deine Lichtarbeit mehrere solare Schmetterlings-Essenzen, und wähle diese nach den Farben der zugehörigen Chakras aus deiner „Chakra-Body-Analyse“ aus. Silber oder Rainbow können zusätzlich eine gute Wirkung zeigen.

Die „Partnerschafts-Analyse"

Wie du deine Partnerschaften energetisch klärst und losläßt

In Partnerschaften entstehen typischerweise die intensivsten Ver-Bindungen und Abhängigkeiten. Nebst den vielen positiven gibt es natürlich auch unzählige negative Beziehungsschwingungen. Die folgende „Partnerschafts-Analyse" ist zusammen mit den Übungen ein Meilenstein auf dem Weg der Befreiung und Heilung von Beziehungen. Deine aktuelle oder zukünftige Partnerschaft kann dadurch auf eine neue Ebene gehoben werden, und gleichzeitig löst die Übung sowohl negative Beziehungs-Schichten als auch gebundene Energien der Vergangenheit. Zu jedem Menschen, welchem du auf irgendeine Art Energie sendest oder von dem du welche empfängst, stellst du eine Verbindung her. Das heißt, ein Energieaustausch findet auch dann statt, wenn du dich über einen Autofahrer ärgerst, der dir den letzten Parkplatz wegschnappt, womit bereits eine ätherische Verknüpfung entsteht.

In diesem Kapitel wirst du vor allem deine intensivsten Beziehungen wie die mit den Eltern, den Geschwistern und Lebenspartnern unter die Lupe nehmen. Damit kommst du zu Erkenntnissen, die dich motivieren, nun endgültig negative Beziehungsmuster loszulassen. Bist du bereit, auf dem Pfad des Erwachens weiter zu gehen?

Übung I Selbst-Analyse

Liste chronologisch rückwärts deine männlichen beziehungsweise deine weiblichen Beziehungen auf, soweit du dich daran erinnern kannst.

Erinnerst du dich, als du das allererste Mal verliebt warst?

Gehe in deinen Gedanken zurück und begegne dem Partner, mit welchem du das erste Mal intim warst. Lasse deine Gedanken weiterziehen zu deiner ersten Teenager-Beziehung und zurück zu deinem ersten Schulfreund oder der Schulfreundin. Mit all diesen Erinnerungen kommen bestimmt viele Gefühle hoch. Nun gehe noch weiter zurück in deiner Rückschau: Erinnerst du dich an dieses Kribbeln im Bauch, als würde da ein ganzer Schwarm Schmetterlinge tanzen? Wie alt warst du da? Ein solches Erlebnis hat wahrscheinlich im Alter zwischen zwei und fünf Jahren stattgefunden. Vielleicht wolltest du unbedingt jemandem nahe sein, die Händchen halten oder einfach spielen.

Kannst du dich jetzt erinnern? Wie war nur sein / ihr Name? – Vielleicht erhältst du ein Bild oder ein Gefühl, und der Name folgt erst später. Bekommst du jetzt gerade keinen Zugang zu dieser Zeit, so laß es ruhen. Da du jetzt diese Schicht in deinem Bewußtsein berührt hast, werden dir zur gegebenen Zeit die Informationen zufließen. Schreibe einfach eine Bemerkung auf dein Blatt Papier, und wenn in deinem Vergebungs-Ritual diese Notiz auf deiner Liste auftaucht, kommt erfahrungsgemäß auch die benötigte Information auf dich zu.

Diese erste Erfahrung hat unter anderem all deine späteren Beziehungen geprägt. – Bist du damals angenommen oder zurückgewiesen worden? Was ist in deiner Erinnerung haften geblieben? Dies hast du unbewußt als Grundmuster für Partnerschaften abgespeichert.

Hast du deine Partnerschafts-Liste erstellt, so wähle die erste Liebesbeziehung, um die folgende Klärung auszuführen:

1. Name des Partners oder der Partnerin

2. Das Jahr des Beziehungsbeginns und dein entsprechendes Alter

3. Wer hat die Beziehung begonnen? (warst du der aktive Teil, markiere dies mit „+“, warst du zu Beginn der passive Teil, so markiere diese mit „-“).

4. Dauer der Beziehung

5. Grund der Trennung

6. Wer hat die Trennung eingeleitet (markiere wie unter 3. beschrieben)?

Dieser Teil der Übung hilft dir, wenn du alle Namen durchgearbeitet hast, unter anderem herauszufinden, wieviel Energien du noch in den einzelnen Beziehungen gebunden hast und in welchem Strickmuster du deine Partnerschaften lebst. Ganz deutlich siehst du jetzt auch, welche Verhaltensmuster du in deine aktuelle oder in eine zukünftige Lebensgemeinschaft überträgst und hineinprojizierst. So lernst du deine Stolpersteine wahrzunehmen und sie aufzulösen.

Möglicherweise erkennst du ein Muster oder einen roten Faden, welche eine kettenartige Verbindung von der einen Beziehung zur nächsten bilden. du entdeckst vielleicht auch, wie das Muster in einem bestimmten Rhythmus wiederkehrt, und kannst bereits jetzt vermuten, wohin die Weiterentwicklung führen wird. Widerspiegelt eine deiner Partnerschaften deine Beziehung zum Beispiel mit deinem Vater, Großvater, Onkel, Paten, Lehrer? Oder mit deiner Mutter, Großmutter, Patin, Lehrerin oder einer anderen dir nahestehenden Person? Taucht sogar ein Name eines dieser Menschen in deinen Verbindungen auf? Erkennen kannst du auch Muster über Namen, Aussehen, Verhalten, Abhängigkeiten von Geld, Sex und Status.

7. Schau dir die übriggebliebenen Erinnerungen und Gefühle an. Was empfindest du beim Lesen eines Namens deiner Partnerschaftsliste? Wähle ein bis zwei von den folgenden Stichworten und füge sie deiner Liste bei:
   - Liebe oder Haß?
   - Freundschaft oder Feindschaft?
   - Freude oder Schmerz?
   - Befreiung oder Traurigkeit?
   - Versöhnung oder Bitterkeit?
   - Verständnis oder Unverständnis?
   - Unschuld oder Schuld?
   - Opferrolle oder Täterrolle?
   - Verteidiger oder Kläger?

8. Nimm deine Liste, und spüre für jede einzelne Beziehung genau dahin, wo du diese Gefühle in deinem Körper gespeichert hast. Benutze nun das Bild des „Chakra-Body“ und zeichne den Namen an der entsprechenden Stelle ein. Hast du Schwierigkeiten, ein Gefühl zu orten, so versuche dir die Farben der damaligen Energie und der Person vorzustellen, um diese dann beim entsprechenden Chakra zu notieren. Vielleicht fällt es dir auf diese bildliche Art leichter? Welche Farbe könnte dieser Person entsprochen haben?

9. Jetzt hast du im „Chakra-Body“ verschiedene Namen aufgeschrieben. Beginne bei deiner untersten Eintragung und sprich den Namen laut aus. Fühle dich in die Farbenergien ein, welche du in dieser Beziehung insbesondere erhalten respektive gegeben hast. Für jedes Geben setzt du nun auf deinem Blatt beim entsprechenden Chakra das Zeichen „-“, und für jedes Erhalten „+“. Nehmen wir an, daß du

vor allem die Schwingung Rot gegeben hast, dann notierst du also auf der roten Ebene des Chakra-Body ein „-“, oder falls du dort Energie erhalten hast, ein „+“. So werden nun alle Farbschwingungen, die du in all deinen Beziehungen gegeben und erhalten hast, eingetragen.

Reflexion zu den gelebten Mustern in Partnerschaften

Mit diesen Zeilen will ich die Wichtigkeit der oben ausgeführten Übung unterstreichen und dir einen tieferen Einblick in die unbewußte Dynamik gelebter Beziehungen geben. Wenn du dich entscheidest, in deiner neuen Partnerschaft das Eheversprechen abzugeben oder ein spirituelles Bündnis zu schließen, unterzeichnest du auch energetisch einen Vertrag. Diesen wirst du nicht in Papierform erhalten, sondern in Form von interaktiven Kräften, die sich auf der physischen und materiellen Ebene manifestieren. Der Vertrag enthält unter anderem folgende Punkte:

- ➢ Welcher der beiden Partner spielt von nun an die dominierende Rolle?
- ➢ Welcher Partner übernimmt die Abhängigkeits- oder die Unabhängigkeitsrolle?
- ➢ Welcher Partner erlebt die scheinbaren Krankheiten und welcher vertritt die Gesundheit?
- ➢ Welcher Partner nimmt die Seite des Schwachen oder die des Starken ein?
- ➢ Welcher Partner lebt mehrheitlich die maskulinen oder die femininen Anteile?
- ➢ Welcher Partner argumentiert öfter „negativ“ oder „positiv“?
- ➢ Welcher Partner zeigt die aktive oder passive Seite?

Auf energetischer Ebene übernimmt meistens eine von beiden Personen die Hauptverantwortung für die Versorgung des einen oder anderen Chakras. Zum Beispiel: Treffen sich in einer Partnerschaft zwei Menschen, die hauptsächlich die oberen Eigenschaften der Chakras ausleben, wird der eine oder andere die Versorgung der unteren Energiebereiche gezwungenermaßen übernehmen.

Dieser unsichtbare, energetische „Ehevertrag“ kann eine Beziehung, die gerade so schön romantisch angefangen hat, ganz schön aus der Bahn werfen. Aussagen wie „dies habe ich mir nicht so vorgestellt“ oder „das habe ich nun ganz und gar nicht verdient“ sind plötzlich wiederholt in unseren Gedanken. Du hast unbewußt Macht gewonnen oder verloren, was du gar nicht wolltest, und empfindest nun im täglichen Leben die Auswirkungen einer Über- oder Unterfunktion deiner Chakras.

Übung II Selbstinterpretation

Von welcher Farbschwingung hast du am meisten gegeben („-“)? Von welcher Farbschwingung hast du am meisten erhalten („+“)? Gibt es eine Position, in der die Farbschwingungen von geben und erhalten ausgeglichen sind? Vergleiche nun die „Partnerschafts-Analyse“ mit der „Chakra-Body-Analyse“. Erkennst du Parallelen? Sind wieder dieselben Farbebenen beziehungsweise dieselben Chakras betroffen wie bei der „Chakra-Body-Analyse“? Ist eines der Chakras, das ohnehin schon durch physische Symptome geschwächt ist, nun auch bei dieser Analyse wieder außer Balance? Oder entdeckst du durch die „Partnerschafts-Analyse“ ganz neue Disharmonien und Blockaden? Es ist möglich, daß du in einer Partnerschaft zu viel von einer bestimmten Farbschwingung gegeben hast, dies hat dich so geschwächt, daß du zur gleichen Zeit auf derselben Ebene ein Krankheits-Symptom angezogen hast.

Nehmen wir an, daß du in einer deiner Beziehungen vor allem aus dem Sakralchakra Energie gegeben hast. Das heißt, daß sich nun dieser Energieaustausch als persönlicher Eigennutz und eine Art Suchtverhalten entpuppen kann. Die Folgen daraus sind oftmals Störungen in den Geschlechtsorganen. du kannst diese Verbindungen leicht erkennen, indem du die Jahreszahlen und Farbschwingungen der beiden Analysen vergleichst. Obwohl dies zwar alles sehr analytisch angegangen wird, wirst du erfahren, wie dein Unbewußtes spontan die neuen Erkenntnisse verbindet und dadurch eine wunderbare Bewußtseinserweiterung entsteht.

Jeder emotionale Ausdruck zwischen zwei Menschen schafft eine ätherische Schnur

Diese ätherische Schnur verbindet jeweils eines von deinen Chakras mit einem Chakra der anderen Person. So entstehen Bindungen, Muster und Abhängigkeiten – positive wie negative. Im Verlauf der Zeit können aus diesen zu Beginn dünnen Schnüren dicke Taue werden. Für Hellsichtige sind diese Verbindungsfäden sichtbar, und für Hellfühlige sind sie fühlbar.

Bist du bereit, deine unerwünschten Muster und Abhängigkeiten, die deinen Bindungen entsprungen sind, loszulassen? Am Ende des Kapitels findest du eine einfache Anleitung, die dir die einzelnen Schritte angibt. du kannst dich also zurücklehnen und die nachfolgenden Informationen auf dich wirken lassen, denn anschließend wirst du intuitiv wissen, welche der Übungen am besten zu dir passen.

Antworten auf deine möglichen Fragen

„Wie weiß ich, daß ich bereit bin, diese ätherische Schnur respektive diese Beziehung abzulösen?" Als wichtige Regel gilt: Diejenigen Namen, welche dir in den Sinn kommen, sind ein Zeichen dafür, daß dein Unterbewußtsein bereit ist, befreit zu werden. Lasse dich also ganz von deiner Intuition führen. Prinzipiell kannst du alle „negativen Schnüre" zu Menschen auflösen. In jedem Moment deines Lebens kreierst du über deinen feinstofflichen Körper neue Verbindungslinien und auch neue Beziehungen. Möchtest du die negativen Fäden in deinen Beziehungen, wie zu deinem Partner oder deiner Partnerin, zu deinen Kindern, deinen Eltern, dem erweiterten Familienkreis und zu Freunden lösen, so kannst du dies wie nachfolgend beschrieben angehen. Die positiven Verbindungen, welche sich auf der Basis von Vertrauen und Liebe entwickelten, bleiben dabei erhalten. Das heißt praktisch, daß du sogar in deiner aktuellen Partnerschaft diejenigen Teile lösen kannst, die euch auf dem Weg des gemeinsamen Wachsens blockieren.

Bist du noch unsicher, ob du diese Verbindungen auflösen willst? Ablösen ist immer besser als in der Bindung hängen zu bleiben. Auflösen heißt nicht annullieren und verlieren – auflösen heißt Heilung und Befreiung für alle Beteiligten.

Bevor ich zur Beschreibung der einzelnen Loslösungs-Übungen komme, ist es mir ein Anliegen, einige der nachfolgenden benützten Ausdrücke und Namen zu erklären. Als ich das erste Mal mit den AURA-SOMA Meisterenergien in Kontakt kam, war ich sehr erstaunt über deren Namen. Bald darauf fiel mir buchstäblich ein Buch in die Hand, welches mir das Verstehen brachte, was diese Meisterenergien für eine Bedeutung haben. Sehr schnell akzeptierte und integrierte ich dieses Konzept, denn ich fühlte im Körper, daß diese Schwingungen mit meinem eigenen Glaubens-System übereinstimmen. Ein weiteres wichtiges Grundprinzip des AURA-SOMA-Systems ist die Überzeugung, daß wir alle von Engeln und Schutzengeln begleitet sind. Einige unter uns haben täglich mit ihnen Kontakt und kennen sogar ihre Namen. Auch bin ich davon überzeugt und habe diese wunderbare Wahrheit schon oft erfahren dürfen, daß wir ganz bestimmte innere Lehrer aus höheren Welten haben und, daß diese uns Weisheiten vermitteln, uns führen und begleiten. Wichtig ist es, daß du dich mit den Energien verbindest, die für dich richtig sind und mit denen du in Resonanz gehen kannst. Wann immer du in den anschließenden Übungen auf einen Namen triffst, der nicht deiner Wahrheit entspricht so lasse ihn aus oder ersetze ihn durch einen andern Namen, den du in deinem Glauben akzeptieren kannst. Es ist die Intention, die uns mit der himmlischen Sphäre verbindet. Auch habe ich versucht, mögliche Alternativen zu geben. All diese Wesen auf der anderen Seite unserer Realität können uns nur unterstützen, wenn wir sie darum bitten. Jesus forderte uns auf: „Bittet, so wird euch gegeben" – wir brauchen diese Wesen nur mit ihrem Namen anzurufen. Wir wissen, daß rund um die Welt Menschen an Gott glauben und für Gott verschiedene Namen verwenden. Es gibt genug Übungen, damit du deinen Weg finden kannst. Wichtig ist nur, daß du sie wirklich machst und damit deine angefangene Arbeit vollendest.

Übung III Auflösung

1. Arbeit mit dem Erzengel Michael und/oder mit dem blauen Schwert der Wahrheit

Michael ist der Erzengel des Schutzes und der Verteidiger des Glaubens. Er steht dir zur Verfügung, wann immer du ihn anrufst.

Im AURA-SOMA System hat er sich in der Equilibriumflasche Nr. 94 mit der Farbe Hellblau überHellgelb zum Ausdruck gebracht.

Anrufungs-Ritual an Erzengel Michael

„Erzengel Michael, ich bitte dich, mit deinem blauen Schwert die bewußten und unbewußten Energien zwischen (Name der Person) und mir für immer zu trennen. – Jetzt."

Anrufungs-Ritual an das blaue Schwert der Wahrheit

„Ich bitte dich, blaues Schwert der Wahrheit, die bewußten und unbewußten Energien zwischen (Name der Person) und mir für immer zu trennen. – Jetzt."

Erzengel Michael versichert dir: „Ich senke mein Lichtschwert in euer Bewußtsein und schneide euch frei von allen negativen Erinnerungen und Belastungen der vergangenen, gegenwärtigen und zukünftigen Zeitalter. Wenn ihr sie nicht wieder durch eure Gedanken und Worte belebt, so werdet ihr davon frei bleiben!"

Quelle: Meditationen und Anrufungen. – Die Brücke zur Freiheit, Berlin

2. Arbeit mit Grace, dem Strahl der Gnade

Grace ist die Kraft der Gnade.

Ihre Farbe ist irisierendes Silber oder leuchtendes Perlmutt. Visualisiere ein magisch funkelndes weißes Feld wie aus Pulverschnee im reflektierenden, kristallenen Sonnenlicht.

Anrufungs-Ritual an Grace

„Grace, bitte lösche das Muster der
(z.B. Abhängigkeit, Angst, Mißverständnisse usw.)
und alle bewußten und unbewußten negativen Bindungen zwischen
(Vorname der Person) und mir."

Als Abschluß der durchgearbeiteten Namensliste kannst du einen zusätzlichen Schritt der Reinigung vollziehen.

Anrufung des Silbernen Strahls

„Ich bitte die Elohim des Silbernen Strahls, Göttliche Gnade
durch meinen Körper fließen zu lassen.

Ich bitte die Elohim der Gnade, mich mit Vergebung zu erfüllen, mein
Leben mit Dankbarkeit zu erfüllen
und mein Herz feiern zu lassen.

Ich bitte die Elohim des Silbernen Strahls, meine unwichtigen
Bindungen zu lösen, meine Fesseln des Hasses zu brechen
und meine Seele zu befreien.

Ich bitte die Elohim der Gnade, mich mit Lebensfreude zu erfüllen.
JETZT."

Quelle: Der Lichtkörper, Reindjen Anselmi, Casa Assunta Enerprise

3. Vergib dir und laß die Energie los

Diese Methode basiert auf dem vermittelten Wissen von Dr. Doreen Virtue. Sie ist eine Pionierin und bekannte Lichtarbeiterin, Autorin und spirituelle Lehrerin in den U.S.A. All ihre Anleitungen werden ihr von Engelwesen übermittelt.

Vergebungs-Ritual

Für deine vergangenen Beziehungen:

„Ich vergebe dir (Vorname der Person)
und lasse dich los und weiterziehen.

Ich lasse jetzt alle unvergebenen Ereignisse los
und übergebe sie der göttlichen Gnade.

Meine Vergebung für dich ist vollkommen.

Du hast einen Platz in meinem Herzen.

Du bist frei und ich bin frei! – Jetzt."

Für deine aktuelle Partnerschaft:

„Ich vergebe dir (Vorname der Person)
und nehme dich so an, wie du bist.

Ich lasse jetzt alle unvergebenen Ereignisse aus unserer Beziehung los
und übergebe sie der göttlichen Gnade

Meine Vergebung für dich ist vollkommen.

Du hast einen Platz in meinem Herzen.

Du bist frei und ich bin frei! – Jetzt."

Und für dich selbst:

„Ich vergebe mir (dein eigener Name) und lasse mich weiterziehen.

Ich vergebe mir und erlaube mir, mich selbst zu sein.

Ich lasse alle unvergebenen Ereignisse los
und übergebe sie der göttlichen Gnade.

Meine Vergebung für mich ist vollkommen.

Ich bin frei! – Jetzt."

4. Symbolarbeit

Diese Arbeit basiert auf den Symbolen, die von Phyllis Krystal entwickelt und ihr durch das Höhere Selbst vermittelt wurden. Wenn du dich gerne intensiver mit dem Thema Vergebung befassen möchtest, empfehle ich dir, ihre Bücher mit den vielen praktischen Anleitungen zu benutzen.

5. Kombination der Übungen 1 bis 3

Wenn du im Loslassen bereits geübt bist, kannst du die einzelnen Möglichkeiten auch individuell zusammen kombinieren – je nach deinen eigenen Überzeugungen und Erfahrungen. Alle erzielen den gleichen Effekt. Es gibt viele Wege, die nach Rom führen, so gibt es auch auf der Landkarte der Energiearbeit zahlreiche Wege zur Befreiung von negativen Bindungen in Beziehungen.

Für mich persönlich ist es wichtig geworden, daß ich mich bei der Person für die Erfahrungen, die ich durch sie machen durfte, auch bedanke und mich verabschiede, bevor ich das Band durchschneide. Ergänze dein Ablösungs-Ritual mit folgenden Worten oder erlaube dir, deine Intuition sprechen zu lassen.

„Ich bedanke mich für das gemeinsame Wegstück des Lernens und verabschiede mich jetzt in Liebe von dir.“

Anmerkungen zu den Auswirkungen

Die Auswirkungen dieser Übungen sind sehr stark! Unabhängig davon, welches Ritual du gewählt hast, wirst du dich um viele emotionale, mentale und spirituelle „Kilos“ erleichtert fühlen und dich wie neugeboren bewegen können. Gönne dir danach ein reinigendes Bad mit Meersalz oder anderen Essenzen. Jetzt bist du bereit, im wahrsten Sinne des Wortes wieder aufzustehen und den nächsten Schritt in deinem Leben zu gehen. Es ist möglich, daß du Farben plötzlich in neuer Brillanz wahrnimmst, als hätte jemand einen Graufilter oder einen Schleier vor deinen Augen entfernt.

Wenn du zum Beispiel in deiner aktuellen Partnerschaft eine Schicht der Abhängigkeit befreit hast, erlaubt dies gleichzeitig oder auch später, eine tieferliegende Schicht an die Oberfläche zu bringen. Es ist wie bei einer Zwiebel, erst wenn du beim Kern angelangt bist, weißt du, wieviele

Schichten du gelöst hast. Dieser Vorgang kann sich entfalten, muß aber nicht – aber, je mehr du dich in der Vergebung übst, desto schneller löst du eine Schicht nach der anderen auf. Die Vergebung ist heute für mich eines der wichtigsten Werkzeuge überhaupt, um auf einem spirituellen Weg schneller weiterzukommen. Wenn wir bewußt in unserem Alltag zu vergeben lernen, kann sich unser Leben gar nicht mehr zu einem Drama, einer Seifenoper oder einer Komödie entwickeln. du erkennst die Anzeichen sofort und bist jetzt fähig, deine innere Arbeit der Ablösung in jedem Moment zu vollziehen.

Wie bereite ich mich auf die Übungen vor?

Schritt 1 Entscheide dich für einen passenden Zeitraum, gib dir genügend Zeit (mindestens 60 bis 90 Minuten).Notiere diesen Termin in deiner Agenda. Es ist eine wichtige Verabredung mit dir selbst. Sei also zur gegebenen Stunde pünktlich bereit.

Schritt 2 Die Ablösungsübung sollst du möglichst in einem Zug durchsprechen. du wirst spüren, wie die Energien sich aufbauen. Es kann aber auch sein, daß plötzlich eine große Müdigkeit, Hunger oder Durst über dich kommen oder dir unter Umständen hundert Ausreden einfallen, warum du die Übungen jetzt nicht beenden, sondern abbrechen solltest. Halte durch – dies sind nur Ablenkungsmanöver des Egos, die dich zurückhalten wollen. Bleibe dran, es lohnt sich!

Schritt 3 Schließe alle Störungen aus (Telefon, Hausglocke, Mitbewohner u.s.w.).

Schritt 4 Richte dich bequem an einem für dich sicheren Platz ein. Wähle angenehmes Licht und eventuell eine passende Hintergrundmusik.

Ist es notwendig, diese Übung mehr als einmal mit derselben Person zu wiederholen?

Nein, es ist nicht in jedem Fall notwendig.

Empfange ein Wunder und Heilung.

Du vergibst immer bewußt und unbewußt im selben Grad deiner Bereitschaft. Mit anderen Worten: In einer Beziehung, in der du dich physisch, mental und emotional oder nur auf einer der drei Ebenen stark gebunden hast, ist es wichtig, daß du die treibende Ursache auflöst. Aus meinen eigenen Erfahrungen mit meiner Tochter und meiner Elternbeziehung habe ich erlebt, daß immer nur ein Schritt auf dem Weg des Erkennens und der Vergebung möglich war. Interessanterweise hat dies auf der anderen Seite, wann immer ich auch vorwärts ging, eine Reaktion ausgelöst. Ich konnte feststellen, daß es Teile in mir gab, die immer noch an den gewohnten Bindungen festhalten wollten. Dadurch identifizierte ich mich erneut mit meiner alten Opferrolle und sabotierte die neue Beziehung zu diesen Menschen, bis ich wahrhaftig loslassen konnte.

Nochmals: Entsprechend deiner Bereitschaft zu vergeben, wird die bestehende Bindung auch aufgelöst. Im Moment, wo du also hundertprozentig vergeben kannst, ist es nicht mehr notwendig, die Übung mit derselben Person zu wiederholen. Empfange ein Wunder und Heilung.

Welches Material brauche ich, um die Übungen erfolgreich abzuschließen?

1. Papier und farbige Stifte
2. Das Chakra-Body Modell
3. Feuerzeug
4. Badewanne (Badewasser angereichert mit Essenzen oder reinigendem Meersalz)
5. Aura-Soma-Produkte nach deiner Wahl

Zusammenfassung der Übungen I, II und III

Schritt 1 Liste alle deine Beziehungen auf!

Schritt 2 Vervollständige die Liste.

Schritt 3 Beginne deine Liste zu komplettieren indem du die im Körper georteten Gefühle und die wahrgenommenen Farbschwingungen entsprechend einzeichnest.

Schritt 4 Wähle eine Möglichkeit der angegebenen Rituale, um die Ablösung zu vollziehen.

Schreibe den genauen Wortlaut, den du benützen willst, auf ein Blatt Papier.

Hier kannst du allenfalls eine Pause bis zur nächsten Verabredung mit dir einschieben.

Schritt 5 Sprich die ausgewählten Ablösungsworte und die dazu gehörigen Namen in deinem Ritual laut aus, und arbeite deine Liste von oben bis unten möglichst in einem Zug durch. Dies erlaubt dir, in der aktivierten Energieschwingung zu bleiben. Halte deine Intention auf höchstmöglichem Niveau. Nach jeder Anrufung atme tief durch die Nase ein und durch den Mund aus.

Schritt 6 Verbrenne alle deine Notizen und reinige den Ort mit Pomander und Quintessenzen, an dem du die Übung durchgeführt hast.

Schritt 7 Gönne dir ein Salzbad, eine Massage oder einen Spaziergang in der Natur.

Empfange ein Wunder und Heilung.

Kommentar zu den Auswirkungen

Es kann sein, daß sich Personen aus deiner Vergangenheit, mit welchen du das Ablösungs-Ritual vollzogen hast, jetzt in deinem Leben nochmals zeigen. Dies kann im Traum, mit einem Brief, persönlich oder telefonisch geschehen. Durch deine Arbeit hast du Schwingungen im Kosmos aktiviert, welche die betreffenden Personen bewußt oder unbewußt aufnehmen. Intuitiv erinnern sie sich an dich, und es kann das Bedürfnis auslösen, dir in irgendeiner Form nochmals eine Botschaft zu überbringen. Nimm sie an und finde in der Nachricht deine Wahrheit. Lerne, was es noch zu integrieren gibt, bedanke dich dafür und laß die Energie erneut los.

Am Abend vor dem Einschlafen kannst du den feinstofflichen Körper reinigen, indem du eine der Anrufungen sprichst, um alle heute aufgebauten Bindungen zu lösen. Du kannst dir auch vorstellen, wie dein ganzes Körpersystem eine reinigende Energiedusche erhält. Du wirst wesentlich besser schlafen.

Ich führe in meinem Terminkalender eine laufende Liste von Personen, mit denen ich die Ablösungs-Übungen machen will. Einmal pro Monat mache ich eine Sitzung mit mir selbst und führe die Vergebungs-Rituale durch.

Energiearbeit hat immer Auswirkungen auf den ganzen Kosmos. Was du im Mikrokosmos, also bei dir selbst, veränderst, beeinflußt auch den Makrokosmos. Wir sind alle eins und miteinander verbunden. Was du an dir heilst, heilst du für deine Partnerschaft und für die ganze Welt. Wir haben viele, viele Schichten zu klären, zu lösen und zu vergeben. Packen wir's an!

Produkte-Hinweis

1. Benütze weiterhin Deine zur Zeit aktuellen Aura-Soma-Produkte. Wählst du aus diesem Praxisbuch nur die Übung „Partnerschafts-Analyse", so triff eine neue Auswahl. Laß dich von deinen inneren Führern leiten.
2. Integriere in deine Lichtarbeit mehrere solare See-Essenzen. Laß dich von deinen inneren Führern leiten oder finde die für dich passenden Essenzen im „Symptom-Register See-Essenzen A-Z".
3. Möchtest du auch mit solaren Schmetterlings-Essenzen arbeiten, so wähle diese nach den Farben aus. Im Zweifel kannst du die Regenbogen- und oder Purpur Magenta-Essenz integrieren.

Empfange ein Wunder und Heilung.

Affirmationen und Gebete

Wie sie dein Leben beeinflussen

Unterdessen gibt es viele Studien und Bücher, die beweisen, daß Affirmationen und Gebete den Heilungsprozeß beschleunigen und sogar Wunder wirken. Worte sind nichts anderes als Schwingungen, die kodiert sind. Zum Beispiel das Wort GOD und das Wort GOTT haben, numerologisch ausgedrückt, denselben Wert; siebzehn ergeben reduziert acht. Die liegende Acht ist ein Symbol für die Unendlichkeit. Weitere Informationen zum Thema Numerologie findest du im Farb-Lexikon, im Numerologie-Verzeichnis. Unsere Sprache zeigt Wirkung, ob wir ein Wort aufnehmen, schreiben oder sprechen, die Beeinflussung ist immer ausgeprägt, sogar um einiges mehr, als es uns bis zum heutigen Tag bewußt ist. Vor vielen Jahren erkannte ich diese Weisheit und übte darauf hin, in jedem Moment das richtige Wort auszusprechen und meine Sprache konstruktiv auszurichten. Unter anderem habe ich viele meiner angelernten Sprachmuster und Glaubenssysteme mittels Affirmationen verändert. Dies wurde zu einem sehr intensiven Bewußtseinstraining, welches mir ermöglichte, die konstruktiven Muster in meinem Sprachsystem zu verankern. Oft ist es mir sehr unangenehm, wenn Menschen so unbewußt mit ihrer Sprache umgehen, womit sie ständig sich selbst und andere negativ beeinflussen. Ich habe gelernt, in solchen Momenten mental ein Signal zu verwenden, welches STOP heißt. Dieses STOP sieht genau so aus wie das STOP-Signal im Straßenverkehr, es hilft mir, die Informationen automatisch zu filtern oder zu transformieren.

Affirmationen werden auf verschiedenste Weise verwendet. Aus meiner Erfahrung sind sie am effektivsten einzusetzen für die Neuprogrammierung unserer Gewohnheiten. Zum Beispiel für die Veränderung von Glaubenssystemen, für den Sprachgebrauch und für den inneren Dialog (Selbstgespräche), um hier nur einige Möglichkeiten zu erwähnen. Affirmationen kannst du sprechen, so oft du willst. Vielleicht hast du als Kind gehört: „du bist noch zu klein dazu". Wie oft hast du diesen oder andere Sätze gehört? Hast du in den letzten Jahren oder Jahrzehnten diesen oder andere Sätze transformiert? Wenn nicht, dann sind diese Sätze in deinem Glaubenssystem immer noch gespeichert, was zur Folge hat, daß du in derselben Weise wie früher handelst oder behandelt wirst. Wie viele solcher Redewendungen sind in deinem System programmiert? Dutzende, Hunderte, Tausende? Nur du weißt, welche „Wahrheiten" dir als Kind eingetrichtert wurden. In diesem Kapitel wirst du erfahren, wie eine einfache Neuprogrammierung möglich wird.

Gebete sind in Worte gefaßte Gedanken, mit denen wir uns direkt an Gott wenden. Verschiedene Kulturen und Religionen haben unterschiedliche Namen für Gott. Alle haben eines gleich: Sie sprechen ihren Gott direkt an. Gebete sind oft lang und kommen nur langsam zum Ziel. Solange die Absicht der Gebete aus dem Schwingungsfeld der unteren Chakras stammt, werden sie auf der Frequenz von Angst, Eigennutz und Materialismus aufgebaut. Sie sind dann nichts anderes als Wünsche und Bedürfnisse des Egobewußtseins oder sogenannte „Gib-mir-Gebete", wie sie Ron Rooth beschreibt. Er reist heute mit Louise L. Hay und Caroline Myss um die Welt und führt zahlreiche Heilungsmessen durch. Er erklärt, daß es absolut notwendig ist, Gebete vom vierten Chakra, dem Herzen aus, zu senden. Mit Anrufungen wie ALLELUJA oder SHALOM kannst du deine Schwingungen zu den oberen Chakras, über dem Sonnengeflecht, anheben und dich damit mit deinem Höheren Selbst verbinden. Beten bedeutet, daß du zu Gott sprichst – Meditieren bedeutet, daß du in die Stille gehst und Gott eine Chance hat, zu dir zu sprechen. Die Schwierigkeit besteht darin, seine Botschaft wirklich zu vernehmen.

Stoßgebete sind kurz, präzise und sehr intensiv. Die Wahrscheinlichkeit ist groß, daß ein Stoßgebet vom Universum sehr rasch beantwortet wird, da die Informationen sehr genau sind. Stoßgebete werden auch selten wiederholt. – Das ist eine interessante Feststellung! Stoßgebete werden ausgesprochen und losgelassen. Dieses Loslassen ist eines der wichtigsten Elemente eines Gebetes. Ich werde noch ausführlicher darüber sprechen.

Jedes gesprochene Wort ist aufgeladen mit Energie, es hat Schwingung und beeinflußt dementsprechend den Mikro- sowie den Makrokosmos

Bevor wir uns die Gesetzmäßigkeiten anschauen, die ich in meiner langjährigen persönlichen Auseinandersetzung erfahren durfte, will ich dir hier eine wahre Geschichte erzählen, die im amerikanischen Fernsehen dokumentiert wurde. Sie bewegte eine ganze Gemeinde.

Amanda war eine überaus beliebte Hochschulstudentin und war bekannt für ihr sonniges Gemüt, ihr Lachen und auch als „Cheerleadergirl". Eines Abends auf der Heimfahrt nach einer Party, auf welcher Alkohol getrunken wurde, verlor der Fahrer die Kontrolle über sein Fahrzeug, und es ereignete sich ein schwerer Autounfall. Ein Mitinsasse war sofort tot;

Amanda fiel ins Koma. Der Befund der Ärzte war einstimmig, Amanda hatte keine große Überlebenschance, und sollte sie jemals wieder zu Bewußtsein kommen, dann nur mit erheblichen Gehirnschäden – praktisch lebensunfähig. Amandas Mutter hörte den Bericht der Ärzte. Ihr Glaube an Gott und ein Gefühl in ihrem Herzen sagten ihr, daß ihre Tochter leben und gesund sein wird. Amanda wurde von diesem Tag an täglich von der Familie, von Freunden und Mitstudenten besucht. Von ihrer Trainerin erhielt sie jeden Tag einen Engel-Pin. Bald begannen auch befreundete Studenten, die noch niemals mit Engeln in Kontakt gekommen waren, Engel-Pins zu tragen. Am Tag der Diplomfeier kamen dann alle in ihren Festkleidern ins Spital und tapezierten die Wände mit Anrufungen für Amanda und mit gemeinsamen Erinnerungsfotos. Bald darauf wachte sie auf und erhielt sogar noch mehr Unterstützung zur Genesung. Unter anderem wurde ein Wohltätigkeitskonzert organisiert, um der unversicherten Familie die Pflegekosten zu bezahlen. Es kamen $ 75.000,00 zusammen. Dies ereignete sich im August 1997.

Heute ist Amanda zu Hause bei ihren Eltern und kann wieder sprechen, essen und selbständig gehen. Ihr innigster Wunsch ist es, an die geliebte Schule zurückgehen zu können.

Affirmationen und Gebete wirken! Achte darauf, was du dir wünschst – es manifestiert sich

Meine mehr als zwölfjährige Erfahrung mit Affirmationen lehrte mich, daß all unsere Anrufungen wirken, darum achte genau darauf, was du dir wünschst. Worauf wir unsere Aufmerksamkeit richten, wird sich verstärken. Denke konstruktiv, und dein Leben wird positiv. Sei auch genau so achtsam, was du anderen wünschst, denn es könnte eintreffen.

Je besser die Affirmationen im Unterbewußtsein (welches nur Bilder aufnimmt) gespeichert sind, desto einfacher ist die Umsetzung in die materielle Welt. Das Unterbewußtsein ist wie ein Acker, unsere Gedanken sind die Saat. Je besser der Zustand des Ackers ist, desto eher kann die Saat aufgehen.

Dieser gute Zustand meines inneren Ackerfeldes wird zum Beispiel erleichtert durch:

- ➢ tägliche Kommunikation mit dem Unterbewußtsein,
- ➢ auf die innere Stimme hören,
- ➢ die Gefühle im Bauch wahrnehmen,
- ➢ die Stimme der Selbstkritik ausschalten.

Die täglichen Affirmationen sind nichts anderes als Bestätigungen. Sie sind wie Sonnenschein, Wasser und Dünger, welche das Wachstum der Pflanzen fördern.

Auf die Frage, wie lange es geht, damit sich die Affirmationen verwirklichen, kann ich aus meiner Erfahrung folgendes sagen: Sie können sich sehr schnell manifestieren, sei es in Minuten, Stunden oder über Nacht. Den Faktor Zeit haben wir allerdings nicht unter Kontrolle, manche Affirmationen brauchen auch viel länger. Doch je intensiver wir unseren Acker pflegen, um so einfacher ist es für die Kräfte der universellen Gesetzmäßigkeiten, durch uns zu fließen und den Inhalt der Affirmationen zu verwirklichen. Achte darauf, daß diese Affirmationen dem großen göttlichen Gesetz entsprechen müssen. Denke daran, daß hinter dem sich manifestierenden Gesetz das Höchste Bewußtsein, die Höchste Intelligenz und die Höchste Macht stehen. So kann es sein, daß die Affirmationen sich nicht erfüllen, weil ihre Verwirklichung deinen geistigen Reifeprozeß stören oder gar verhindern könnte.

Hier sind die **Regeln**, die es unbedingt einzuhalten gilt, um mit Affirmationen zum Durchbruch zu gelangen.

Regel 1: Sprich Affirmationen und Gebete immer mit stark emotional schwingenden Verben und Adjektiven in einer möglichst bildhaften Sprache, die viele deiner Sinne anspricht (Gefühl, Bild, Ton und Geschmack).

Es ist vorteilhaft, wenn du mehrere Sinneswahrnehmungen miteinander kombinierst. Je mehr Sinne (Fühlen, Hören, Sehen, Schmecken, Riechen) du integrierst, um so effektiver ist die Neuprogrammierung.

Beispiele:

Partnerschaft: *Ich genieße meine Partnerschaft mit lichtvollen Gesprächen und mit Zärtlichkeiten. Ich bin glücklich über unsere spirituelle, göttliche Verbindung.*

Arbeit: *Ich gebe auf natürliche Weise mein Bestes für erfüllende Arbeit und freue mich am Reichtum, der rechtmäßig zu mir zurückfließt.*

Wohnsituation: *Ich wandle jetzt freudig durch meine lichtdurchflutete Wohnung/Heim und erzähle meinen Bekannten von folgenden außergewöhnlichen Dingen* (Hier beschreibst du ausführlich deine Vorstellungen)...

Spirituelles Wachstum: *Ich lausche meiner inneren Stimme; die Eingebungen erkenne ich und realisiere sie hingebungsvoll.*

Regel 2: Sprich Affirmationen und Gebete immer in der Gegenwart.

Sprich sie so aus, als hättest du jetzt schon den Idealzustand erreicht. Zwar mögen all diese kosmischen Gesetzmäßigkeiten für unser lineares Denken ungewohnt sein, es ist aber sehr wichtig und trotzdem der richtige Weg. Im Energiefeld der unendlichen Intelligenz gibt es keine Raum- und Zeitmessung. Dort ist alles vorhanden. Manifestieren ist etwas völlig Natürliches. Wir kreieren unsere Wirklichkeit mit jedem Gedanken. Das bedeutet auch, daß wir hundertprozentig verantwortlich für unsere Lebenserfahrungen sind.

Beispiele:

Partnerschaft: *Ich lebe in einer harmonischen, erfüllten Partnerschaft, so daß ich geistig wachsen und reifen kann.*

Arbeit: *Ich gestalte täglich meine alles umfassende und erfüllende Zukunft.*

Wohnsituation: *Ich erwache in meiner stimmungsvollen Vierzimmer Dachwohnung mit exklusiver Naßzone, Natursteinkamin, offener, lichtvoller Wohn- und Eßküche, Dachterrasse ... (und so weiter) und sehe wie ich die Miete/Zinsen mit Leichtigkeit bezahle.*

Spirituelles Wachstum: *Ich entdecke und liebe meine Lebensaufgabe (Mission) – und erfülle diese mit Freude und Disziplin. Meine geistigen Führer lenken mich durch die bunt gestaltete Lebensschule.*

Regel 3: Sprich Affirmationen und Gebete immer in konstruktiver, positiver Sprache

Findest du in einem Satz ein „*nicht*", so wird dies das Gegenteil auslösen von dem, was du dir wünschst. (Denke jetzt *nicht* an den Eiffelturm in Paris – und schon hast du auf deine innere Leinwand ungewollt das Bild projiziert – nämlich den Eiffelturm). Hier folgt eine Liste mit Wörtern, welche du neu programmieren kannst.

Vermeiden:	**Programmieren:**
Ich kann nicht	**Ich kann**
Ich bezweifle	**Ich bin sicher**
Ich habe keine Zeit	**Ich nehme mir die Zeit**
Vielleicht	**Bestimmt**
Ich befürchte	**Ich bin zuversichtlich**
Ich glaube nicht	**Ich glaube**
Ich hoffe	**Ich vertraue**
Ich weiß nicht	**Ich weiß**
Ja, aber	...**und**
Ich muß	**Ich will**
Ich sollte	**Ich kann, wenn ich will**
Das nächste Mal	**Heute**
Später	**Jetzt**
Nein	**Stop**
Unmöglich	**Möglich**
Eigentlich	**Wirklich**
Nie	**Sag niemals nie**

Regel 4: Sprich Affirmationen und Gebete für gesundheitliche Belange in du-Form

Deine Kommunikation mit deinem Unterbewußtsein wird einfacher und persönlicher, wenn du ihm einen Namen gibst. Damit hast du zukünftig einen Dialogpartner, den du mit Namen ansprechen kannst.

Übung: Taufe dein Unterbewußtsein

Schließe deine Augen, denke oder erfrage den Namen für dein Unterbewußtsein.

➢ Welcher Name kommt dir spontan in den Sinn? Er mag noch so komisch oder eigenartig klingen, akzeptiere ihn, es ist der richtige.
➢ Also, – jetzt – schließe deine Augen
➢ ....(Name).

Zukünftig kannst du nun dein Unterbewußtsein mit seinem Namen ansprechen. Du kannst es fortan als deine ausführende Kraft betrachten, im Moment, wo du einen Wunsch geäußert hast. Wenn du in einem Restaurant ein Menü bestellst, gehst du auch nicht in die Küche und kontrollierst die Zubereitung vom Chefkoch. Oder noch schlimmer: Rennst du ständig zwischen dem Tisch und der Küche hin und her, damit ja alles kommt, wie du es bestellt hast? Nein, du sitzt am Tisch und genießt die Atmosphäre oder führst ein angenehmes Gespräch. Du weißt, daß deine Bestellung in professionellen Händen ist, und vertraust darauf, daß alles deinen Wünschen entsprechend zubereitet wird. Dieses Gleichnis verdeutlicht, wie einfach es ist, Affirmationen und Gebete, Wünsche und Bestellungen aufzugeben und der „universellen Küche“ zu vertrauen.

Käpten und Gopher

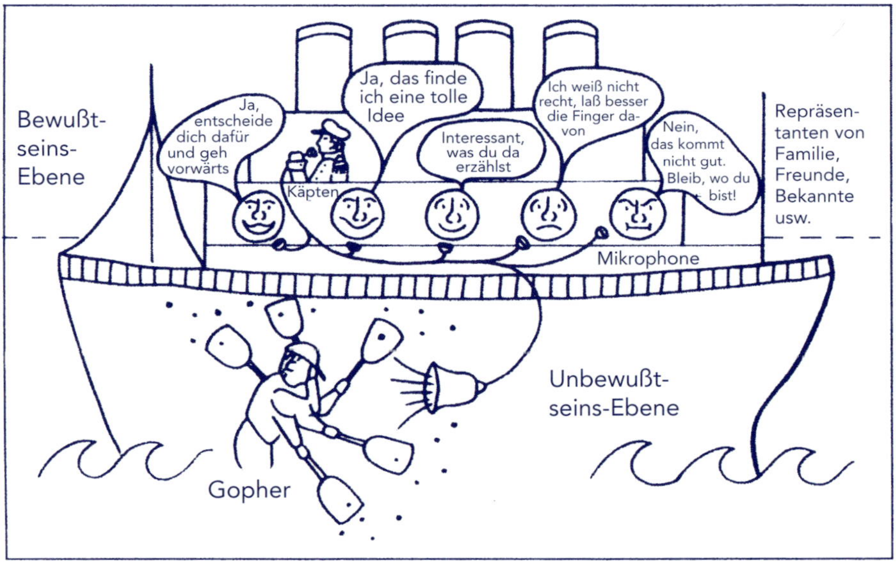

Du bist der Kapitän deines Lebensschiffes. Du stehst auf der Kommandobrücke und steuerst das Schiff auf dem Kurs deiner Lebensaufgabe. Je genauer du deine Aufgabe kennst, desto einfacher ist es, Kurs zu halten. Mit anderen Worten: Wenn der Zielhafen bekannt ist, so ist es leicht, auf Kurs zu bleiben. Wenn du auf Meinungen in deinem Umfeld angewiesen bist, um deinen Hafen zu finden, so wirst du den Kurs öfter wechseln. Der „Gopher“ (go for it) im Kohlenraum symbolisiert dein Unterbewußtsein. Er ist deine primäre ausführende Kraft. Der Kohlenschaufler kommt nicht auf die Kommandobrücke zum Kapitän, um den Kurs zu überprüfen. Er führt ausschließlich die Anordnungen aus. Ist der Befehl: „Volle Kraft voraus“, so schaufelt er unermüdlich Kohle ins Feuer, ob nun das Schiff auf hoher See ist oder auf einen Eisberg aufläuft. Das Schiff hat eine gewisse Trägheit. Damit verzögert sich die Auswirkung eines Befehls. Willst du von einem Tag auf den anderen dein ganzes Leben auf den Kopf stellen und auf einen neuen Kurs gehen, so braucht dies Zeit, um das Manöver durchzuführen. Unter Umständen läufst du zuerst einen neuen Hafen an, um einen Teil deiner Besatzung auszuwechseln und die richtige Ladung an Bord zu nehmen, bevor du das Ziel erreichen kannst.

Aus Unsicherheit bitten wir oft andere Menschen um ihre Meinungen und überlassen dann Familienmitgliedern, Freunden, Bekannten das Mikrophon und damit die Steuerung unseres Schiffes. Dies kann dich vom Lebenskurs abbringen. Ja, es kann sogar sein, daß du unter Umständen das Kommando sogar mehreren Personen, die untereinander sich auch wieder nicht einig sind, übergibst. Resultat: du fährst für Tage, Wochen, Monate, vielleicht sogar Jahre im Kreis herum, kommst nicht vorwärts und verfehlst den nächsten Etappenhafen deines Lebens.

Du bist der Kapitän deines Schiffes. Nur du und deine geistigen Führer kennen deinen Lebensplan. So erinnere dich daran, daß du deine geistigen Führer jederzeit um Hilfe bitten kannst. Jesus Christus betonte deutlich, daß der Mensch den ersten Schritt machen muß: „Bittet, so wird euch gegeben; suchet, so werdet ihr finden; klopfet an, so wird euch aufgetan.“ (Mo. 7,7) Bitte also deine geistigen Führer, dich täglich zu unterstützen, damit du mit ihnen als Team auf Lebenskurs gehen kannst.

Beispiel:

Gesundheit: *Ich öffne mich für die Liebe.*
Ich bin Geist, ein ganzheitliches Wesen und in jedem Moment rundum gesund und erfüllt. Ich unterstütze den physischen Körper mit liebevoller Zuwendung in dieser Transformationsphase.

Ich fühle, höre und sehe, daß die Körpersysteme ganz in Balance sind und jede Zelle mit Licht erfüllt ist.
Ich fordere den Körper auf, sich mit dem inneren Heiler zu verbinden und die Genesung zu vollenden.

Regel 5: Speichere deine Affirmationen und Gebete in deinem Unterbewußtsein

Es ist, wie schon so oft beschrieben: dein Unterbewußtsein ist die Software, die du fütterst beziehungsweise programmierst. Der Körper ist die Hardware und das Gehäuse; deine Aktionen und Reaktionen können dem Drucker gleichgestellt werden. Was auch immer du bewußt und unbewußt programmierst und von Dritten programmieren läßt, hat zwingend eines Tages seine Wirkung in Aktionen und Reaktionen, im Aus-Druck aus dem Drucker. Das Bewußtsein hat in der Verbindung zum Unterbewußtsein keinen Filter. Dein Unterbewußtsein nimmt alles auf. So programmierst du täglich, rund um die Uhr, über deine Gefühle, deine Gedanken, die gesprochenen Worte, die Töne, den Geschmack und den Geruch. Die Programmierung deiner Software kannst du dir wie folgt vorstellen: Alle Informationen werden auf einem dreispurigen Tonband über deine fünf Sinne gespeichert.

Das Tonband

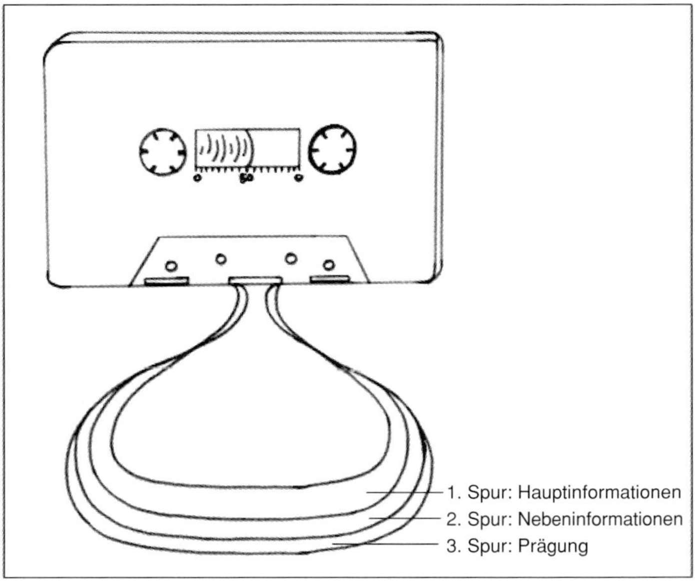

Anhand des symbolischen dreispurigen Tonbands erkennst du, wie alle bewußt und unbewußt aufgenommenen Informationen gespeichert werden. Angenommen, du sitzt in einem Vortrag von einem dir bekannten Lehrer: Die Speicherung deiner Gedanken geschieht in drei Stufen:

1. Spur:	**Hauptinformation**: hören, sehen	Worauf du deine Aufmerksamkeit lenkst: z. B. auf den Sprecher und seine unmittelbare Umgebung, die Farben, Formen und Töne.
2. Spur:	**Nebeninformation**: hören, sehen	Worauf deine Aufmerksamkeit gelenkt wird: z.B. das Knistern der Taschentuchpackung, ein Schluchzen oder ein Stift, der zu Boden fällt, Hintergrundgespräche usw.
3. Spur:	**Prägung des Speichers**: läuft hauptsächlich über deine 5 Sinne V, A, K, G, O*	Basiert auf der Intensität deiner Gefühle, in jedem Moment. Je mehr Sinne involviert sind, desto stärker ist die Abspeicherung im Unterbewußtsein und um so leichter ist es, sich an diese Informationen wieder zu erinnern.

*V = Visuell, A = Auditiv, K = Kinästhetisch, G = Gustatorisch, O = Olfaktorisch

Da, wo du deine Aufmerksamkeit hinlenkst, wird die Hauptinformation sein. Somit kann eine Nebeninformation für dich zur Hauptinformation werden, zum Beispiel, wenn du einem Gespräch im Hintergrund deine Aufmerksamkeit schenkst. Wenn du dich später an den Vortrag erinnerst, wirst du eher die Nebeninformation „Hintergrundgespräch“ als die wesentliche Hauptinformation „Vortrag“, abgespeichert vorfinden.

All diese Tonbänder sind wiederum eingelagert in einem großen Lagerhaus. Wissenschaftler sind sich bis heute nicht einig, wo genau diese Tonbänder gelagert werden und wie der genaue Zugang zu diesen erfolgt. Es gibt Bänder, welche kaum mehr zum Gebrauch hervorgeholt werden. Andere, die mit starken Emotionen geladen sind, werden immer und immer wieder abgespielt. Diese können dich zu positiven oder auch hinderlichen Verhaltensmustern konditionieren.

Hier eine Affirmation von Florence Scouvel Shinn, welche uns hilft, solche Tonbänder zu löschen: „Ich zerbreche und vernichte JETZT (durch mein gesprochenes Wort) jedes unwahre Tonband in meinem Unterbewußtsein. Diese sollen ins Nichts zurückkehren, denn sie entstanden aus meinen eigenen unnützlichen Vorstellungen."

Das Unterbewußtsein ist immer hellwach, vierundzwanzig Stunden am Tag. Ob du träumst, Auto fährst, liest, ißt, sprichst oder schläfst. Alle bewußten und unbewußten Erfahrungen werden immer von neuem gespeichert und früher oder später ausgeführt und in der Materie manifestiert.

Die Pyramide

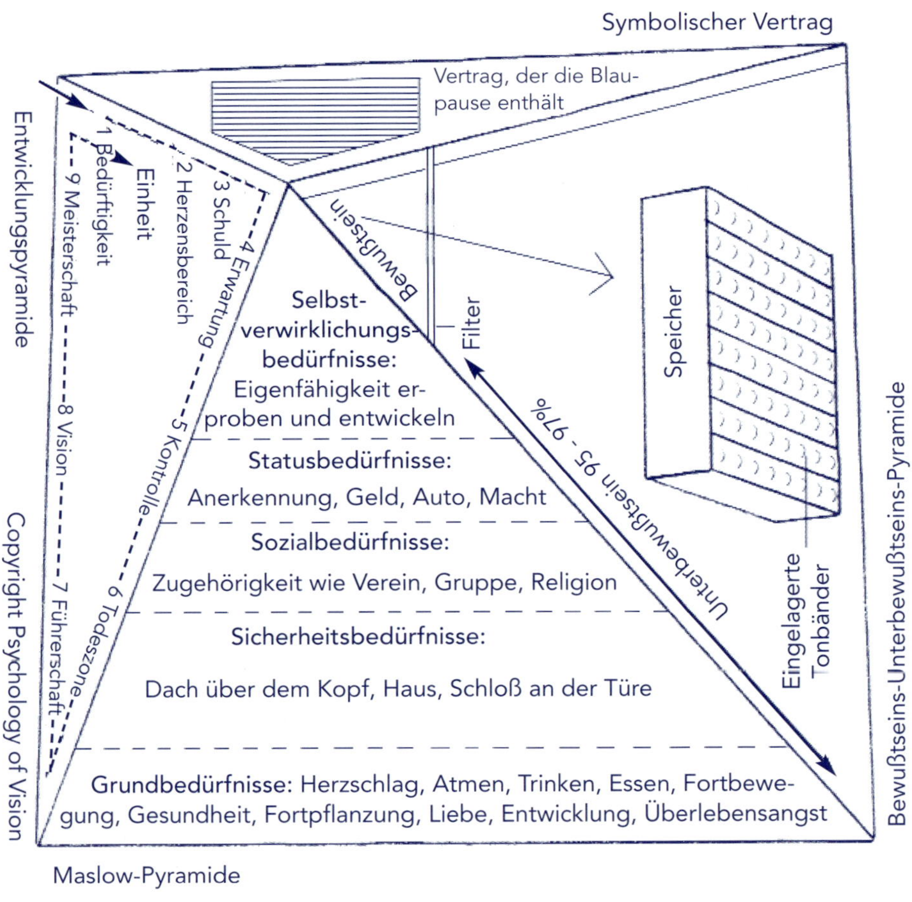

a)
Die obige Darstellung soll uns ein einfaches, verständliches Bild unserer Bewußtseinsstruktur geben. Wir benützen nach wie vor nur ungefähr zehn Prozent unserer Kapazität. Die restlichen neunzig oder mehr Prozent schlummern in unserem Unterbewußtsein. Die Linie zwischen den bewußten und unbewußten Teilen ist wie ein Filter. Von oben sinkt alles ins Unterbewußte ab und wird dort, außerhalb unserer Kontrolle, gespeichert. Umgekehrt fließen vom Unterbewußten nur vereinzelte Informationen nach oben, je nach Verdichtung des Filters. Die ganze Pyramide basiert auf einer Grundstruktur, auf der alles weitere aufgebaut ist.

b)
Die symbolische Darstellung des Vertrags oder der Blaupause soll uns daran erinnern, daß wir uns hier im Körper inkarnierten, um eine ganz bestimmte Aufgabe wahrzunehmen.

c)
Ein Modell, welches uns den möglichen Weg von Abhängigkeit (1 Bedürftigkeit / 2 Herzensbruch / 3 Schuld), zu Unabhängigkeit (4 Erwartung / 5 Kontrolle / 6 Todeszone) in die Verbundenheit (7 Führerschaft / 8 Vision / 9 Meisterschaft) und Einheit aufzeichnet. Siehe Punkte 1 bis 9. Psychology of Vision, Chuck Spezzano, PhD, Hawaii.

d)
1. Ebene Basisbedürfnisse: Diese haben Priorität. Fällt die Befriedigung eines Bedürfnisses aus, wird alle Kraft mobilisiert, um diese Befriedigung wieder zu sichern.
2. Ebene Sicherheitsbedürfnisse, wie zum Beispiel ein Dach über dem Kopf usw.
3. Ebene Sozialbedürfnisse: Zugehörigkeitsgefühl, Verein, Club usw.
4. Ebene Statusbedürfnisse, wie Anerkennung durch materielle Objekte
5. Ebene Selbstverwirklichungsbedürfnisse: Eigenfähigkeiten erproben und entwickeln

Regel 6: Sprich Affirmationen und Gebete laut aus.

Erinnerst du dich an den jungen Bauern, welcher seinen Acker bebaute? Der Acker steht hier symbolisch für die Arbeit mit Affirmationen und für die Neuprogrammierung deines Unterbewußtseins. Welche Methode wendest du in deinem Leben an, wenn es darum geht, einen neuen Acker zu bebauen? Wähle nachfolgend unter a) bis c) die für dich passende Anleitung aus. Du weißt am besten, in welchem Zustand dein Acker ist.

a) Für Beginnende:

Du brauchst viel Engagement und Disziplin bis zur ersten reichen Ernte.

Sprich deine Affirmationen einen Monat lang mindestens dreimal täglich: morgens, mittags und abends möglichst vor dem Spiegel und so oft du dich gedanklich mit dem formulierten Zustand befaßt. Sobald ein Zweifel hochkommt, bedanke dich dafür und sprich deine Affirmation von neuem. Der Zweifel ist nichts anderes als Unkraut auf deinem Acker. Deine alten Überzeugungen und gespeicherten Daten aus deiner DNA verursachen sie. Säubere von Anfang an dein Feld von Unkraut, indem du die Affirmation wiederholst.

b) Für Fortgeschrittene und Wiedereinsteigende:

Du kannst dein Feld vom Unkraut säubern und säen.

Sprich deine Affirmation in den ersten neun Tagen dreimal täglich: morgens, mittags und abends und sooft du dich gedanklich mit dem formulierten Zustand befaßt. Du weißt bereits, welche Erfolge du mit Affirmationen bis heute erreicht hast. So kann es sein, daß der Zweifel sich ganz anderer Methoden bedient und zur Hintertür hereinkommt, um die Saat zu vernichten. Dies ist nichts anderes als ein übler Trick, um dich wieder auf Stufe a) zurückzuwerfen. Fahre fort, indem du deine Neuprogrammierungen täglich sprichst. Erinnere dich, wie oft der alte Glaubenssatz in deinem Tonband gespeichert war. Du brauchst Geduld und liebevolle Selbstakzeptanz, um die neue Wahrheit anzunehmen.

c) Für Geübte und Wissende:

Wähle die richtige Saat.

Sprich deine Affirmation mit dem Zusatz am Ende des Satzes: „ ...oder etwas Besseres“. Jetzt lasse diese los, ins unendliche Universum. Dies ist zugleich auch die erste Stufe des Manifestierens. „Herr Zweifel“ bedient sich hier noch stärkerer Mittel. Er läßt dich gar nicht erst entdecken, daß die Saat vernichtet ist, sondern läßt dich einfach auf die Ernte warten, die so natürlich nicht eintreffen kann. Lerne zu erkennen, daß „Herr Zweifel“ die Saat nur auf deine Einladung vernichten kann. Der kleinste, noch so verdeckte Zweifel ist für ihn eine persönliche Einladung, ans Werk der Vernichtung der aufgebauten Schwingungen im Universum zu gehen. In diesem Stadium bist du bereits so geübt, daß du die meisten deiner Gedanken unter Kontrolle hast oder dir sofort bewußt wird, was für Gedankenmuster gerade ablaufen. So hast du die Macht, diese auch zu unterbrechen, STOP zu sagen und neue Gedanken zu wählen.

Als Lichtarbeitende werden wir unsere Affirmationen immer erweitern, indem wir das ganze Universum einbeziehen.

Beispiel: Ich bitte um Heilung – auch für die Mutter Erde und für alles Leben in Gottes Universum.

Regel 7: Vollkommenes Loslassen und Vertrauen

Eine alte indische Weisheit sagt: “Sei losgelöst vom Resultat.“

Dies ist wahrscheinlich der wichtigste und zugleich auch der schwierigste Schritt. Alle anderen Schritte kannst du üben; aber hier gibt es nur eines zu tun: Es gilt die Meisterschaft des Vertrauens zu erlangen. Wir sind es gewohnt, alles selbst unter Kontrolle zu haben. Hier übergeben wir die Kontrolle der unendlichen Intelligenz im Universum. Dies erfordert Mut, Geduld und Übung.

Unterstütze deine Übungen mit Bildern:

Gehe ins Freie und mache mit Seifenwasser eine Seifenblase, sprich deine Affirmation oder dein Gebet, projiziere diese in die regenbogenfarben schimmernde Seifenblase. Laß sie los, und übergib sie der unendlichen Intelligenz des Universums. Dort wird alles zu seiner Zeit und am richtigen Ort beantwortet.

Bist du auf einem Spaziergang und gehst zum Beispiel einem Bach entlang, so nimm dir vom Boden ein Stück Holz oder ein Blatt, schließe dieses in deine zwei Hände ein, sprich deine Affirmation laut aus und laß nun das Hölzchen oder das Blatt davonschwimmen. Folge ihm mit deinen Augen, bis du es in der Entfernung ziehen läßt.

Kommst du auf einem Spaziergang an einen See, so suche dir einen passenden Stein und sprich deine Affirmation, während du den Stein ins Wasser wirfst. Beobachte nun die immer größer werdenden kreisförmigen Wellen, bis sie sich wieder beruhigt haben beziehungsweise sich scheinbar in nichts auflösten.

Dies sind weitere Schritte auf deinem Weg, Absichten zu manifestieren. Ich habe gelernt, über Nacht zu manifestieren – unter anderem mit diesen Techniken, welche für unseren Verstand wichtige, symbolische Rituale enthalten.

Regel 8: Erkenne deine Fortschritte, freue dich darüber und belohne dich

Jede neue Verhaltensweise ist das Resultat neuer Gedankenmuster. Bestätige dich selbst und tue dir etwas Gutes. Bedanke dich immer wieder von Herzen bei deinen geistigen Führern für ihre wunderbare Anwesenheit.

Regel 9: Die Affirmation in Kombination mit deiner AURA-SOMA Equilibrium-Flasche

Schreibe dir die Affirmation, welche zu deiner derzeitigen Equilibrium-Flasche gehört, auf ein neues Blatt Papier und nimm wahr, was diese Worte in dir auslösen. Worin besteht die Botschaft; was will diese Affirmation dir mitteilen? Hast du einmal deine persönlichen Erkenntnisse gefunden, überprüfe die Affirmation gemäß den nachfolgenden Kriterien. Es ist von Vorteil, wenn du die Affirmation während dem Schütteln und Einreiben deiner Essenz laut und deutlich, mit Herzlichkeit aussprichst. Sei Willens, die Veränderung geschehen zu lassen und sie anzunehmen.

Beispiel 1

Ich verabschiede mich von der Vergangenheit und öffne mich für die Liebe.

Du kannst dich nur einmal von der Vergangenheit verabschieden. Bei mehrmaliger Wiederholung dieser Affirmation erweckst du die Vergangenheit immer wieder von neuem, wie uns schon Erzengel Michael ermahnte. So wendest du also den ersten Teil, Ich verabschiede mich von der Vergangenheit, vornehmlich in deinen Ritualen an. Den verbleibenden Satzteil faßt du in einer neuen Formulierung zusammen. Nun ist deine persönliche Affirmation zum täglichen Gebrauch bereit. Du kannst sie so oft wiederholen, wie du dir dies in dein Bewußtsein und dein Unterbewußtsein programmieren willst. Es gibt zahlreiche Möglichkeiten, dir die Affirmationen im Alltag bewußt zu machen: Schreibe sie auf einen Zettel und hänge ihn sichtbar auf, z.B. im Badezimmer, am Kühlschrank, im Auto am Armaturenbrett, am PC als Screensaver etc.

Beispiel 2

Ich öffne mich für die Liebe.

Willst du besonders schnell eine Ablösung von einem bestimmten Verhaltensmuster erzielen?

Hier eine kreative Technik:

Sprich deine Affirmationen, während du eine andere Tätigkeit ausführst. Zum Beispiel beim Zähneputzen, beim Wassertrinken, bei jeder roten Ampel, beim Treppensteigen – und bei vielen anderen, sich täglich wiederholenden Aktivitäten. Dies ist eine altbewährte Technik, welche bereits von Napoleon Hill in seinem Buch „ Denke nach und werde reich“ beschrieben wurde. Die laut ausgesprochenen Worte verbinden sich nach einer gewissen Zeit automatisch mit der Tätigkeit und werden wirkungsvoll im Unterbewußtsein verankert. Wann immer du nun die gewählte Aktivität ausführst, wird die Affirmation automatisch ausgelöst. Der Vorteil liegt darin, daß du den vollen Nutzen erfährst, ohne spezifisch an die Affirmation zu denken.

Achte gut darauf, welche Verbindung du wählst. Ich empfehle nur Assoziationen mit konstruktiven, gesunden Aktivitäten. Diese Technik wirkt Wunder und ist eine echte Abkürzung.

Zusammenfassung

Regel 1	Sprich Affirmationen und Gebete immer mit emotional schwingenden Verben aus, in einer möglichst blumigen Sprache, die viele deiner Sinne anspricht. (Gefühl, Bild, Ton,Geskhmack und Geruch).
Regel 2	Sprich Affirmationen und Gebete immer in der Gegenwarts-Form.
Regel 3	Sprich Affirmationen und Gebete immer in konstruktiver, positiver Sprache.
Regel 4	Sprich Affirmationen und Gebete für die Gesundheit in du-Form oder unpersönlich.
Regel 5	Speichere deine Affirmationen und Gebete in deinem Unterbewußtsein.
Regel 6	Sprich Affirmationen und Gebete laut (z.B. auf ein Tonband).
Regel 7	Lasse los und vertraue.
Regel 8	Erkenne deine Fortschritte und freue dich darüber.
Regel 9	Sprich Affirmation in Kombination mit deiner AURA-SOMA Equilibrium-Flasche.

Affirmationen auf einen Blick

Partnerschaft:

Ich genieße meine Partnerschaft mit lichtvollen Gesprächen und mit Zärtlichkeiten. Ich bin glücklich in unserer spirituellen, göttlichen Verbindung.

Ich lebe in einer harmonischen, erfüllten Partnerschaft, so daß ich geistig wachsen und reifen kann.

Arbeit:

Ich gebe auf natürliche Weise mein Bestes für erfüllende Arbeit und freue mich am Reichtum, der rechtmäßig zu mir zurückfließt.

Ich gestalte täglich meine alles umfassende und erfüllende Zukunft.

Die richtige Arbeit (das richtige Geschäft) habe ich schon, ich leiste mein Bestes und göttliche Fülle fließt zu mir zurück.

Wohnsituation:

Ich wandle jetzt freudig durch meine lichtvolle Wohnung/Heim und erzähle meinen Bekannten von folgenden außergewöhnlichen Dingen.

(Hier beschreibst du ausführlich deine Vorstellungen) ..., – oder etwas Besseres.

Ich erwache in meiner stimmungsvollen Vierzimmer-Dachwohnung mit exklusiver Naßzone, Natursteinkamin, offene, lichtvolle Wohn- und Eßküche, Gartendachterrasse (und so weiter) und sehe, wie ich die Miete / Zinsen mit Leichtigkeit bezahle.

Spirituelles Wachstum:

Ich entdecke und liebe meine Lebensaufgabe (Mission) und erfülle diese mit herzlicher Disziplin. Meine Führer lenken mich durch die bunt gestaltete Lebensschule.

Ich lausche meiner inneren Stimme; die Eingebungen erkenne ich und realisiere sie hingebungsvoll.

Ich schwinge mich mehr und mehr ins HIER und JETZT ein. Mein bewußtes Verständnis wächst mit jedem Schritt.

Ich stimme mich in die Teamarbeit mit meinen multidimensionalen Licht-Wesen ein und bin dankbar für die von mir erfaßten synchronistischen Situationen und Erfahrungen.

Dein Wille geschehe heute. Heute ist der Tag der Vollendung; ich danke für diesen vollkommenen Tag. Wunder reiht sich an Wunder.

Ich bitte mein Höheres Selbst, mich zu meinem Besten zu führen.

Gesundheit:

Ich bin Geist, ein ganzheitliches Wesen und in jedem Moment rundum gesund und erfüllt. Ich unterstütze den physischen Körper mit liebevoller Zuwendung in dieser Transformationsphase.

Ich fühle, höre und sehe, daß die Körpersysteme ganz in Balance sind und jede Zelle mit Licht erfüllt ist.

Ich öffne mich für die Liebe.

Ich fordere den Körper auf, sich mit dem inneren Heiler zu verbinden und die Genesung zu vollenden.

Wohlstand:

Gott ist meine unendliche Versorgung; erforderliche Geldsummen kommen rasch, in Gnade und auf vollkommene Weise zu mir.

Ich bin bereit, in Fülle und Wohlstand zu leben, und ich vertraue der unendlichen Quelle der Schöpfung.

Ideen, die du ergänzen kannst:

Unendlicher Geist, öffne mir den Weg der richtigen ...

Ich danke, daß dies sich jetzt auf vollkommene Weise verwirklicht.

...kommt zur rechten Zeit.

Ich bin zur rechten Zeit am rechten Ort und tue das Richtige.
..., oder etwas Besseres.
..., wenn es sein darf in Gottes Wille.
Ich bin die göttliche Gegenwart, die ... erfüllt.

Kommentar zu den Auswirkungen und Begrenzungen.

Die richtige Affirmation, in der richtigen Absicht gesprochen, hat wunderbare Kraft. Du kannst damit eine wirkungsvolle Neuprogrammierung bewirken. Dazu brauchst du Disziplin. Ein Bodybuilder bildet seine Muskeln auch nicht über Nacht. Er trainiert jeden Tag, bis er die gewünschte Form erreicht. Und danach geht er weiterhin zum Training, um seine neue Form beizubehalten. Je besser dein Acker bestellt ist, um so einfacher ist die Arbeit. Erforderlich ist nur Übung, Disziplin und Engagement. Die Auswirkungen sind großartig. Wenn du weißt, daß du über deinen Mentalkörper gleichzeitig auch noch Teile deines Emotionalkörpers heilst, so lohnt sich die Zeitinvestition in jedem Fall. Der Verstand ist verbunden mit dem Mentalkörper. Wenn du also Klarheit in deine Gedanken bekommst und sie achtsam kontrollierst, wirst nur noch du selbst, entsprechend deiner Lebensphilosophie, ohne Fremdbestimmung entscheiden, wie deine Programmierung aussehen soll. Würdest du eine vergiftete Nahrung essen? Nein, niemals. Wie viele vergiftete Informationen nimmst du denn heute noch in deinem multidimensionalen Körpersystem auf? Wie oft hörst du tagsüber dem Nachrichtensprecher zu, für dieselben Neuigkeiten? Welche Zeitungen und Zeitschriften liest du? Es gibt nichts Älteres als eine Zeitung von gestern! Auf welcher Basis führst du deine täglichen Gespräche und deine inneren Dialoge? Nimm deinen Verstand und Mentalkörper in die Schule der Meisterschaft. Deine Arbeit mit Affirmationen ist dazu ein äußerst wirkungsvoller Schritt.

Ich bin in der jahrelangen, kontinuierlichen Arbeit mit Affirmationen auch an Grenzen gestoßen. Eine von uns Menschen aufgebaute Grenze ist immer wieder die Einladung an „Herrn Zweifel“. Eine andere ist unsere Kurzsichtigkeit bezüglich aller vergangenen, gegenwärtigen, simultanen und zukünftigen Leben: Wie weit können wir uns wirklich alle irdischen Wünsche erfüllen? Ich bin überzeugt, daß es nach der Transformation in andere Dimensionen, dem sogenannten Tod, ein Leben vor der nächsten Inkarnation gibt; das sogenannte „Interlife*“, welches aus der

Reinkarnationstherapie bekannt ist. Bevor wir wieder inkarnieren, stellen wir mit unseren geistigen Führern die Blaupause** zusammen. Dort wählen wir die genauen Umstände wie z.B. Kontinent, Hautfarbe, Status, Eltern, Lernerfahrungen und Möglichkeiten für ein nächstes Leben aus. Vielleicht kommt der im Volksmund gebrauchte Ausdruck „Schicksal" dieser Tatsache am nächsten. Diese und viele andere Informationen sind in unserer DNA gespeichert. Im „Interlife" haben wir alles gewählt, was wir im jetzigen Leben ausbalancieren und erfahren wollen, um größtmöglichen Nutzen für alle zu bewirken. Auf dem Planet Erde haben wir zudem das Grundprinzip des freien Willens. Wir können alles kreieren, solange dies mit unserer Blaupause übereinstimmt, welche ein Teil des universellen, göttlichen Plans ist. Ich glaube, daß jeder Mensch gekommen ist, um eine für ihn bestimmte, einzigartige Mission zu erfüllen. Je näher wir dieser Aufgabe in unserem täglichen Leben gekommen sind, desto mehr finden wir den Zugang zum göttlichen Überfluß. Spontan werden sich also unsere Wünsche manifestieren, und entsprechend verändern sich auch unsere Gedanken.

Produkte-Hinweis:

1. Benütze reinigende und klärende Aura-Soma-Produkte für alle feinstofflichen Körper, insbesondere für den mentalen, bevor du die Affirmationen sprichst.
2. Benütze die für dich passende Quintessenz, welche dich mit deinem inneren Lehrer verbindet.
3. Benütze Aura-Soma-Produkte, welche den Prozeß des Affirmierens unterstützen, stärken und integrieren. Du findest dazu Informationen im „Farb-Lexikon".

Empfange ein Wunder und Heilung.

*„Interlife": das Leben zwischen den Leben

**Blaupause ist der Inhalt der zu lernenden Aufgaben in diesem Leben

Meditationen

Meditation bedeutet in die Stille zu gehen, sich nach innen zu wenden, die Gedanken loszulassen und die Gegenwart des Göttlichen wahrzunehmen. Es ist für Lichtarbeitende von großer Wichtigkeit, sich immer wieder ins Höchste Bewußtsein einzuschwingen und zur Ruhe zu kommen, um die göttliche Begleitung zu empfangen. Meditation wird zu einem unserer Grundbedürfnisse, genau so wie schlafen, essen, trinken und atmen. Du meditierst für dich selbst und für die Welt. Mit jedem Mal, wenn du ins reine Bewußtsein eintauchst, erhöhst du deine Schwingungsfrequenz und gleichzeitig diejenige der Erde. Meditation ist ein sehr umfangreiches Thema, und es gibt darüber zahlreiche Literatur, Seminare und Einführungen. Wähle aus dem Angebot aus, was dir entspricht.

AURA-SOMA eignet sich wunderbar für deine Meditation. Ganz besonders hilfreich sind dazu die Quintessenzen; sie helfen dir, den Raum zu schaffen, still zu werden und Antworten auf deine Fragen zu finden. Orientiere dich an den thematischen Schwerpunkten und wähle vor deiner Meditation die entsprechende Quintessenz; sie wird dich liebevoll schützen und begleiten.

Schenke dir Zeit und einen „heiligen Platz"

Schenke dir selbst die Zeit zum Meditieren. Wähle eine Methode, die dir ganz entspricht. Schaffe dir einen persönlichen Kraftort, einen „heiligen Platz", mit Gegenständen, die dir lieb sind. Andere Menschen sollen nur mit deiner Erlaubnis diesen Raum betreten dürfen. Mach die Zeit der Meditation zu deinem persönlichen Ritual, am besten am Morgen nach der Reinigung und am Abend vor dem Essen, spätestens aber bevor du zu Bett gehst. Schütze deine Aura mit einem Pomander, wähle deine Quintessenz, bevor du dich möglichst mit aufrechter Wirbelsäule hinsetzt und für die Meditation bereit bist. Unterstütze den Körper mit geeigneten Kissen oder lege dich hin, falls es aus gesundheitlichen Gründen nicht anders möglich ist.

Für Beginnende

Am Anfang ist es am einfachsten, dich auf folgende Weise zu zentrieren: Nimm dir eine Weile Zeit, meditative Musik zu hören oder in einem spirituellen Buch zu lesen und darüber zu kontemplieren. Die Regelmäßigkeit dabei ist ein wichtiger Schlüssel zum Wesen der Meditation. Mit der Zeit wird dein Körper diese Pausen so sehr genießen, daß er dir Impulse setzt, die Gewohnheit einzuhalten.

Für Fortgeschrittene und Wiedereinsteigende

Meditierst du bereits regelmäßig, so hast du erfahren, welche wunderbaren Resultate du damit auf allen Ebenen auslöst. Du lernst jetzt, überall und in allen Situationen zu meditieren, wie zum Beispiel im Zug, im Flugzeug oder in der Stadt. Im meditativen Zustand bist du fähig, Lärm und äußere Geschäftigkeit zu ignorieren.

Für Geübte und Wissende

Seit Jahren meditierst du bereits täglich. Vielleicht machst du sogar einmal wöchentlich eine mehrstündige Meditation. Mehr und mehr fühlst du dich im Energiefluß des Universums. In deinen Meditationen verbindest du dich mit der Höchsten Intelligenz, den Universen und Galaxien und auch mit der Erde.

In welchem Stadium der Meditation du auch bist, erweitere deine Gedanken als Lichtarbeitende immer hin zur Transformation des ganzen Universums. Erkundige dich zum Beispiel in deiner Region, wann die nächste Weltfriedensmeditation stattfindet. Millionen von Menschen auf der ganzen Welt schließen sich zu bestimmten Zeiten zusammen und meditieren für einige Minuten in Verbundenheit für die Heilung und den Frieden. Dies steigert die Kohärenz jedes einzelnen, und vor allem erhöht es die Schwingungsfrequenz der Erde und des ganzen universellen Systems. Ich durfte einen solchen Zusammenschluß am 23. April 1998 erleben, als James Twyman (bekannt als Peacemaker, aktiv in den Friedensbestrebungen im Irak und Irland) im Saal der Vereinten Nationen in Washington im Rahmen von „the great experiment“ für den Frieden sang. Über fünf Millionen Menschen stimmten in das Lied mit ein. Diese Erfahrung war für mich sehr ergreifend und die Ruhe, der Frieden und die Glückseligkeit sind kaum in Worte zu fassen. Daten für solche Zusammenschlüsse werden auch immer wieder übers Internet und unsere Seminarorganisation bekanntgegeben.

Wie du dich in die Energie der Chakras einschwingst

Seit Beginn meiner Arbeit mit dem AURA-SOMA System hat mich die Chakra-Arbeit im speziellen interessiert und sehr fasziniert. Chakra ist ein Wort aus dem Sanskrit und bedeutet Rad oder Scheibe, und es wird als ein sich drehendes und schwingendes Energiefeld beschrieben. Entlang der Wirbelsäule gibt es in der indischen Tradition sieben Haupt-Chakras, welche sieben Basisenergie-Zentren im feinstofflichen Körper verbinden. Im AURA-SOMA System spricht Vicky Wall von acht Chakras: Sie erwähnt das Ananda-Khanda Zentrum (türkis), welches sich zwischen dem Herz- und dem Hals-Chakra befindet. Im Buch „Der Lichtkörper" von Reindjen Anselmi ist von zwölf Haupt-Chakras die Rede, die jetzt wieder aktiviert werden, und in den meisten Traditionen wird von zahlreichen Neben-Chakras gesprochen. Diese Zentren sind Tore zum multidimensionalen Lichtwesen des Universums. Jedes Chakra repräsentiert einzigartige Funktionen und Eigenschaften. Auf der physischen Ebene korrespondieren die Chakras mit den Drüsen und den Nervenzentren. Sie sind dem physischen Körper übergeordnet, ähnlich wie die Aura. Sie haben einen großen Einfluß auf den physischen Körper. Ein aus der Balance gekommenes Energiezentrum kann die ganze körperliche, emotionale, mentale und spirituelle Harmonie aus der Bahn werfen. In der Tabelle „Chakra-Übersicht" (ab Seite 298) sind viele Informationen aus den Bereichen Farbe, Drüsen, physischer, mentaler und emotionaler Körper zusammengefaßt.

Die sieben Chakras & die selbständigen Nervenzentren

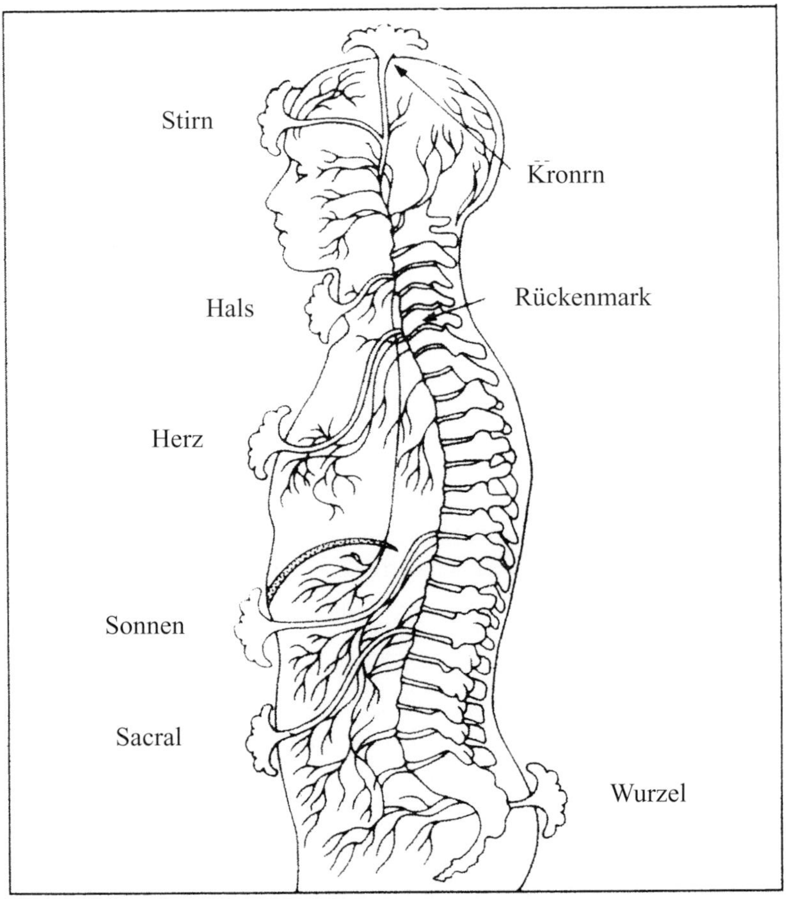

Chakra-Übersicht

Farbe	Nr.	Drüsen	Körperliche Wirkung
Klar / Silber	9		Reinigend, entgiftend ganzer Körper Knochen und Zähne weiße Blutkörperchen Immunsystem
Magenta	8	Hypothalamus Fortpflanzung	Hormonsystem Geschlechtsorgane
Violett	7	Zirbeldrüse (Epiphyse)	Hirnplatte Schleimproduktion

Chakra-Übersicht

Emotionale Wirkung	Mentale Wirkung
+ Intensive Gefühle + Entschlossenheit + Authentizität -- - Unvergossene Tränen - Leiden - Unentschlossenheit - Unechtheit - versteckte Wut	+ Klarheit + Einsicht + Gleichgewicht + Verbindung + Idealismus + Unsichtbarkeit + Quelle des Lichts -- - Mangel an Bestätigung - Leere - Verstecken - Scheu - Mangel an Einsicht - Perfektionismus - Undurchschaubar
+ Fähigkeit, Liebe zu geben + Leidenschaftlich + Göttliche Liebe + Süße Melancholie -------------------------------- - Liebesbedürftig - Aufopfernd - Bemuttern (kontrollierend)	+ Liebe zum Alltäglichen + Direkt und ausführlich + wie oben so unten + Erkenne die Mission + Bewußte Absicht -- - Sturheit - irregeleitet
+ Feinfühligkeit + Innere Ruhe + Hingabe + Glaube -- - Nicht-hier-sein-Wollen - Angst vor dem Tod - Depression - tiefe Trauer - Sucht - Einsamkeit - Tendenzielle Fluchtgefahr	+ Weisheit + All-wissend + vernetztes Denken + Kreatives Denken + Demut + Träumerisch + Vorstellungsvermögen + Mit dem „All" eins-sein + Spiritualität -- - Spirituelle Überheblichkeit - Allein sein - Schuld - Überempfindlichkeit - Sinnlosigkeit - selbstmordgefährdet

Chakra-Übersicht *(Fortsetzung)*

Farbe	Nr.	Drüsen	Körperliche Wirkung
Indigo / Königs-Blau	6	Hirnanhangdrüse (Hypophyse)	Sinnesorgane bezugnehmend auf feinstoffliche Ebenen: Hellsichtigkeit Hellhörigkeit Hellfühligkeit Inneres Wissen
Blau Saphirblau	5	Schild- und Nebenschilddrüse	Hals Kehle Nacken Stimmbänder
Türkis	4.5	Thymusdrüse	Oberer Brustbereich, Rücken rechte Seite Herz Lungen Atmungssystem

Chakra-Übersicht (Fortsetzung)

Emotionale Wirkung	Mentale Wirkung
+ Feingefühl + Inspiration + Ehrfurcht -- - Nüchtern - Distanziert - Isolation - Verschlossen - Depressiv - Kopflastigkeit	+ Manifestation + Entschlossenheit + Effizient + Objektiv + Respekt + Autorität + Intuition + Praktischer Idealismus -- - Paranoia - Manipulation - Dogma - Patriarch - Zwang - Zurückhaltung - Vermeiden
+ Heiter + Ruhig + Sanftmütig + Harmonisch + Unabhängig + Vertrauen -- - Traurig - Leere - Kühl, kalt	+ Diplomatie + Führungskraft + Autorität + Wille + Ausdruckskraft -- - Introvertiert - Scheu
+ Kommunikation (Massen) + Spontaneität + Spiel + Vertrauen in die Intuition -- - Kühl - Distanziert	+ Kreativität + Vertrauensvoll + Idealistisch + Freiheit -- - Narzissmus - Resignation

Chakra-Übersicht (*Fortsetzung*)

Farbe	Nr.	Drüsen	Körperliche Wirkung
Grün	4	Thymusdrüse	Herz Lungen
Oliv		Thymusdrüse	Gallenblase Lunge Leber
Gelb	3	Bauchspeicheldrüse Insulinproduktion	Magen Haut Milz Verdauungssystem Zentralnervensystem

Chakra-Übersicht (Fortsetzung)

Emotionale Wirkung	Mentale Wirkung
+ Toleranz + Freiheit + Offenheit + Mitgefühl + Geborgenheit + Struktur -- - Übergriff in Raum, Zeit und Energie - Chaos - Eifersucht - Versteckte Angst - Platzangst - Unausgeglichenheit	+ Liebe + Panorama-Bewußtsein + Ausgeglichenheit + Entscheidungskraft + Unterscheidungsvermögen -- - Mangel an Selbstachtung - Depressiv - Bindungs- und Abgrenzungsbelange
+ Freude mit dem Emotionalkörper + Nähe + Individualität + Anpassungsfähigkeit + Selbstbehauptung -- - Verbittert - Kontrollierend - Macht - Distanziert	+ Offenheit + Optimistisch und praktisch + Persönliche Ausrichtung + Weibliche Führungskraft + Flexibel, spontan -- - Unflexibel - Unzufrieden - Verfolgungswahn
+ Glücklich sein + Zufriedenheit + Freude + Entzücken + Beziehungsfähigkeit -- - Angst - Feigheit - Neid - Mangelndes Selbstvertrauen	+ Intelligenz + Logik + Klarheit + Humor + Befreiung -- - Verwirrung - Sarkasmus - Lüge - Gereiztheit

Chakra-Übersicht (Fortsetzung)

Farbe	Nr.	Drüsen	Körperliche Wirkung
Gold			Nerven Rückgrat Haut Darm
Orange	2	Keimdrüse	Nieren Blase Galle Milz Fortpflanzungsorgane
Korallenrot			Skelettstruktur Knochen Ausscheidungs- und Sexualorgane
Pink Rosa			Hormonsystem Geschlechtsorgane Augen Kopf

Chakra-Übersicht (Fortsetzung)

Emotionale Wirkung	Mentale Wirkung
+ Trost + Sicherheit + Beständigkeit + Zuverlässigkeit --- - Angst vor Unbekanntem - Nervosität - Gierig und geizig - Tyrannei	+ Selbstwertgefühl + Macht und Weisheit + Gerechtigkeit + Logik mit Intuition --- - Täuschung, Schein - Süchtig - Urteilend - Verblendung
+ Erfüllung + Glückseligkeit + Sexueller Ausdruck + Zuneigung + Spontaneität --- - Hysterie - Schock - Panik	+ Vitalität + Ausdauer + Unabhängigkeit + Wissensdurst --- - Abhängigkeit - Mangel an Selbstwert - Trauma - Mißbrauch
+ Integrität + Empfindsam + Zärtlichkeit + Einfühlungsvermögen + Unabhängig + Mitfühlend --- - Beschützen (zu viel) - Abhängigkeit - Co-Abhängigkeit - Enttäuschung - Ungelöste Beziehungen	+ Tiefe innere Weisheit + Menschenfreundlich + Verbundenheit + Gelassenheit --- - Schmarotzer - Ausschließend - Betrügerisch - Mißbrauchend
+ Fürsorglich + Liebevoll, zuneigend + Zärtlich + Mitfühlend --- - Bemutternd (süchtig, ungesund) - Liebesbedürftig - Verletzlich	+ Liebend + Beruhigend + Feinfühlig --- - Schwierigkeit mit Feminität - Liebesbedürftig - Übersensibel - Abgehoben

Chakra-Übersicht (Fortsetzung)

Farbe	Nr.	Drüsen	Körperliche Wirkung
Rot	1	Geschlechtsorgandrüsen Nebennieren: Adrenalinproduktion	Hormon- und Zirkulationssystem Blut / Eisen

Im Buch „AURA-SOMA, Heilung durch Farbe, Pflanzen- und Edelsteinenergie“ von Mike Booth und Irene Dalichow erfährst du in allen Einzelheiten über die AURA-SOMA-spezifischen Zusammenhänge der Chakras, der feinstofflichen Körper und der Farben.

Im weiteren steht gute Literatur zur Verfügung, und du kannst den praktischen Umgang mit den Chakras in Seminaren erlernen.

Chakra-Übersicht (Fortsetzung)

Emotionale Wirkung	Mentale Wirkung
+ Mut	+ Extrovertiert
+ Leidenschaft	+ Veränderungsenergie und mentale Neubewertung
+ Familiensinn	+ Verpflichtet
+ Durchsetzungskraft	+ Konzentriert
+ Erdverbundenheit	
--	--
- Wut, Aggressivität	- Materialistisch
- Nachtragend	- Selbstaufopfernd
- Machtmißbrauch	- Sich getrennt fühlen
- Rachsüchtig	- Ablehnung
- Haß	- Fixiert

Für mich sind diese farbigen Discs (ich nennne sie Discs, weil ich damit die horizontale Lage dieser Scheiben bildlicher ansprechen kann) zu unsichtbaren, jedoch fühlbaren und vibrierenden Organen im Körper geworden. Durch die Energiearbeit konnte ich auch feststellen, welchen Einfluß sie auf unser Wohlbefinden haben. Ich verwende jeden Tag einige Minuten, um sie zu reinigen und auszubalancieren. Die so neu gefundene Stabilität im Innen und Außen ist auffallend.

Übung I: Meditation zur Chakra-Reinigung

Setze dich an deinen „heiligen Platz“ und nimm eine bequeme Haltung ein, die Wirbelsäule so gerade wie möglich, damit der Energiefluß leicht von einem Chakra zum anderen überfließen kann. Versetze dich in einen meditativen Zustand und visualisiere deinen Körper auf eine weiße Leinwand. Wenn du es vorziehst, mit den inneren Gefühlen zu arbeiten oder deiner inneren Stimme zu folgen, dann gib diesem Bedürfnis nach. Wir beginnen mit dem obersten Chakra, das oberhalb des Kronen-Chakras außerhalb des Körpers liegt:

8. Chakra Magenta Das Höhere Selbst

Taste nun dieses Chakra mental nach dunklen Flecken, Unebenheiten und Blockaden ab – laß aus Höchster Quelle einen Lichtstrahl aus reiner, weißgoldener Energie in das magentafarbene Chakra einfließen, wodurch alle dunklen Flecken, Unebenheiten und Blockaden aufgelöst werden. (Auszugleichende Aspekte wie Liebe zum Alltäglichen, opferbereite Liebe, göttliche Liebe, Bemuttern, Lebenssinn und Mission.)

7. Chakra Violett Scheitel- / Kronenzentrum

Taste nun dieses Chakra mental nach dunklen Flecken, Unebenheiten und Blockaden ab – laß einen Lichtstrahl aus reiner, weißgoldener Energie aus dem 8. Chakra in das violette Chakra einfließen, wodurch alle dunklen Flekken, Unebenheiten und Blockaden aufgelöst werden. (Auszugleichende Aspekte wie Zirbeldrüse, Schleimproduktion, Leiden, Trauer, Nicht-hierseinWollen, Süchte, Grübelei, All-ein-sein, spirituelle Weisheit finden.)

6. Chakra Indigo (Königsblau) Stirnzentrum – Drittes Auge

Taste nun dieses Chakra mental nach dunklen Flecken, Unebenheiten und Blockaden ab – laß einen Lichtstrahl aus reiner, weißgoldener Energie aus dem Kronen-Chakra in das königsblaue Chakra einfließen, wodurch alle dunklen Flecken, Unebenheiten und Blockaden aufgelöst werden. (Auszugleichende Aspekte wie, Hirnanhangdrüse, Augen, Ohren, Nase, Stirnhöhlen, Mund, Distanz, Autorität, Intuition, Effizienz, Hellsichtigkeit, Hellhörigkeit, Hellfühligkeit, Inneres Wissen, Vision, phantasieren.)

5. Chakra Blau Kehlkopfzentrum

Taste nun dieses Chakra mental nach dunklen Flecken, Unebenheiten und Blockaden ab – laß einen Lichtstrahl aus reiner, weißgoldener Energie aus dem Dritten-Auge-Chakra in das blaue Chakra einfließen, wodurch alle dunklen Flecken, Unebenheiten und Blockaden aufgelöst werden. (Auszugleichende Aspekte wie Schild- und Nebenschilddrüse, Hals, Kehle, Nacken, Krämpfe, Verstauchungen, Infektionen, Stimmbänder, innere Leere, Introversion, Führung, Diplomatie, Kommunikation, Erkenntnisse in Worte fassen, Stottern, Schnellsprechen.)

4 1/2 Chakra Türkis Ananda-Khanda Zentrum

Taste nun dieses Chakra mental nach dunklen Flecken, Unebenheiten und Blockaden ab – laß einen Lichtstrahl aus reiner, weißgoldener Energie aus dem Hals-Chakra in das türkisfarbene Chakra einfließen, wodurch alle dunklen Flecken, Unebenheiten und Blockaden aufgelöst werden. (Auszugleichende Aspekte wie Thymusdrüse, oberer Brustbereich, Massenkommunikation, Bühnenangst, Lampenfieber, Kreativität.)

4. Chakra Grün Herzzentrum

Taste nun dieses Chakra mental nach dunklen Flecken, Unebenheiten und Blockaden ab – laß nun einen Lichtstrahl aus reiner, weißgoldener Energie aus dem Ananda-Khanda-Zentrum in das grüne Chakra einfließen, wodurch alle dunklen Flecken, Unebenheiten und Blockaden aufgelöst werden. (Auszugleichende Aspekte wie Thymusdrüse, Herz, Lungen Geschwüre, Bronchien, Abgrenzung, Eifersucht, Entscheidungsfähigkeit, Gleichgewicht, Großzügigkeit, Liebe.)

3. Chakra Gelb Sonnenzentrum

Taste nun dieses Chakra mental nach dunklen Flecken, Unebenheiten und Blockaden ab – laß einen Lichtstrahl aus reiner, weißgoldener Energie aus dem Herz-Chakra in das gelbe Chakra einfließen, wodurch alle dunklen Flecken, Unebenheiten und Blockaden aufgelöst werden. (Auszugleichende Aspekte wie Bauspeicheldrüse, Insulinproduktion, Leber Magen,

Haut, Milz, Wärme, Lachen Freude, Ehrgeiz, Nervosität, Depression, Intellekt, Verwirrung, Unsicherheit, Neid, Macht, Kontrolle, Zugang zu Wissen, leichtes Vergessen.)

2. Chakra Orange Sakralzentrum

Taste nun dieses Chakra mental nach dunklen Flecken, Unebenheiten und Blockaden ab – laß einen Lichtstrahl aus reiner, weißgoldener Energie aus dem Sonnengeflecht in das orangefarbene Chakra einfließen, wodurch alle dunklen Flecken, Unebenheiten und Blockaden aufgelöst werden. (Auszugleichende Aspekte wie Keimdrüse, Geschlechtsorgane, Instinkt, Geselligkeit, Hysterie, Erregung, Sexualität, Schock, Trauma, Unentschiedenheit, Ausdauer, Unsicherheit, Abhängigkeit, Weisheit.)

1. Chakra Rot Wurzelzentrum

Taste nun dieses Chakra mental nach dunklen Flecken, Unebenheiten und Blockaden ab – laß einen Lichtstrahl aus reiner, weißgoldener Energie aus dem Sakral-Chakra in das rote Chakra einfließen, wodurch alle dunklen Flecken, Unebenheiten und Blockaden aufgelöst werden. (Auszugleichende Aspekte wie, Geschlechtsorgandrüsen, Nieren, Galle, Gallenblase, Blutkreislauf, Angst, Sicherheit, Gewalt, Frustration, Aggression, Mut, Leidenschaft, Getrenntheit, Dominanz, Streß, Chaos, Macht, Extraversion, Überleben, Urvertrauen, Lebensenergie, Schutz, Zuwendung, Nahrung, Geld.)

Laß nun den Lichtstrahl aus reiner, weißgoldener Energie durch das Wurzel-Chakra hinaus in die Erde fließen; möge die Erde alle dunklen Flecken, Unebenheiten und Blockaden auflösen und die Energie des reinen weißgoldenen Lichtes weiterreichen.

Übung II: Meditation zum Chakra-Ausgleich

Gehe mit deiner Aufmerksamkeit zurück zum obersten Chakra und projiziere dieses auf deine innere Leinwand. Nimm konzentriert wahr, wie deine ‚Discs' aussehen. Beginne mit der Magenta-Chakra-Disc, und schaue jedes weitere Chakra ebenso aufmerksam an:

- Magenta Disc

- Violette Disc

- Indigo (Königsblaue) Disc

- Blaue Disc

- Türkis Disc

- Grüne Disc

- Gelbe Disc

- Orange Disc

- Rote Disc

Welche Größe haben diese Discs? Sind die einen größer als die anderen? An der Größe der Disc erkennst du, mit welchen Bereichen du dich heute befassen kannst. Die Tabelle „Chakra-Übersicht" (Seite 298) faßt die positiven und negativen mentalen und emotionalen Bereiche zusammen. Eine große Chakra-Disc bedeutet unter anderem, daß du einen Energieüberfluß hast. Eine kleinere Disc bedeutet, daß du einen Energiemangel hast. Wie oft wirst du im Alltag aus deiner Mitte gerissen? Einmal, zweimal, oder öfter? Nachfolgende Visualisation hilft dir, die Energien in Kürze wieder auszugleichen: Projiziere die Chakras mental auf deine innere Leinwand und gehe jetzt noch mal gedanklich die Farbskala der Chakra-Discs von oben nach unten durch. Indem du sie nun alle ausgleichst, in einer dir angenehmen Größe vorstellst und sie in den Regenbogenfarben abstimmst., harmonisierst du dein Wohlbefinden und fühlst dich mit deinen Energiezentren ausgeglichen und in Einklang.

Meditationsbody mit Chakra-Discs

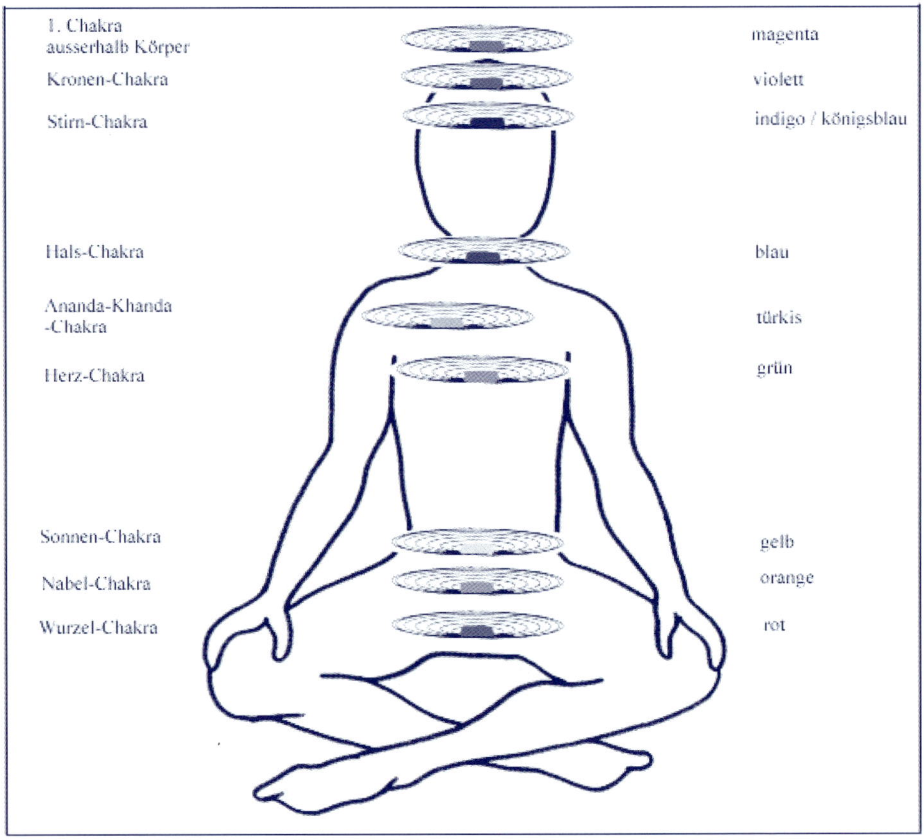

Übung III: Integration der Übungen I und II

Du kannst deine Chakras, genau wie der Klavierstimmer das Instrument stimmt, in Gleichklang bringen. Leider unterliegen wir Menschen viel stärkeren Stimmungsschwankungen als ein Klavier. Somit empfehle ich dir, diese Übung einmal pro Tag, vor deiner Abendmeditation oder vor dem Zubettgehen zu machen. Nach mehrmaliger Anwendung und mit Hilfe der Abbildung des Meditations-Body brauchst du dazu nur ungefähr zwei Minuten. Die Wirkung stellt sich sofort ein. Du fühlst dich unmittelbar danach zentriert und ausgeglichen.

Wie du bereits im Kapitel „Chakra-Body-Analyse" erfahren konntest, zeigen sich Krankheiten zuerst im feinstofflichen Körpersystem, bevor sie sich im physischen Körper manifestieren. Um zu vermeiden, daß sich eine Krankheit bis in den Körper hinein entwickelt, können wir mit unserer Heilungsarbeit bereits in den feinstofflichen Körpern beginnen. Alle Übungen im Zusammenhang mit den Chakras sind diesbezüglich sehr wirksam.

Die nachfolgende Übung, „Meditation zur feinstofflichen Körperreinigung", hilft dir, in deinem multidimensionalen Körpersystem Blockaden, Schatten und Unebenheiten aufzuspüren und zu reinigen, bevor diese in den physischen Körper eindringen können. Diese Meditation ist vorbeugend und kann feinstofflich bereits vorhandene Symptome ausgleichen beziehungsweise neutralisieren. Die Abbildung unten hilft dir, die ersten vier Schichten deines feinstofflichen Körpers auf deine innere Leinwand zu projizieren.

Das menschliche Energiefeld

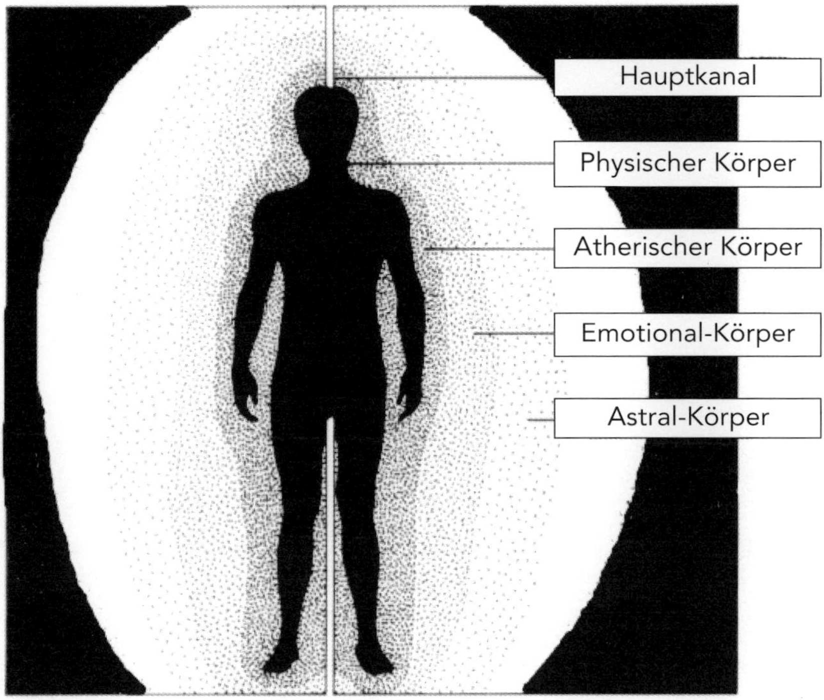

Übung IV: Meditation zur feinstofflichen Körperreinigung

Setzte dich bequem hin und projiziere den feinstofflichen Körper, die Aura, auf deine innere Leinwand. Du kannst nun die verschiedenen Körperebenen wiederum nach Dunkelheit, Unebenheiten, Schatten und Löchern abtasten. Fülle nach jedem Schritt das Gesehene immer wieder mit weißgoldener Energie, lasse den reinigenden Lichtstrahl aus Höchster Quelle durch das ganze Körpersystem fließen.

Beginne mit dem **physischen Körper** wie folgt:

➢ Nerven-, Drüsen-, Lymph- und Immunsystem
➢ Organe nach dem biorythmischen Zyklus der Meridiane
(siehe Abbildung auf der nächsten Seite)
➢ Blutbahn, Knochen, Gefäße und Zellen

Ätherischer Körper

(kann in der Kirlianfotografie sichtbar gemacht werden)
➢ Elektromagnetisches Feld umschließt den physischen Körper
wie eine zweite Haut.
(Aura-Soma kennzeichnet dies mit einer orangefarbenen Linie.)
➢ Alle Chakras von unten nach oben

Emotionalkörper und Astralkörper

➢ Gefühlsbindungen und Beziehungen
➢ Emotionen

Ich befehle dem Körpersystem jetzt und bis auf weiteres sämtliche Nährstoffe, die für die optimale Gesundheit erforderlich sind, aus den Lebensmitteln und der Prana-Energie aufzunehmen.

Biorhythmischer Zyklus der Meridiane

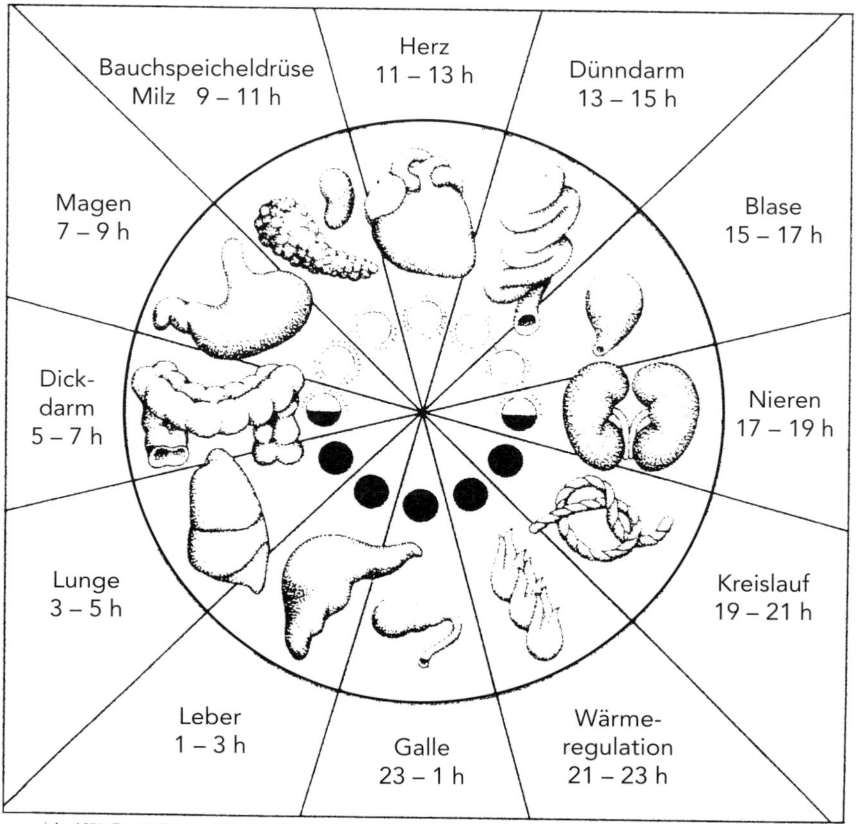

Auf meiner Reise nach Delphi, dem Nabel der Welt, lernte ich, mich an Vergessenes zu erinnern. Indem ich mich an verschiedenen Stellen für die anwesenden Energien öffnete, erweiterte sich mein Bewußtsein: Ich erfuhr, daß in der Hochblüte der griechischen Mythologie die Menschheit angeleitet wurde, sich nach folgendem Konzept ganzheitlich zu orientieren:

- für den Geist/Spirit — den Tempel
- für den Verstand/Mind — das Theater
- für den Körper/Body — das Stadion

Es war ein klares Zeichen mehr für mich, wie wichtig es ist, uns auf allen drei Ebenen gleichmäßig vital zu halten, und auf allen Gebieten dazu zu lernen.

Was du für den physischen, emotionalen, mentalen und spirituellen Körper tun kannst:

➢ **Physischer Körper**:

Ernähre den Körper mit giftarmen Lebensmitteln, reich an Vitaminen und Mineralien. Iß und trink vor allem Lebenskraft.

Erhöhe das Körperbewußtsein, indem du auf deine innere Stimme hörst. Erkenne die Notwendigkeit von Bewegung, Gymnastik, Yoga und Fitneß jeder Art.

➢ **Emotional-Körper**:

Beobachte die Ängste und Bindungen, erkenne deren Wurzel, erbitte die geistige Welt um die Auflösung der Muster.

➢ **Mental-Körper**:

Kontrolliere, meistere den Verstand, erkenne die Glaubenssätze, filtriere Nachrichten jeder Art.

➢ **Spiritueller Körper**:

Verbinde dich täglich mit deinem Höheren Selbst, deinen Engeln und geistigen Führern. Lerne jeden Tag etwas Neues aus Schriften, Seminaren, Vorlesungen oder substantiellen Gesprächen.

Kommentar

Du hast nun so viele Hinweise erhalten, gesehen und gehört, was du alles unternehmen kannst. Da bleibt nur noch die große Frage: Wie kannst du dies nun noch in dein ohnehin schon ausgebuchtes Leben hineinpacken? Erinnerst du dich, als du in die erste Klasse eingeschult worden bist? Am ersten Tag hast du einen Stundenplan erhalten, der eine Woche in einen Tagesplan und dann in einen Stundenplan unterteilte. So hast du alles in kleine Segmente unterteilt erhalten, und sie waren einfach zu überblicken. Hast du schon einmal daran gedacht, deine spirituellen Aktivitäten für Körper, Verstand, Geist und Seele in einem Tages- oder Wochenplan zusammenzufassen? Wahrscheinlich nicht, weil wir ja als Lichtarbeitende viel mehr im täglichen Energiefluß stehen wollen und engen Planungen möglichst aus dem Weg gehen. Und doch ist es wichtig. In der Natur läuft alles nach Rhythmen und Zyklen, nach genauen Gesetzmäßigkeiten, die jedoch genug Flexibilität für die Umsetzung enthalten. Ein ausgeglichenes, neugeborenes Baby trinkt und schläft nach einem ganz bestimmten Rhythmus. Als Mutter kannst du dich auf diese innere Uhr bestens verlassen.

Als ich das erstemal meine Aktivitäten in eine übersichtliche Tabelle einfügte, erkannte ich sofort, daß ich dem Bereich „physischer Körper" noch mehr Zeit widmen kann. So ist es mir schließlich gelungen, die verfügbare Zeit mit kleinem Aufwand auf alle Aktivitäten gleichmäßig zu verteilen. Bringe deine Aktivitäten in einen Plan, und laß dich vom Resultat überraschen. Wahrscheinlich fühlst du intuitiv, welche Aktivitäten du ausweiten kannst. Einengen, wie du vielleicht im ersten Moment denkst, wird dich dieser Plan nicht, sondern vielmehr wird er dir gedanklichen Freiraum geben. Die Fragen: „Wann ist heute wohl der beste Augenblick für meine Meditation, meinen Spaziergang und so weiter..." werden entfallen, weil du all dies nun in einem einfachen, immer noch flexiblen Plan festgehalten hast.

Beispiel einer möglichen Tagesroutine

Zeit	**Körper/ Body**	**Verstand/ Mind**	**Geist/Spirit**	**Seele/Soul**
4^{00} - 6^{00}	Yoga	Affirmation	Meditation	➢ den neuen Tag begrüßen
Arbeitsweg	➢ z. Fuß gehen statt fahren	z.B. ➢ Kassetten hören ➢Tagebuch f.	z. B. ➢ Stille ➢ Mantras singen	
12^{00} - 14^{00}	➢ Atemübungen	Affirmation		z.B. 1x pro Woche ➢ Massage
Arbeitsweg		z. B ➢ Kassetten hören ➢ Buch lesen	z.B.➢ Singen ➢ Kontemplieren	
18^{00} -22^{00}	3-6 x pro Woche sportliche Bewegung	Affirmation Vergebens-Übung	Meditation	z.B. 1 x pro Woche ➢ Kräuterbad ➢ Klassische Musik ➢ die Natur fühlen

Hier sind einige Ideen für deine individuelle Tagesroutine. Ein solcher Plan ist selbstverständlich etwas ganz persönliches und kann nicht generalisiert werden. Du hast vielleicht einen regelmäßigen Acht-Stunden-Tag und andere einen unregelmäßigen Arbeitseinsatz. Folgende Übung hat zum Ziel, dir eine einfache Struktur und Unterstützung für deine individuelle Tagesroutine zu geben.

Übung V: Meine persönliche Tagesroutine

Zeit	Körper/ Body	Verstand/ Mind	Geist/Spirit	Seele/Soul
4^{00} - 6^{00}				
Arbeitsweg				
12^{00} - 14^{00}				
Arbeitsweg				
18^{00} -22^{00}				

Jede spirituelle Tradition ist mit Selbstdisziplin verbunden. Mit deiner Tagesroutine kannst du dich selbst bestärken, auf dem Weg des inneren Wachsens zu bleiben. Nach vielen Versuchen,eine kontinuierliche, tägliche Methode zu finden, welche mir hilft, alle Tagesaktivitäten unter Dach und Fach zu bringen, ist bis heute mein Stundenplan geblieben, er hat sich als

Werkzeug bestens bewährt. Zusätzlich zu meiner Tagesroutine habe ich eine Sonntagsmeditation integriert, die mich mit dem „Healer-Netzwerk“ in Amerika verbindet (um 16^{00} in Zürich, 10^{00} a. m. New York Time). Einmal die Woche meditiere ich für mehrere Stunden, und einmal pro Monat wende ich die feinstoffliche Körper-Reinigungsübung auf Seite 314 an sowie das Vergebungsritual im Kapitel „Partnerschafts-Analyse“ auf Seite 267. So ist alles in einen klaren, einfachen Ablauf gebunden. Ich wünsche dir, daß du die Struktur findest, die dir hilft, mehr Raum in deinem Leben für geistiges Wirken und zum Meditieren zu schaffen.

Produkte-Hinweis:

1. Benütze erhebende, öffnende Aura-Soma-Produkte, vor allem diejenigen der oberen Chakra-Farben. Alle Farbkombinationen zwischen Stirnchakra und für die außerhalb dem physischen Körper liegenden Chakras sind besonders geeignet.
2. Zieht es dich besonders zu einem bestimmten Aufgestiegenen Meister, ins Engelreich oder zu einer Farbe, die durch ein Solarwesen in den Schmetterlings-Essenzen energetisiert ist, dann hast du hier viele Wahlmöglichkeiten.
3. Die Quintessenzen eignen sich besonders für die Meditation; wähle je nach Form und Inhalt deiner Meditation die entsprechende Meisteressenz, sie wird deine Absichten wunderbar unterstützen!
4. Benütze rote, erdende Aura-Soma-Produkte, wenn du nach deiner Meditation wieder in die Aktivität eintrittst. Möchtest Du nach der Meditation in einen Schlafzustand eintauchen, so erübrigt sich die Erdung.

Du kannst deine Auswahl leicht mit der Hilfe des „Farb-Lexikons“ treffen.

Empfange ein Wunder und Heilung.

Teil III

Begleitung der Lichtarbeit

AURA-SOMA

Reinigung der Equilibrium-Flaschen und Produkte-Anwendungen

Reinigung der Equilibrium-Flaschen

Nur die Equilibrium-Flaschen brauchen unter bestimmten Umständen eine Reinigung. Zum Beispiel, wenn sie versehentlich von einer anderen Person berührt wurden oder für eine Heilungs-Zeremonie, eine Chakra-Behandlung oder eine Fernheilung benützt wurden.

Zur energetischen Reinigung der Equilibrium-Flaschen stehen mehrere Methoden zur Verfügung:

♡ Stelle die zu reinigende Equilibrium-Flasche auf einen Amethyst oder in eine Amethysthöhle. Dauer der Reinigung ungefähr 12 Stunden.

♡ Stelle die zu reinigende Equilibrium-Flasche bis zu den „Schultern“ in Meersalz. Dauer der Reinigung ungefähr 24 Stunden.

♡ Stelle die zu reinigende Equilibrium-Flasche in ein Gefäß mit einer starken Lösung aus Wasser und Meersalz. Dauer der Reinigung ungefähr 36 Stunden.

♡ Behandle die Aura der Flaschen nach einer Beratung mit dem rosaroten Pomander und der Quintessenz Serapis Bey.

♡ Beträufle ein sauberes Baumwoll- oder Seidentuch mit dem weißen Pomander, der Quintessenz Serapis Bey oder der silbernen Schmetterlingsessenz, so daß es leicht feucht wird. Reinige nun das Glas der Equilibrium-Flasche. Diese Reinigung eignet sich auch, wenn die Equilibrium-Flaschen nur kurz benützt wurde.

Die energetische Reinigung ist in allen oben beschriebenen Methoden auch dann vollzogen, wenn farbliche Veränderungen bestehen bleiben.

Produkte-Anwendung

Die Equilibrium-Flaschen: "Erwachen durch Farbe"
Das Herz des Aura-Soma-Systems

Das System enthält bis heute 99 wunderschöne, Juwelen ähnliche ein- und zweifarbige Flaschen. Die obere Hälfte basiert auf Öl und enthält essentielle Öle von Pflanzen. Sie schwimmt auf der unteren Hälfte, welche auf Wasser basiert und Kräuterextrakte enthält. Beide Teile enthalten Kristall- und Mineralenergie, deren Schwingung der jeweiligen Farbe entspricht. Wenn du deine Wahl triffst, ist es nicht nur die Farbe allein, die dich beeinflußt, sondern auch diese vibrierende Kombination von lebendigen Energien.

Jedesmal, wenn du den zusammengeschüttelten Inhalt (Emulsion) aus der Flasche anwendest, werden nicht nur die Kristall-, Pflanzen- und Farbenergien aktiviert, sondern auch die betreffenden Informationen in deinem Gehirn. Auf diesem Weg erhältst du kraftvolle Stimulation.

Anwendungsempfehlung:

Täglich 2 x, morgens und abends oder ganz nach deiner Intuition

♡ Nimm die Equilibrium-Flasche in deine *linke* Hand: Ringfinger auf die eine „Schulter", Mittelfinger auf die Öffnung und Zeigefinger auf die andere „Schulter" der Flasche. Den Daumen legst du unter die Flasche, damit du sie fest im Griff hast.

♡ Schüttle die Equilibrium-Flasche, bis sich die beiden Schichten gut zu einer Emulsion verbunden haben. (Dies aktiviert und potenziert die lebenden Energien in der Equilibrium-Flasche.)

♡ Schütte einige Tropfen der Emulsion in deine rechte Hand, und wende diese rings um den Körper wie einen Gürtel an (gemäß Beschreibung der Equilibrium-Flaschen Nr.)

Die Pomander: „Der Duft der Farbe"
Schaffen sanften Schutz vor Umwelteinflüssen

Die Pomander helfen dir in allen Lebensumständen, deine Schwingung zu halten. Die 49 (7 x 7) Kräuter in den Pomandern schaffen einen sanften

Schutz vor Umwelteinflüssen. Sie schützen deine Aura vor Fremdbestimmung und unterstützen die der gewählten Farbe entsprechenden Qualitäten. Sie sind ein Katalysator von Kräutern, Pflanzen und Farben, welche uns helfen, Persönlichkeitsprobleme in unser Bewußtsein zu transformieren. Sie filtern negative Energien heraus und erlauben den Eintritt von positiven Energien. Zudem haben die Pomander einen reinigenden Effekt der Aura.

Pomander werden um den Körper herum in die Aura gefächelt, und beim Einatmen des Duftes verbindest du dich mit dem jeweiligen Farbstrahl.

Anwendungsempfehlung:

Mehrmals täglich, intuitiv und je nach Bedarf

- ♡ Stehe oder liege in einer bequemen Position. Gib 3 Tropfen in deine *linke* Hand und verreibe sie mit der rechten Hand.
- ♡ Breite, bevor du daran schnupperst, deine Arme zum Himmel aus, mit den Handflächen nach oben, und gib die erhaltene Energie zuerst als Geschenk rund um die ganze Erde und zurück zum Universum.
- ♡ Verteile in fächelnden Bewegungen die Energie im Abstand von einigen Zentimetern um den ganzen Körper, beginnend über dem Kopf zu den Füßen hinunter, den Chakras entlang. Halte einen kurzen Moment vor dem Herz-Chakra inne, und nimm von Herzen die Kraft der Farbe auf. Beziehe den ganzen Körper vorne und hinten mit ein. Bei den Füßen angelangt, schenkst du die Energie an Mutter Erde.
- ♡ Indem du nun deine Hände zusammenlegst und wieder hinauf über dein Kronen-Chakra bringst, verbindest du Mutter Erde mit der geistigen Welt.
- ♡ Am Ende hältst du beide Hände vor deine Nase, nimmst drei tiefe Atemzüge und verinnerlichst so die Energie der Kristalle, der Pflanzen und der Farben.

Die Pomander wirken auf das elektromagnetische Feld des Menschen, welches in einem Abstand von ein paar Zentimetern den physischen Körper im feinstofflichen Bereich umschließt.

Die Quintessenzen: „Der Tanz mit den Meisterenergien“
„Die Verbindung zu anderen Dimensionen“

Die Quintessenzen schwingen auf einer höheren Oktave der aurischen Sphäre. Sie sind liebevolle Begleiter in Durchgangssituationen und Meditationen. Quintessenzen sind die Verbindung zum Universum, sie eignen sich für unsere Anrufungen und bilden eine Brücke von uns zur geistigen Welt.

Die Quintessenzen werden ähnlich wie die Pomander um den Körper herum angewendet, haben jedoch eine höhere Resonanz. Sie harmonisieren und öffnen die Intuition und erlauben jeder Seele die Entfaltung ihres Potentials.

Anwendungsempfehlung:

Mit Achtsamkeit mehrmals täglich, intuitiv und je nach Bedarf

♡ Stehe oder liege in einer bequemen Position. Gib 3 Tropfen auf deinen *linken* Puls und verreibe sie mit dem Puls der rechten Hand.
♡ Breite deine Arme, bevor du an der Essenz schnupperst, zum Himmel, mit den Handflächen nach oben und schenke die erhaltene Energie dem Universum. Empfange mit dieser Geste bewußt die Qualität der ausgewählten Essenz.
♡ Schwinge deine Arme in langsamen, kreuzenden Bewegungen jeweils über den Chakras, beginnend beim Kopf, bis zu den Füßen hinunter. Halte einen Moment lang vor deinem Herz-Chakra inne und nimm von Herzen diese Meisterkraft in dir auf. Bei den Füßen angelangt, schenkst du die Energie an Mutter Erde.
♡ Indem du deine Hände in einer einwärtsdrehenden Spirale den Körper entlang wieder über dein Kronen-Chakra bringst, verbindest du das Irdische mit dem Himmlischen.
♡ Mit einer Geste des Dankes hältst du am Ende beide Handgelenke vor deine Nase, nimmst drei tiefe Atemzüge und verinnerlichst damit die Energie der Kristalle der Pflanzen und der Farben.

Die Quintessenzen wirken auf die feinstofflichen Bereiche, die weiter vom Körper entfernt sind.

Die Tinkturen: „Die unsichtbare Farbtherapie"

Die Aura-Soma-Tinkturen enthalten die Energien und Wellenlängen von Farben, Kristallen/Edelsteinen und Kräutern. Sie sind jedoch durchsichtig und damit auch für Menschen geeignet, welche eine bestimmte Farbe ablehnen, obwohl sie gerade diese Nahrung brauchen.

Anwendung der Tinkturen

Für die Tinkturen gibt Aura-Soma keine Dosierungsempfehlung. Wie bei allen Aura-Soma-Produkten ist deine innere Führung ausschlaggebend. Eine Möglichkeit der Dosierung wäre z. B.: 2 – 3 mal täglich zwei bis drei Tropfen in ein Glas Wasser (vorzugsweise Quell- oder gefiltertes Wasser) geben und nach Belieben trinken. Die Tinkturen können auch als Konzentrat verwendet werden (ähnlich wie die Bachblüten Stockbottles), womit man eigene Kombinationen herstellen kann.

Die Pflegeprodukte von Aura-Soma

Vicky Wall hinterließ zusätzlich Rezepturen von Cremes, Lotions und Badezusätzen. Die meisten dieser wunderbaren natürlichen Produkte sind bei Aura-Soma erhältlich.

Die Essenzen:
„Das Eintauchen in unergründete Tiefen und Höhen“

Essenzen sind aus sehr hochschwingenden Energien komponiert, in Wasser gelöst und konserviert mit Alkohol. Der Alkohol stabilisiert die Energien im Wasser und hilft dabei, sie dort zu binden. Wie Blüten-, Edelstein-, Kristall- und andere Essenzen sind sie schwingende Heilungsenergien, die vom Logos der Sonne durch einen der zwölf Heilungsstrahle zu uns gelangen.

Erik's solare See-Essenzen
Eintauchen in die heilenden Energien der tiefen Meere

Die See-Essenzen sind allesamt Unterstrahlen eines großen kosmischen Strahles – des achten Strahles der Heilung. Die See-Devas, auf der ätherischen Ebene lebend, energetisieren die Essenzen durch Erik direkt. Diese Devas fördern und lenken die Energien durch viele Arten von Leben und Pflanzen des Meeres (keine Fische).

Die See-Essenzen sind besonders darauf ausgerichtet, die Beziehungen und Energiefelder zwischen den Wesen zu harmonisieren.

Erik's solare Schmetterlings-Essenzen
Aufschwingen in die höchsten Energien des solaren Logos

Die Schmetterlings-Essenzen enthalten die kosmischen Farbenergien in ihrem höchsten Zustand, wenn sie die solaren Ebenen verlassen. Diese Essenzen werden direkt von den Solarwesen mit solarer Farbschwingung durch Erik energetisiert. Jede Farbe ist ätherisch mit einer Schmetterlingsgattung verbunden und trägt deren Namen, den genauen Farbton oder dessen Schattierung. Schmetterlinge sind farbig strahlende Botschafter, welche den elften kosmischen Heilungsstrahl repräsentieren.

Die Schmetterlings-Essenzen haben eine therapeutische Wirkungsweise, die unserem Lichtwesen durch Farbenergien hilft, sich in ihr maximales Potential zu entwickeln.

Anwendungsempfehlung der Essenzen

Die Essenzen wirken sehr effektiv, wenn sie direkt auf die Haut, die Chakrapunkte aufgetragen, ins Badewasser gegeben oder in Sprays, Ölen, Cremes und Lotions verwendet werden. Sie können auf Kristalle übertragen oder in vielerlei anderer Weise genutzt werden. Sie sind ausgesprochen wirksam.

Die Tragweite dieser Wunder wirkenden Essenzen ist unermeßlich. Meine persönliche Erfahrung so weit ist, daß diese Essenzen ein absoluter Katalysator sind. Wichtig ist die Einschwingung in die Frequenzen, damit unser feinstofflicher Körper auf allen Ebenen diese Heilungs- und Licht-Medizin absorbieren kann. Es ist ein Teil des sich entfaltenden Planes für die Menschheit, daß wir nun diese heilenden, harmonisierenden Energien nutzen dürfen. Ein Geschenk des Himmels zur rechten Zeit am richtigen Ort!

Bemerkung:
In der Vergangenheit verwendete Aura-Soma Farbenergien, wie sie sich auf der ätherischen und physischen Ebene der Erde manifestierten. Nun arbeitet Erik seit 1997 intensiv mit weitaus feinstofflicheren Ebenen, als es zuvor in den Aura-Soma-Laboratorien und Produktionsstätten geschehen ist. Er potenziert alle Farben neu durch die solaren Schmetterlingswesen.

Die Kreationsebenen und der feinstoffliche Körper

Ebene	Körper	Haupt-ebenen	Chakra	Farbe	Nummer
eins	Seelen-	Solare	Kronen	violett	7
zwei	Mental-	Spritu-elle	Stirn	indigo	6
drei	Kausal-		Hals	blau	5
vier	Astral-	Astra-le	Herz	grün	4
fünf	Emotional-		Sonnen-geflecht	gelb	3
sechs	Äther-	Physi-sche	Nabel	orange	2
sieben	Physischer		Wurzel	rot	1

Balance-Öle haben ihre Wirkung von der physischen Ebene nach außen hin.

Tinkturen haben ihre Wirkung hauptsächlich auf der ätherischen Ebene.

In die Aura eingefächelte Pomander und Quintessenzen haben ihre Wirkung im feinstofflichen Körper.

Erik's Solar- und See-Essenzen wirken aus dem ätherischen Bereich in den feinstofflichen Körper.*.

Erik's Solare Schmetterlings-Essenzen haben ihre hauptsächliche Wirkung im Astralkörper.*

* Weitere Wirkungsebenen werden sich mit der Entwicklung der Forschung zeigen.

Aura-Soma – die Licht-Medizin, zur Heilung unseres Lichtkörpers
Aura-Soma – für den Übergang ins goldene Zeitalter

♡ Mit Liebe hergestellt ♡

Gesamtübersicht aller Produkte-Hinweise

Produkte-Hinweis zur „Chakra-Body-Analyse"

1. Benütze weiterhin deine zur Zeit aktuellen Aura-Soma-Produkte. Willst du für diese spezifische Arbeit, „Chakra-Body-Analyse", eine neue Selektion machen, so tue dies. Laß dich von deinen inneren Führern leiten. Empfehlung: Wenn du dich mit Hilfe von diesem Praxisbuch zu einem neuen Aufbruch angeregt fühlst, so wähle für diese Zeitperiode eine neue Palette, die du mit dieser Lichtarbeit verbindest.
2. Integriere in deine Lichtarbeit mehrere solare See-Essenzen. Laß dich von deinen inneren Führern leiten, oder finde die für dich passenden Essenzen im „Symptom-Register See-Essenzen A-Z".
3. Integriere in deine Lichtarbeit mehrere solare Schmetterlings-Essenzen und wähle diese nach Farbe der zugehörigen verletzten Chakras aus deiner „Chakra-Body-Analyse" aus. Silber kann eine zusätzliche gute Wirkung zeigen.

Produkte-Hinweis zur „Partnerschafts-Analyse"

1. Benütze weiterhin deine zur Zeit aktuellen Aura-Soma-Produkte. Wählst du aus dem Praxisbuch nur diese Übung, „Partnerschafts-Analyse", so triff eine neue Selektion. Laß dich von deinen inneren Führern leiten.
2. Integriere in deine Lichtarbeit mehrere solare See-Essenzen. Laß dich von deinen inneren Führern leiten, oder finde die für dich passenden Essenzen im „Symptom-Register See-Essenzen A-Z".
3. Möchtest du auch mit solaren Schmetterlings-Essenzen arbeiten, so wähle diese nach Farben aus. Im Zweifel kannst du die Regenbogen- und oder Purpur-Magenta-Essenz integrieren.

Produkte-Hinweis zum Kapitel „Affirmationen und Gebete“

1. Benütze reinigende und klärende Aura-Soma-Produkte für den ganzen feinstofflichen Körper, im besonderen den mentalen, bevor du die Affirmationen sprichst.
2. Benütze die für dich passende Quintessenz, welche dich mit deinem inneren Lehrer verbindet.
3. Benütze Aura-Soma-Produkte, welche den Prozeß der Affirmation unterstützen, stärken und integrieren. Du findest dazu Informationen im „Farb-Lexikon“.

Produkte-Hinweis zum Kapitel „Meditation“

1. Benütze erhebende, öffnende Aura-Soma-Produkte vor allem der oberen Chakras. Alle Farbkombinationen zwischen Stirnchakra und für die außerhalb des physischen Körpers liegenden Chakras sind besonders geeignet. Zieht es dich besonders zu einem bestimmten Aufgestiegenen Meister, ins Engelreich oder zu einer Farbe, die durch ein solares Wesen in den Schmetterlings-Essenzen energetisiert ist, so hast du hier viele Wahlmöglichkeiten.
2. Benütze nach der Meditation rote, erdende Aura-Soma-Produkte, wenn du nach deiner Meditation wieder in die Aktivität eintrittst. Möchtest Du nach der Meditation in einen Schlafzustand eintauchen, so erübrigt sich die Erdung.

Du kannst deine Auswahl leicht mit der Hilfe des „Farb-Lexikons“ treffen.

Erwarte ein Wunder und Heilung.

AURA-SOMA

Adressen-Verzeichnis

England

DEV-AURA Great Britain
Little London
Tetford nr. Horncastle
Lincolnshire, LN96QL
Tel:+44-1-507 533 581
Fax:+44-1-507 533 412

Argentinien

Daniela Calvary
Rosales 2575
(1636) Olovos
Pcia. De Buenos Aires
Tel: ++54-1-790-6615
Fax: ++54-1-790-6615

Belgien

Aura-Soma Belgium
Elizabeth de Jonge-Mance
Chemin des Deux Maisons,
B73/74
1200 Brussels
Tel: +32-2-772 85 97
Fax: +32-2-772 85 97

Brasilien

Editora Margarita Schack
Rua da Câmara, 3
Tiradentes – MG
Cep 36325-000
Tel: ++55-32 355-1140
Fax: ++55-32 355 1139

Deutschland

Iris Rebilas u. Constanze Sträter
Kalkstraße 26 b
40480 Düsseldorf-Wittlaer
Tel:+49-211- 408 00 08 /
479 02 12
Fax:+49-211- 479 09 85

Helmut Darmstadt
Am See 7
83257 Gollenshausen
Tel: +49-8054 9447
Fax: +49-8054 9448

Österreich

Aura-Soma Austria
Hanni Reichlin-Meldegg
Silbergasse 45/1
1190 Wien
Tel:+43-1-368 87 87
Fax:+43-1-368 87 87 4

Schweiz

Rita Fontana Brunt
Neugutweg 8
CH- 8633 Wolfhausen ZH
Tel: ++41-55-243 33 78
Fax: ++41-55-243 33 78

Chinta Struebin
Les Auges
CH-1603 Grandvaux
Tel: ++41-21-799 42 02
Fax: ++41-21-799 42 03

Aura Soma Farbberatung GmbH
Karin Hotti
Postgasse 38
3011 Bern
Tel: ++41-31-311 99 19
Fax: ++41-31-311 99 19

USA

Aura Soma USA Inc
Trish and Will Hunter
P.O. Box 1688
Canyon Lake Texas 78130
Tel: ++1-830-935 2355
Fax: ++1-830-935 2508***USA***

Fred Thompson
P. O. Box 88039 Worldway Center
Los Angeles, CA 9009
Tel: ++1-310- 306 6265
Fax: ++1-310-306 6265

Index

Abkürzungen und Ausdrücke

Lexikon

Aura	Hauch, Dunst, Schimmer, das feinstoffliche Schwingungsfeld des Menschen
Soma	Körper
EF	Equilibrium-Flasche
Nr.	Nummer
Aeon	Jahrhundert
P	Pomander
Q	Quintessenz
Basis Set (Chakra)	Umfaßt 7 Flaschen
Gr. Set (Chakra)	Umfaßt 12 Flaschen
Erw. Set (Chakra)	Umfaßt 11 Flaschen in Uni Farben
Meister Set (Chakra)	Umfaßt 8 Flaschen in Verbindung zu den Meistern
Atlantis	Versunkenes Inselreich vor zirka 8.000 bis 10.000 Jahren im Atlantischen Ozean zwischen Amerika, Europa und Afrika.
Bruderschaft	Eine religiöse Gemeinschaft im Heiligen Land
Christus-Bewußtsein	Damit ist die Christus-Energie, der Christus-Logos und nicht Jesus Christus als Inkarnation gemeint.
Essener	Vor 2.000 Jahren lehrte in Palästina die spirituelle Gemeinschaft der Essener.
Katharer	Eine christliche Gemeinschaft in Südfrankreich
Lemuria	Untergegangenes Land im pazifischen Ozean zwischen Südamerika und Australien
Tempelritter	wirkten im 13. Jahrhundert
Yacqui	Nordamerikanische Indianertradition
Meister – Aufgestiegene	Die Namen stammen aus der theosophischen Lehre von Madame Helena Blavatsky, welche diese medial aus der altgriechischen Götterwelt und aus der Geschichte empfangen hat.

Implantate	Veränderliche Einpflanzungen im ätherischen Körper
DNS	Desoxyribonukleinsäure, unser genetisches Material
Geistige Führer	Meister/Begleiter aus den himmlischen Dimensionen.
Innerer Lehrer	Meistens Wesenheiten in anderen Dimensionen lebend, in der Regel nicht mehr verkörpert.
Engel	Himmlische Boten und Vermittler.
Meridiane	In der östlichen Medizin bekannte Energielaufbahnen.
Interlife	Das Leben zwischen den Leben
Blaupause	Abdruck der Seele. Es ist der Inhalt, der zu lernenden Aufgaben in diesem Leben – auch Vertrag genannt.

Literatur-Verzeichnis

AURA – SOMA und Farben

Vicky Wall	The Miracle of Colour Healing
Irene Dalichow, Mike Booth	AURA-SOMA
Anita Bind-Klinger	Die Aura-Soma-Meisteressenzen
Reuben Amber	Color Therapy
Freundin-Der große Ratgeber	Farbberatung für die Wohnung

Gesundheit und Körpersymptomsprache

Louise L. Hay	Gesundheit für Körper und Seele
	Heile deinen Körper
Deepak Chopra	Die sieben geistigen Gesetze des Erfolgs
	Die Körperzeit
	Gesundsein aus eigener Kraft
	Die Körperseele
	Die heilende Kraft
	Ayurveda – Gesundsein aus eigener Kraft
	Die Rückkehr des Rishi
Shalila Sharamon und Bodo J. Baginski	Das Chakra-Handbuch
Richard Gerber	Vibrational Medicine
	Was dir deine Krankheit sagen will
Rüdiger Dahlke	Krankheit als Symbol
Caroline M. Myss	Geistkörper-Anatomie
C. Norman Shealy und Caroline M. Myss	Auch du kannst dich heilen

Numerologie / Astrologie / I Ging

Dan Millman	The Life you were born to live
	Die Lebenszahl als Lebensweg
James T. Braha	Astro-Logos
Helyn Hitchcock	Helping Yourself with Numerology
Peter H. Offermann	I Ging

Kinder

Carol Bowman	Childrens Past Lives
Thomas Verney & John Kelly	Das Seelenleben des Ungeborenen
Erika J. Chopich & Margaret Paul	Aussöhnung mit dem inneren Kind

Wohlstand und Fülle

John Randolph Price	The Abundance Book
Raymond Hull	Alles ist erreichbar
Deepak Chopra	Die Sieben geistigen Gesetze des Erfolges
Caspar Lütolf	Lebensenergie – Gesundheit und menschliche Entwicklung

Positive Geisteshaltung

Dale Carnegie	Sorge dich nicht – lebe!
David J. Schwartz	Die Wunderwirkung großzügigen Denkens
Wayne W. Dyer	Real Magic
	You'll see it when you believe it.
René Egli	Das Lola-Prinzip
Napoleon Hill	Denke nach und werde reich
Raymond Hull	Alles ist erreichbar
Sir Syntia Sai Baba	Sai Baba spricht über Beziehungen

Muster deuten

Phyllis Krystal	Die inneren Fesseln sprengen
	Lösung aus kollektiven Bindungen
Chuck Spezzano	Wenn es verletzt, ist es keine Liebe
	Dreißig Schritte, um absolut jedes Problem zu lösen
	Glücklichsein ist die beste Vergeltung
	Karten der Erkenntnis – auf dem Wag nach innen
Mary F. Loomis	Tochter ihres Vaters

Bert Hellinger	Was die Seele krank macht und was sie heilt
Rosmarie Klaka-Lampert	Liebesgeflüster mit deiner Seele
Florence Scovel Shinn	Das Lebensspiel und seine Regeln
Klausbernd Vollmer	Handbuch der Traumsymbole

Lichtarbeit

Benjamin Klein	Kennst du deinen Engel?
O. W. Barth-Verlag	Lexikon der Göttinnen
Petra Schneider, Gerhard K. Pieroth	LichtWesen Meisteressenzen
Neale Donald Walch	Gespräche mit Gott
Brain Grattan	Mahatma I & II
Tashira Tachi-ren	What is Lightbody
Reindjen Ansemi	Der Lichtkörper
Eric Klein	Die Sananda Connection
Lee Carroll	Kryon
Meister Serapis Bey	Luxor
Die Brücke zur Freiheit	Lichtstätten der Großen Weißen Bruderschaft
Annie Kirkwood	Marias Botschaft an die Welt
Doreen Virtue	The Lightworkers Way
	Angel Therapie
	Constant Craving
	„I'd change my life if i had more time"
Franz Winkler	Die Smaragd-Tafeln von Thoth dem Atlantier
Jasmuheen	Lichtnahrung
	In Resonanz
Neale Donald Walsh	Gespräche mit Gott

Wie du mit uns in Kontakt bleibst

AURA-SOMA-Anwendende(r)

Für fachlich kompetente Informationen wende dich an:

Karin Hotti & Team — Postgasse 38, CH-3011 Bern
Beratung und Ausbildung — Tel & Fax +41 (0)31 311 99 19
Verkauf und Versand — E-Mail aurasoma@bluewin.ch

Lichtarbeitende

Möchtest du auf dem laufenden gehalten werden über

Neuerscheinungen, Seminare und musterbefreiende Readings (persönlich und telefonisch)?

Übermittle uns deine Tel, Fax, E-Mail-Adresse an:

Devi E. Maurer — P.O.Box 591, CH-3011 Bern 8
LebensDesignerin — Tel & Fax +41 (0)31 311 99 59
Readings und Seminare — E-Mail goabundant@cs.com

Das Formular-Set

der „Chakra-Body-Analyse“, das in Übung I auf Seite 238 beschrieben wird – bestehend aus 1 farbigen Chakra-Body Bild und 2 Folien im Format A5 –, ist ebenfalls über den obengenannten AURA-SOMA-Versand erhältlich. Schutzgebühr SFr. 20,— inkl. Porto für Europa.

Teil IV

Farben und Equilibriumflaschen

Farben

Du bist die Farbe, die du wählst

AURA-SOMA – ein einzigartiges Farb-System

Wie dieses außergewöhnliche Farb-System dir helfen kann…

Es ist selbststärkend

In der Vergangenheit waren Menschen abhängig von anderen, welche ihnen sagten, was sie tun müssen und was sie benötigen. AURA-SOMA befähigt dich, diese Entscheidungen für dich selbst zu treffen. AURA-SOMA ist nicht eingreifend. Niemand kennt dich besser als du selbst. Du wählst die Farben, die deine Aufmerksamkeit anziehen, und in diesen Farben erkennst du deine Geschichte.

Es ist lebendig

Die ein- und zweifarbigen Balance-Flaschen sind mit dynamischen, lebendigen Energien gefüllt – diese Farbenergie wird aus Pflanzenextrakten, essentiellen Ölen, Edelsteinen und Kristallen gewonnen. Die Entwicklung des AURA-SOMA-Systems wächst weiter, bis heute sind 98 juwelenfarbige Kombinationen erhältlich.

Es ist einzigartig

AURA-SOMA ist Inspiration von göttlicher Ebene und das erste Farbsystem, welches lebendige Farbenergien kombiniert. Es ist eine alte Kunst, die in die Zeiten von Ägypten, Atlantis und Lemuria zurückreicht.

Wir benutzen Farbe bewußt und unbewußt in unserem täglichen Leben wie zum Beispiel in der Kleidung und in der Wohnungsgestaltung.

Farbe ist Energie

Farbe ist der sichtbare Teil des elektromagnetischen Spektrums, welches durch die Sonne so reflektiert wird, daß es sich in verschiedenen Wellenlängen und Vibrationsfrequenzen manifestiert.

Heute kennen wir auch die Chakras, die vitalen Energiezentren entlang der Wirbelsäule.

Die Farbe reflektiert, wie du dich fühlst und wie du dir selbst helfen kannst.

Das Auro-Soma-Farbsystem

Rot

Meister des Strahls: Christus

Allgemeine Merkmale: Es wird sich wohl selten ein Künstler, Farbenhersteller oder Lehrer finden, der nicht vehement das Argument vertreten würde, daß Rot die erste der drei Primärfarben sei. Dennoch gibt es auch gewichtige Argumente, die darauf hinweisen, daß dem nicht so ist! Um die Wahrheit zu finden, ist es nötig, die mit Farben verbundenen Phänomene anzuerkennen und nicht nur die Farbtheorie. Aura-Soma teilt die Ansicht Johann Wolfgang von Goethes, des Künstlers, Philosophen, Wissenschaftlers und Autors mehrerer Meisterwerke, die u. a. sein klassisches Werk über „Die Farbenlehre" umfassen. Durch zahllose nachvollziehbare und reproduzierbare Versuche hat Goethe nachgewiesen, daß nur zwei Primärfarben existieren – Blau und Gelb.

Goethe war sich der Tatsache bewußt, daß das Mischen von Blau und Gelb zu Rot mit Farbpigmenten, Buntstiften oder Malfarben nicht möglich ist. Diese Kombination läßt sich nur aus rein weißem Licht erzielen! Wenn Licht durch ein klares Glas fällt, das mit einem in reinem, hellem Grün gefärbten Öl gefüllt ist, wird exakt an der Stelle, an der das Licht in das Öl eintritt, ein Rot derselben Intensität sichtbar!

Diese Eigenschaft der Farbe hat mit Dualität zu tun, die ja auch im allgemeinen Leben, im spirituellen Bereich, z. B. Yin und Yang und bei Aura-Soma eine sehr wichtige Rolle spielt. Die Equilibrium-Flaschen basieren auf Dualität. Die obere Schicht stellt den Persönlichkeitsstrahl und die untere Schicht den Seelenstrahl dar.

Metaphorische Betrachtungsweise: Rot, die erste Farbe, die im Spektrum des sichtbaren Lichtes in Erscheinung tritt, ist der langwelligste der sichtbaren Farbstrahlen. Um zu „erfühlen", was wohl einige der wesentlichsten Attribute der Farbe Rot sein könnten, wäre eine Analogie mit Meereswellen geeignet. Die kurzen und zarten Wellen, die am Strand in rascher Abfolge unsere Zehen bedecken, entsprechen dem Violett, den kurzwelligsten sichtbaren Lichtwellen. Die großen, in langen Abständen heranrollenden, machtvollen Wellen, wie sie durch die Gezeiten, den Herzschlag des Ozeans, hervorgerufen werden, können mit der Farbe Rot verglichen werden.

Rot hat also mit Macht, Energie und der Lebenskraft selbst zu tun. Als erste sichtbar erscheinende Farbe des Spektrums spricht sie von der Schöpfung und ihrer Struktur. Rot ist die Farbe von Weihnachten, symbolisch gesehen als Lebenskraft. In vielen östlichen Kulturen werden Geldgeschenke in rote Briefumschläge verpackt. Diese Symbolik spricht von Materiellem.

Als die Farbe des Materialismus ist sie dem Basischakra zugeordnet. Sie stellt die Verbindung zu unserer Mutter Erde dar. Auch repräsentiert sie das „Erden" unserer eigenen Energien im Stofflichen. Die Verbindungen mit den Urkulturen, die „die gute rote Erde" kennen und achten und den Kontakt mit ihr pflegen, gehören tatsächlich zum „Lebensblut" des Planeten. Diese Verbindung spricht eine Grundthematik, „das Überleben", an.

Als die Farbe des „Wurzel-", Basis- oder ersten Chakras spricht Rot von der Fruchtbarkeit sowie auch von Problemen mit der Sexualität und der Fortpflanzung. Als Symbol nehmen wir am Valentinstag rote Rosen, um unsere Leidenschaft oder Liebe auszudrücken. Das Rote Kreuz steht dafür, brüderliche Liebe und Einheit vorzuleben. Und was körperliche Liebe angeht und den Ort, wo wir sie bekommen können, sprechen wir vom Rotlicht-Bezirk.

Im *Unerlösten* führt Rot zu Selbstbezogenheit statt zu Selbstlosigkeit und bewirkt, daß ein Übermaß an Energie darauf verwendet wird, materielle Güter und Geld anzuhäufen. Dies und weitere „versteckte" Überlebensängste könnten sogar das Ergebnis einer schweren Geburt sein. Eventuell wurde das „Gewebe" der eigenen ätherischen Energien zerrissen oder in irgendeiner Weise verletzt. Was sich daraus ergibt, wird als die ätherische Lücke bezeichnet. Diese Lücke kann mittels Kirlian-Photographie sichtbar gemacht werden. Sie hindert die Lebenskraft daran, richtig fließen zu können. Eine Lücke im Rot würde es sehr schwer machen, dieses Energiekraftwerk am Boden und geerdet zu halten. Wenn der Ischiasnerv gleichsam auf beiden Seiten des Körpers „aufflammt", kann dies ein Hinweis sein, daß etwas mit dem Materiellen nicht mehr stimmt. Der Ischiasnerv steht übrigens symbolisch für Geldprobleme.

Im *Unerlösten* Rot kann auch eine unbewußte Tendenz dazu bestehen, alle persönliche Kraft, auch die im Bereich des Außersinnlichen, wegzugeben. Diese Handlung, die oft mit „opferbereiter oder aufopfernder Liebe" verwechselt wird, kann sich als „Armutsbewußtsein" und extremes sexuelles Verhalten zeigen. Dieses extreme Verhalten kann ein Suchen der Liebe an allen möglichen falschen Orten sein. Um über rein körperliche Liebe hinaus zu kommen und „wahre Liebe", bedingungslose Liebe, zu erfahren, muß mehr Licht zum Rot dazukommen. Das schafft eine neue Möglichkeit, nämlich die Farbe Pink. Das äußerste Extrem ist es, sich das Charisma und die magnetischen Eigenschaften des Rot zunutze zu machen, um andere oder gegebene Umstände zum eigenen Vorteil zu verführen, zu kontrollieren und zu manipulieren. Anders ausgedrückt: etwas zu nehmen und nichts dafür zurückzugeben. Symbolisch gesprochen ist Rot die Farbe des Teufels.

Botschaft auf der spirituellen Ebene: Rot ist die erste sichtbare Farbe. Sie ist die „Einladung" des Schöpfers, das Spirituelle in eine materielle Form zu bringen. Als der wärmste Strahl kann Rot mit den Eigenschaften einer Flamme oder eines lodernden Feuers verglichen werden. Diese Flamme kann reinigend oder wandelnd sein, denn sie verändert eine Form zu einer anderen. Dieser Prozeß nennt sich auch Transsubstantiation.

Dies ist die Metapher, die im kirchlichen Ritual der Eucharistie, in dem die Transsubstantiation von Brot und Wein in den Körper und das Blut Christi geschieht, enthalten ist. Bevor jemand weiter schreiten kann, um die gesamten kreativen Möglichkeiten, die im ganzen Spektrum des weißen Lichtes enthalten sind, umzusetzen, ist es notwendig, in der reinigenden Flamme (Rot) des Heiligen Geistes geläutert zu werden. Rot ist der Strahl des großen Meisters, des Christus, der seit Jahrtausenden entweder mit einem roten Herzen oder mit einer Flamme, die sich auf dem Herzchakra zeigt, dargestellt wird. Es ist interessant, daß sogar in vielen der östlichen Kulturen der Bezug zu Feuer hergestellt wird, wenn es um das erste Chakra geht. Daher auch der Name wie etwa „Drachenchakra" oder „Feuerchakra".

Sich über die stofflichen Begierden des Körpers und über den Materialismus zu erheben heißt, die Lebenskraft durch das Rot herauf und weiter in die höheren Schwingungen und Chakren zu bringen. Dieser Vorgang entspricht dem Bild des sich aus der Asche erhebenden Phönix. Hier finden wir wieder den Prozeß der Transsubstantiation, die metaphorische „Feuerprobe". Die Verheißung darin ist eine Wiedergeburt auf allen Ebenen des Seins. Dies kommt in seiner Essenz dem ewigen Leben gleich. Darum haben weltliche und materielle Sorgen, „rote Schwierigkeiten", in diesem Zustand keine Bedeutung mehr.

Botschaft auf der Ebene des Mentalkörpers: Rot, als der erste sichtbare Strahl, sagt „*Ich bin*". Diese Aussage zeigt den Ursprung auf, daß eine der Auseinandersetzungen im Rot mit der Willenskraft zu tun hat. Wenn die Energie im Gleichgewicht ist, sind persönliche Stärke, Kraft und Mut vorhanden, die Führung zu übernehmen, wenn dies verlangt wird.

Im *Unerlösten* geht es entweder darum, daß konkurriert oder dominiert werden muß.

Diese Farbe hat die Wirkung, Menschen und Situationen auf Distanz zu halten. Sie ist daher sehr schützend im Sinne einer Isolation. Rot unterstützt beim Abtrennen und Loslösen, beim Erden oder dabei, sich objektiv auf eine Situation zu konzentrieren. Wenn eine Veränderung irgendwelcher Art nötig ist, „kurbelt" Rot diesen Prozeß an. Interessanterweise ist Rot die Farbe, die am häufigsten in der Inneneinrichtung von „Fast-Food"-Restaurants, Buffets in Kasinos und billigen Lokalen verwendet wird. Statistisch wurde nachgewiesen, daß die Kunden rascher essen und wieder gehen, wenn sie sich von Rot umgeben finden.

Es ist die Farbe der Spontaneität, wenn es „funkt", der Aufmerksamkeit und der Konzentration mentaler Energie.

Im *Unerlösten*, wenn jemand also aus irgendeinem Grunde bereits aus dem Rhythmus geraten ist, wird Rot nur mehr Chaos, Streß und Losgelöstheit im negativen Sinne erzeugen.

Botschaft auf der Ebene des Emotionalkörpers: Die Begriffe heißblütig, im Zusammenhang mit extremer Leidenschaftlichkeit und extremem Verhalten im Sexuellen, und hitzköpfig, eine Neigung zu raschem Ärger oder Gewalttätigkeit, z. B. „rot" sehen, haben beide ihre Wurzeln im Bereich der Farbe Rot. Den Energien dieser Farbe muß erlaubt werden, in der richtigen Weise zu fließen, sonst entstehen Probleme.

Im *Erlösten*, wenn Rot im Gleichgewicht ist, fördert es die Liebe zu sich selbst, den anderen und dem Zuhause. Mäßigung, Zurückhaltung und Geduld, verbunden mit der nötigen Selbstdisziplin und dem ehrlichen Wunsch und Bereitschaft, zu dienen, bewirken, daß echte opferbereite Liebe verwirklicht werden kann. Auch eine Harmonie in den Emotionen, die mit dem ersten Chakra zu tun haben, wird hergestellt.

Im *Unerlösten* führt Rot dazu, daß die Dinge scheinbar nicht „schnell genug" geschehen. Das kann zu einem „Aufflammen" von negativem Konkurrenzverhalten, Groll, Frustration oder närrischem Heldentum (Draufgängertum statt echtem Mut) führen. Im weiteren ist das aus dem Gleichgewicht geratene Rot meist schnell mit einer verbalen Antwort zur Hand. Dabei werden oft die Emotionen in Gang gesetzt, bevor das Gehirn zum Zug kommt. Das kann in Verlegenheit bringen, oft bis zu dem Punkt, an dem sich das ganze Gesicht rötet.

Es ist am besten, diese Farbe zu meiden, wenn du bereits einen Tag mit negativen Emotionen hinter dir hast.

Empfohlene Edelsteine und Kristalle: Achat, Blutstein, Hämatit, Granat, Rubin, Jaspis, Pyrit, Obsidian, Karneol.

Koralle

Meister des Strahls: Sanat Kumara, Lao Tsu und Quan Yin

Allgemeine Merkmale: Koralle wurde als der „neue Christusstrahl" identifiziert. Sie liegt zwischen Rot und Orange, im Überlappungsbereich dieser beiden Farben, und setzt sich aus zwei Anteilen Rot und einem Anteil Gelb zusammen. Sie ist der erste Farbstrahl einer neu in Erscheinung tretenden Chakrareihe, die rechts und parallel zum Hauptstamm der Kundalini verläuft.

Die Farbe Koralle ist die „erste Sprosse" in der sekundären „Chakraleiter". Mit dieser Farbe Frieden schließen ist der erste Entwicklungsschritt in Richtung eines erleuchteten Bewußtseins. Das heißt, dazu fähig sein, sich selbst zu lieben. Das ist „die wahre Weisheit der Liebe" und in diesem Sinne das lange erwartete Erwachen des Christusbewußtseins in uns.

Diese zweite Chakrareihe hat sich bei den Seelen manifestiert, die ihr spirituelles Selbst anerkannt und in ganzheitlicher Weise integriert haben.

Metaphorische Betrachtungsweise: Korallen als Lebewesen wurde es durch die Naturgesetze ermöglicht, in unseren Meeren und Ozeanen zu wachsen und zu gedeihen. Dies aber können sie nur tun, indem sie ihre Individualität aufgeben und sich in einen Teil des Ganzen eingliedern. In dieser Hinsicht steht Koralle für die Gemeinschaft oder das globale, humanitäre Bewußtsein. Korallen wachsen bis nahe zur Wasseroberfläche und recken sich so gleichsam der Sonne, der Quelle des Lichtes, entgegen. Für die Menschen verhält es sich genau wie im Korallenriff. Wenn die Fähigkeit, sich ohne Ego auszudehnen, ausgefeilt ist und danach die Individualität „aufgegeben" werden kann, wird das „Vernetztsein" möglich.

Während vieler Jahrtausende haben Mystiker und Heilige vieler Kulturen *koralle-/safranfarbene* Gewänder getragen, im Bemühen, damit ihre Suche nach einem Erwachen ihres „Buddha- oder spirituellen Körpers" zu unterstützen. Hier geht es um das Transzendieren des Selbst und die Vereinigung mit dem Einen.

Im *Unerlösten* deutet Koralle auf unerwiderte Liebe, unausgesprochene Liebe und Liebe, deren Existenz man für sich behält, hin. Eine weitere Herausforderung hat mit einem grundsätzlichen Gefühl von Verletzlichkeit zu tun. Der eine Gelbanteil der Farbe Koralle kann auf eine tiefe Angst, verlassen zu werden, hinweisen und auf die Tatsache, daß man zu feige ist, sich diese Angst zuzugeben und sie zu überwinden. Indem die Bestätigung dafür gesucht wird, daß man dazugehört, entsteht die Tendenz, den Status quo mitzumachen – ganz egal, wie sehr er im Emotionalen schmerzen mag. Dieses Verhalten entsteht aus Verlustängsten. Daraus ergibt sich das Gefühl, benutzt oder manipuliert zu werden, oder man fühlt sich gefangen. Dieser außer Kontrolle geratene Zustand hat seine Wurzeln meistens in Herzensangelegenheiten.

Botschaft auf der spirituellen Ebene: Koralle überwindet Schwierigkeiten, die im Zusammenhang mit dem 1. und 2. Chakra auftreten können, wie etwa falsch gelenkte sexuelle Energie, aggressives Konkurrieren und Schwierigkeiten mit dem Überleben (Probleme mit dem Materiellen). Durch das Anheben oder Transzendieren der Kundalinikraft bringen wir diese Energien in kreativer und verantwortungsbewußter Weise hinauf in die höher liegenden Chakren. Das weckt den „Buddhakörper", und durch diese Ablösung oder Entsagung von den niedrigeren weltlichen Energien erreichen wir Nirvana oder Einsicht aus tiefer Glückseligkeit.

Botschaft auf der Ebene des Mentalkörpers: Im *Unerlösten* weist die Farbe Koralle auf eine übermäßige Beschäftigung mit Selbstanalyse hin und auf eine Tendenz, Eigenschaften und Werte, die in dieser Selbstanalyse erkannt werden, auf andere zu projizieren. Dies kann zu Kämpfen mit sturer Unabhängigkeit führen, die auf das Festhalten an alten Handlungsweisen und ein extremes Konkurrenzverhalten zurückzuführen sind. Diese Verhaltensweisen werden aus der Angst um die Zugehörigkeit und aus der Angst heraus, daß es nicht zum Leben reicht, geboren. Sehr starke Reaktionen auf Koralle machen Probleme mit Co-Abhängigkeit und Abhängigkeit sichtbar.

Im *Unerlösten* beginnst du, den korallenfarbenen Strahl anzunehmen und dich mit ihm wohlzufühlen. Die Akzeptanz dieses Strahls heilt diese Verhaltensweisen und führt zur Entfaltung eines Gemeinschaftssinnes, von Schwester- und Brüderlichkeit und der Fähigkeit zu team-orientierter Kooperation. Durch das dabei erworbene Vertrauen wird wahre Fülle möglich. Man beginnt Zugang zur Kreativität der rechten Hirnhälfte zu bekommen und damit sogleich zu tief umwandelnder und verändernder Weisheit.

Botschaft auf der Ebene des Emotionalkörpers: Koralle spricht davon, daß Lösungen für Schwierigkeiten in Beziehungen gefunden wurden oder daß die Fähigkeit vorhanden ist, sie zu finden und Schwierigkeiten anzugehen und zu beheben, wo dies nötig wird. Die zwei Rotanteile, die in Koralle enthalten sind, bringen einen starken Schutz. Im weiteren bringt der eine Gelbanteil die mentale Klarheit, die es benötigt, um die Emotionen klarer verstehen zu können. Daraus ergibt sich, daß *Koralle* als Farbe sehr gut geeignet ist, wenn man das Bedürfnis hat, sich vor unehrlichen Menschen oder in unehrlichen Situationen zu schützen. (Opfer von Mißbrauch oder Mißhandlung als Kind können viel für sich tun, wenn sie mit der Farbe *Koralle* arbeiten.)

Im *Unerlösten* zeigt die Farbe *Koralle* noch Probleme mit oder in Beziehungen auf, und auch, daß sich daraus die Unfähigkeit, Freude anzunehmen oder zu geben, ergibt. Die Verheißung, die darin liegt, mit Koralle Frieden zu schließen, ist, daß wir damit zu einem Verständnis des *All-Eins-Seins* gelangen und es nicht mehr um *All-Ein-Sein* geht. In dem dadurch entstehenden Zustand der Geborgenheit und der Sicherheit dürfen wir, ohne uns bedroht zu fühlen, spontan sein und im Augenblick leben, gegenwärtig sein.

Empfohlene Edelsteine und Kristalle: Koralle (in all ihren Farbvariationen), Onyx und Rosenquarz.

Orange

Meister des Strahls: Sanat Kumara, Lao Tsu und Quan Yin

Allgemeine Merkmale: Orange stellt die Frage: Wo und wie gehöre ich in den ganzen menschlichen Zusammenhang hinein? Weiter werden Einsichten und Ekstase durch Orange repräsentiert. Es verbindet die Körperhaftigkeit des Rot mit der Selbsterkenntnis des Gelb.

Metaphorische Betrachtungsweise: Orange steht für Harmonie, Schönheit, Vertrauen, Akzeptanz, Sexualität, Kunst, Entsagung/Göttlichkeit (symbolisiert durch die Gewänder der buddhistischen Mönche). Die Farbe Orange bedeutet Hingabe an ein höheres Ideal und die Kraft, dieses Ziel zu verfolgen. Wenn wir die materielle Ebene zu durchschauen beginnen, fangen wir an, Fragen zu stellen und nach Ebenen zu streben, die höher liegen als die des Materiellen und des rein Körperlichen. Orange steht für Verbundenheit, im Sinne von „die eigene Wahrnehmung so ausweiten“, daß auch andere eingeschlossen werden können. Orange ruft unsere gesamte Beziehung zu allem, was lebt, ins Bewußtsein. Hier ist der Ort, wo du mit dir und der Welt arbeitest.

Botschaft auf der spirituellen Ebene: Von der gelben Komponente her stammen die Einsicht, die Selbsterkenntnis und die Achtsamkeit. Im Orange finden sich Hingabe und die Bereitschaft zur Mithilfe bei einer gemeinsamen Anstrengung. Umgänglichkeit im Geiste, ein Bewußtsein für Gruppenbedürfnisse und dafür, was andere Menschen brauchen, sind auch Eigenschaften von Orange. Tiefste Verzückung und Erfüllung werden im Orange ausgedrückt. Es ist die soziale Farbe, die Farbe, die mit Beziehungen jeder Art zu tun hat. Orange verbindet mit dem Ätherkörper.

Botschaft auf der Ebene des Mentalkörpers: Achtsamkeit, Geduld, Einfühlungsvermögen und tiefe Einsichten sind Eigenschaften von Orange. Die Farbe Orange fördert den Sauerstofftransport im Blut und durch das Gehirn, was Klarheit auf der mentalen Ebene unterstützt.

Im *Unerlösten* zeigt Orange Unentschiedenheit und einen Mangel an Selbstwertgefühl.

Botschaft auf der Ebene des Emotionalkörpers: Im *Erlösten* repräsentiert Orange Gefühle, die aus „dem Bauch heraus" kommen, und spontane Weisheit. Sexualität, im Zusammenhang mit Orange, dient der Freude und dem Vergnügen und nicht der Absicht zu empfangen. Aufregung, Extroversion, tiefste Freude, Verspieltheit und Humor, verbunden mit Lachen aus dem Bauch, sind Orange-Aspekte.

Im *Unerlösten* kann Orange Hysterie, Depression, Sturheit, Schock und Trauma aufzeigen.

Empfohlene Edelsteine und Kristalle: Achat, Bernstein, Koralle, Topas.

Gold

Meister des Strahls: Lady Portia

Allgemeine Merkmale: Gold steht für Glückseligkeit, tiefe Freude, für Erleuchtung und Weisheit, für Selbstwertgefühl und für Wert und Würde.

Metaphorische Betrachtungsweise: Gold symbolisiert die alchimistische Transmutation, den Prozeß, der das unedle Metall in Gold verwandelt. Gold steht für Reichtum auf allen Ebenen. Die goldenen Eheringe stehen für Einheit. Der heilige Gral steht als Repräsentation von etwas, das nur über ein großes persönliches Opfer erlangt werden kann.

Im *Unerlösten* spricht Gold von irrationalen Ängsten, die an Panik grenzen. Tiefe Verwirrung und Zweifel an sich selbst sind auch im Gold vorhanden.

Botschaft auf der spirituellen Ebene: Gold symbolisiert die Weisheit Salomons. Gold ist das Wissen, das weit über das Intellektuelle hinausgeht. Es ist das „Illuminiert-Sein". Gold steht für die zeitlose Weisheit der Kulturen der Ägypter, Mayas und Azteken. Diese Kulturen nahmen die verwandelnde Kraft des Goldes in ihre religiösen Praktiken und in ihre Kunst auf. Heiligkeit, die goldenen Waagschalen der Gerechtigkeit, Ewigkeit, Reinheit, Erleuchtung, Schönheit, Status und Glanz sind Aspekte, die der Farbe Gold zugeordnet werden.

Botschaft auf der Ebene des Mentalkörpers: Auch auf der mentalen Ebene symbolisiert Gold Weisheit sowie Unterstützung.

Im *Unerlösten* spricht es von falscher Bescheidenheit, Selbstgerechtigkeit, Betrug, Täuschung, von Falschheit und von Suchttendenzen.

Botschaft auf der Ebene des Emotionalkörpers: Gold steht für Verlangen, Ekstase, Frieden, Komfort und Vertrauenswürdigkeit.

Im *Unerlösten* spricht Gold von Angst, Nervosität, Gier, Verwirrung und Ekel.

Empfohlene Edelsteine und Kristalle: Bernstein, Tigerauge, Topas, Zitrin.

Gelb

Meister des Strahls: Kuthumi

Allgemeine Merkmale: Gelb stellt die Frage „*Wer bin ich?*" Es spricht von Glück, von eigenem Willen, von mentaler Klarheit und von Assimilation und Wissen.

Metaphorische Betrachtungsweise: Im *Erlösten* symbolisiert Gelb die Sonne und das Licht. Sie symbolisiert die Willenskraft und den eigenen Willen, der sich aus Weisheit und Erfahrung heraus entwickelt. Gelb steht für intellektuelle Kommunikation und für Lehren. Es ist eine anregende, erhebende und erheiternde Farbe. Die Energie zur Umwandlung ist vorhanden, jedoch nicht in dem Ausmaß wie im goldenen Strahl.

Im *Unerlösten* fesselt Gelb die Aufmerksamkeit und deutet auf Vorsicht hin, z. B. das Gelb bei der Verkehrsampel. Es kann auch für Feigheit stehen.

Botschaft auf der spirituellen Ebene: Gelb repräsentiert Licht. Das erste fürs Auge sichtbare Licht ist die Sonne, die gelb scheint. Die Farbe Gelb steht für das Lehren von Weisheit und ermöglicht, daß du dich an spirituelle Gesetze hältst.

Botschaft auf der Ebene des Mentalkörpers: Im *Erlösten* fördert Gelb die mentale Klarheit und das organisierte oder strukturierte Denken. Sie verleiht die nötige Willenskraft, um zu den eigenen Überzeugungen zu stehen, und regt die mentalen Aktivitäten an.

Im *Unerlösten* steht Gelb für „unorganisiert sein", da kein Sensorium für den eigenen Willen vorhanden ist. Es steht für Verwirrung statt für Klarheit, für Sarkasmus sowie für das Bedürfnis, das Leben und Situationen kontrollieren zu müssen. Dieses Bedürfnis entsteht aus emotionalen Ängsten heraus.

Botschaft auf der Ebene des Emotionalkörpers: Im *Erlösten* steht Gelb für Wärme, Lachen, Freude und Entrückung, Ausdruckskraft, Enthusiasmus und Mut.

Im *Unerlösten* steht Gelb für Eifersucht, Angst, Mangel an Vertrauen zu sich selbst oder Mangel an Selbstsicherheit, Feigheit, Nervosität und Depression.

Empfohlene Edelsteine und Kristalle: Topas, Bernstein, Zitrin.

Oliv

Meister des Strahls: Djwal Khul

Allgemeine Merkmale: Oliv steht für Raum, Weisheit und weibliche Führungsqualitäten. Hier stellt sich die Frage: „Kann ich mich dieser neuen Art von Kraft und Führungsstil hingeben?" Männer mögen diese neue Energie und Ausrichtung der Machtverhältnisse fürchten. Olivgrün ist die erste Gelegenheit zu neuer Hoffnung in der Entwicklung der Menschheit. Es geht hier nicht mehr um das Ausüben von Macht über andere. Es ist das

Ermächtigen der anderen Menschen. Dem anderen zu seiner eigenen Kraft verhelfen zu können kann nur geschehen, wenn wir uns mit dem Herzen eines anderen gleichsam verschmelzen.

Metaphorische Betrachtungsweise: Oliv ist der Strahl der Hingabe. Der Gelbanteil ist die Energie des individuellen Verstandes und Willens, die hier mit dem Herz und dem Raum des Grün verschmelzen. Olivgrün bildet die Brücke zwischen dem Willen und dem Herzen. Olivgrün kann entweder dem menschlichen Geist zum Hervortreten verhelfen oder ihn unterdrücken.

Wenn wir unseren Eigenwillen nicht angehen und richtig einordnen, wird er zur Autorität und übernimmt die Macht. Die Klarheit des Gelb ermöglicht es, die Richtung, die vom Herzen kommt, zu erkennen. Somit ergibt sich die Möglichkeit, zur eigenen Kraft zu stehen und doch den anderen ihren Raum zu gönnen und zu lassen.

Im *Unerlösten* zeigt Oliv die Notwendigkeit der Umwandlung von Angst (Gelb) und Bitterkeit (Grün), um den Wechsel zu der neuen Energie der Ermächtigung vollziehen zu können.

Im *Unerlösten* mag es darum gehen, die Unfähigkeit dazu, die männlichen und weiblichen Energien ins Gleichgewicht zu bringen, anzugehen. Auch die sich daraus ergebende Unfähigkeit, Zugang zur Weisheit des Olivgrüns zu bekommen, wird angegangen.

Botschaft auf der spirituellen Ebene: Oliv symbolisiert die Weisheit Salomons, Unterscheidungsvermögen und Hoffnung. Sie offenbart das Versprechen eines neuen Lebens, wie es die Taube symbolisiert, die einen Zweig vom Olivenbaum zu Noah bringt. Sie gibt die Fähigkeit, Spirituelles im alltäglichen Leben umzusetzen. Die Fähigkeit, über sich selber lachen zu können, ist auch eine spirituelle Qualität von Oliv. Gelb, die Farbe der Freude, kombiniert mit Grün, der Farbe des Raumes und der Wahrheit, ergibt die Eigenschaft, geerdet zu sein. Oliv verhilft daher, mit beiden Füßen am Boden und voll im Leben stehen zu können.

Im *Unerlösten* bringt Oliv alle Schwierigkeiten mit Führung herauf, besonders wenn es um weibliche Energie geht. Es kann sein, daß überholte patriarchalische Macht- und Verhaltensmuster aufgelöst werden müssen und daß die alte Basis von Kontrolle überprüft werden muß. Christus hat sich sehr für die Frauen eingesetzt, und eine starke weibliche Energie umgab ihn die ganze Zeit bis zur Kreuzigung. Sogar diese letzte Handlung war ein Symbol für Hingabe. Olivgrün ist die Farbe des Heiligen Geistes.

Botschaft auf der Ebene des Mentalkörpers: Auf dieser Ebene symbolisiert Oliv Diplomatie, Unterscheidungsvermögen, Selbstakzeptanz, Flexibilität, Harmonie und Vollendung. Es zeigt ein Bewußtsein auf der mentalen Ebene, das um die Qualitäten weiß, die sich in der neuen Art von Führung ausdrücken.

Botschaft auf der Ebene des Emotionalkörpers: Oliv steht für die Liebe zu sich selbst. Es hilft den nötigen Abstand gegenüber den eigenen Emotionen zu haben. Die Energien des gelben und des grünen Strahls wollen integriert werden, bevor wir uns dem Olivgrün und dem Wissen, das es verspricht, anvertrauen können.

Im *Unerlösten* spricht Oliv von Bitterkeit und Angst und von dem Nicht-geerdet-Sein.

Empfohlene Edelsteine und Kristalle: Olivin, Peridot, Aventurin.

Grün

Meister des Strahls: Djwal Khul, Hilarion

Allgemeine Merkmale: Grün gibt den Raum und die Fähigkeit, die es braucht, diesen Raum in allen Richtungen überblicken zu können. Grün stellt eine 360 Grad umfassende Sicht dar. Es repräsentiert die Suche nach der Wahrheit und nach der *Über-Ein-Stimmung* mit der Quelle. Grün ist die Mitte zwischen Himmel (Blau) und Erde (Rot). Es steht für den Wendepunkt, den Ort der Veränderung. Es symbolisiert Überfluß (in vielen Ländern ist es eine Farbe des Geldes), den Frühling, die Fruchtbarkeit und die Fähigkeit, sich vorwärts zu bewegen. Das grüne Licht symbolisiert die freie Fahrt. Grün ist auch die Farbe des Devareiches und des Pflanzenreiches. Sie steht für das Organische.

Metaphorische Betrachtungsweise: Grün ist die Brücke zwischen dem eigenen Willen (Gelb) und dem göttlichen Willen (Blau). Sie fördert die Fähigkeit, sich gegenseitig verbunden zu fühlen, und führt dazu, Liebe frei geben und empfangen zu können. Natur (Geburt, Wiedergeburt, Wachstum), Harmonie, Gleichgewicht und Heilung sind Aspekte der Farbe Grün. Bei Grün handelt es sich um Atmung, Zirkulation und Im-Fluß-Sein. Es symbolisiert auch die Photosynthese.

Im *Unerlösten* zeichnet Grün Probleme auf, die mit dem eigenen Raum oder Wirkungsbereich zu tun haben, in dem Sinne, daß einer andere unter Kontrolle (Gelb)haben muß. Zweifel an sich selbst ist auch ein grünes Thema. Es geht darum, zunächst das große Ganze zu verstehen, bevor weitergegangen wird in den Strahl des reinen Blau hinein. Mangel an Selbstakzeptanz und Liebe zu sich selbst werden auch von Grün aufgezeichnet. Grün hilft, wenn Körper, Geist und Seele nicht harmonieren.

Botschaft auf der spirituellen Ebene: Grün symbolisiert Heilung, Regeneration, Mitgefühl, Liebe für die Erde, Harmonie mit der Natur und ihren Gesetzen. Es geht um die Fähigkeit, seine Richtung zu finden und Entscheidungen zu fällen in einer Art und Weise, die von Herzen kommt und nicht aus dem Intellekt (Gelb). Grün steht für die Gefühlsseite des Lebens und für Glauben und Vertrauen in die Liebe. Großzügigkeit im Sinne von ‚uns selbst genug Raum geben‘, so daß wir den anderen ihren Raum geben und lassen können, ist auch ein Aspekt von Grün.

Botschaft auf der Ebene des Mentalkörpers: Im *Erlösten* steht Grün für ein gesundes Unterscheidungsvermögen, für die Fähigkeit, Entscheidungen zu fällen. Grün zeigt auch Geschick im Verhandeln sowie ein Bewußtsein, das Fülle und Wohlergehen entstehen läßt. Gleichgewicht, Zufriedenheit, Zentriert-Sein und Vertrauen sind grüne Eigenschaften, ebenso aufs Ganze gehen und auf den vollen Gewinn setzen.

Im *Unerlösten* zeigt Grün Zweifel an sich selbst sowie die Tendenz, sich selbst Begrenzungen aufzuerlegen.

Botschaft auf der Ebene des Emotionalkörpers: Offenheit, Ehrlichkeit, Kommunikation, die von Herzen kommt, Ruhe, Freiheit, Großzügigkeit sowie alle Herzensangelegenheiten befinden sich im Grün.

Im *Unerlösten* zeigt Grün Eifersucht, Selbstbezogenheit, Neid und Gier.

Empfohlene Edelsteine und Kristalle: Jade, Malachit, Opal, Olivin, Pyrit, Smaragd, Turmalin.

Türkis

Meister des Strahls: Maha Chohan

Allgemeine Merkmale: Türkis steht für verschiedene Möglichkeiten der Kommunikation: Kommunikation über die Massenmedien, Kommunikation durch Kunst sowie Kommunikation über alle Arten von kreativem Ausdruck.

Zwei Schlüsselthemen des Wassermannzeitalters sind die individuelle Verantwortung und die humanitäre Unabhängigkeit. Diese zwei Themen sind stark mit der Farbe Türkis verbunden. Die individuelle Verantwortung muß als erstes verwirklicht werden, damit der zweite Schlüssel, die humanitäre Unabhängigkeit, zum Tragen kommen kann.

Türkis ist die Farbe von Atlantis in bezug zu der Weisheit, der Technologie und der Kunst dieser Zeitepoche. Es symbolisiert das Meer, welches wiederum für das Unbewußte steht. Türkis steht auch für das Transdimensionale, womit über Zeit und Raum hinausgehende Existenz gemeint ist. Es symbolisiert die atlantischen Delphine, die Freiheit und Intelligenz mit den Gefühlen verbinden. Diese Farbe bezeichnet die Morgendämmerung des Wassermannzeitalters, das Zeitalter, in dem Silizium dem Kohlenstoff gegenübersteht, auch das Kristallzeitalter genannt. Computer, der Begriff „Informationszeitalter", Internet und alle Formen der Kommunikation, die über Wellen oder Drähte durch Medien vermittelt werden, werden von der Farbe Türkis vertreten. Sie steht auch für den Lehrer des Wassermannzeitalters.

Botschaft auf der spirituellen Ebene: Diese Ebene ist identisch mit der metaphorischen Ebene. Türkis bedeutet Friedfertigkeit und humanitäre Unabhängigkeit, die das Allgemeinwohl nicht verletzt, sondern fördert. Es geht darum, der Intuition zu vertrauen. Das Grün im Türkis verankert außersinnliches Sehen im Herzen. Daraus kann sich Hellsehen (Blau) entfalten und ergeben. Du übernimmst die Verantwortung für dich selbst, wie etwa beim Lernen. Das Türkis lehrt das Herz, die richtige Richtung einzuschlagen. Die Liebe und die Schönheit, die im Grün enthalten sind, drükken sich durch die Kraft des Blau aus. So wird das neue transzendentale Herz erschaffen, auch Ananda Khanda genannt.

Botschaft auf der Ebene des Mentalkörpers: Türkis fördert sehr große Anpassungsfähigkeit und Effizienz. Es erlaubt einen Blickwinkel, der utopisch sowie idealistisch sein kann. Es steht fürs Lehren durch Kommunikation über Massenmedien sowie das Lehren und Lernen von Fremdsprachen. Es fördert die Begabung für technische Belange und fördert eine Haltung, in der sich jemand auf sich selber verlassen kann.

Botschaft auf der Ebene des Emotionalkörpers: Im *Erlösten* fördert Türkis die Intuition, die mit Fühlen und Wissen zu tun hat. Diese Farbe ist im ganzen emotionalen Bereich zu Hause und in allem, was mit dessen Ausdruck zu tun hat. Die Emotionen selbst sind im Gelb und Orange vorhanden. Türkis regt Sympathie, Mitgefühl sowie Optimismus an. Es fördert Kindlichkeit im positiven Sinne des Wortes.

Im *Unerlösten* steht Türkis für Technophobie, die Angst davor, mit technischen Geräten umzugehen.

Empfohlene Edelsteine und Kristalle: Aquamarin, Malachit, Opal, Türkis.

Blau

Meister des Strahls: El Morya

Allgemeine Merkmale: Blau ist die 5. Chakra-Farbe auf dem Hauptstamm der Kundalini und die erste der Farben, die auf der kühlen Seite des Lichtspektrums in Erscheinung tritt. Im Verlaufe der Zeitalter und durch die Lehren der Alten, ihrer Kulturen und ihrer großen Mysterienschulen wurde Blau als die Farbe des Durchgangs bekannt. In anderen Worten auch als „das Tor zur anderen Seite“. Es wurde damals anerkannt, daß Blau das Tor zu einer Wahrnehmung öffnet, die über der intellektuellen und der Sinneswahrnehmung stattfindet.

Ironischerweise war es die Farbe Blau, die als letzte Farbe für das sich immer weiter entwickelnde menschliche Auge sichtbar wurde, und doch ist es die erste der Primärfarben, aus der heraus alle anderen Farben erst möglich werden.

Blau also bietet die erste mögliche Ebene des Zugangs zu unseren „außersinnlichen Sinnen“. Blau gibt die Möglichkeit und das Versprechen der Verbindung und des Austausches mit der Quelle in einer im Stofflichen denkbarer Form. Blau ist der Teil des Lichts, der göttlichen Schutz gibt, wie er im Ausdruck *„Ich bin der Weg und die Wahrheit, und die Wahrheit macht euch frei“* gesehen werden kann. Blau als solches ist ein Aufruf zum Vertrauen. Es ist ein Aufruf zum festen Glauben daran, daß der göttliche Schöpfungsplan, die universelle Blaupause, zur rechten Entfaltung gelangen wird. Es ist die Farbe der manifest gewordenen göttlichen Kommunikation und, was noch wesentlicher ist, des daraus folgenden Friedens, der durch diesen Vorgang ermöglicht wird. Das ist der Grund dafür, warum Blau die Farbe des Vermittlers ist. Es ist die Farbe dessen, der in einer Auseinandersetzung oder in einem Problem beide Seiten sehen und sich darüber äußern kann.

Metaphoriche Betrachtungsweise: In unserer Alltagssprache weisen wir immer wieder darauf hin, daß wir den Charakter, den Sinn und die Verheißung der Farbe Blau aus unserem Inneren heraus sehr wohl verstehen. Wenn wir von Treue und Ehrlichkeit sprechen, so ordnen wir dieser Eigenschaft die Farbe Blau zu. Wenn wir eine plötzliche Bö oder eine nach menschlichem Ermessen unerklärliche Veränderung in einer Situation oder Verhaltensweise beschreiben, so sagen wir: Es geschah *aus dem Blauen* heraus. Damit meinen wir, daß die verursachende Kraft „jenseits" des Sichtbaren oder Voraussagbaren lag, wortwörtlich aus dem Himmel heraus wirkte. Die großen Meister der Malerei wie Da Vinci und Michelangelo stellten die Mutter Gottes immer in blauen Gewändern dar, symbolisch für ihre Verbindung mit dem Reich der Engel und mit der Gottheit.

Weiter gibt es den alten Ausdruck ‚blaublütig', der verwendet wird, um eine Autoritätsperson königlicher oder aristokratischer Abstammung zu bezeichnen. Diese Bezeichnung wird assoziiert mit „besonders, unerreichbar" und daher auch mit „vollständig geschützt". Denke auch an die bei uns verbreitete Neigung dazu, offizielle Vertreter der Behörden, Friedenstruppen und in vielen Ländern auch die Hüter des Gesetzes mit blauen Uniformen zu kleiden. Es ist eine in der heutigen Zeit gültige Bestätigung dafür, daß wir es damit mehr oder weniger bewußt verstehen, diejenigen sichtbar zu machen, denen wir die Aufgabe anvertraut haben, uns zu schützen und die am höchsten geschätzten Werte aufrechtzuerhalten, Treue, Integrität und Ehrlichkeit.

Blau weist darauf hin, daß du anerkennst und vertraust, daß es einen Schöpfungsplan für die Menschheit gibt, oder daß du einen Prozeß erlebst, der dich zu dieser Einstellung führt. Dieser Glaube an einen Plan ist eine echte und kraftvolle Errungenschaft! Du bist dazu imstande, das, was du denkst, mit wirklicher Ehrlichkeit in Worten auszudrücken. Sehr wahrscheinlich hast du auch keine Probleme damit, dich mit den Meinungen, Sichtweisen und Glaubensystemen anderer wohlzufühlen.

Frauen, die sich von Blau angezogen fühlen und sich mit dieser Farbe wohlfühlen, haben die männliche Seite ihrer Psyche fest integriert.

Im *Unerlösten* weist Blau darauf hin, falls von Männern bevorzugt, daß sie sich ihren Mangel an Bereitschaft, ihre weibliche Seite in Betracht zu ziehen oder sie anzuerkennen und zu ehren, ansehen sollten, oder die Frauen in ihrer Umgebung, auf die es am meisten ankommt. Im weiteren könnte diese übermäßige Beschäftigung mit Blau einen versteckten und/oder sehr wichtigen Problembereich mit dem männlichen Elternteil widerspiegeln. In extremen Fällen könnte sich dies bis zu einer vollständigen Mißachtung von Autorität im allgemeinen ausweiten.

Probleme, die sich durch *Blau* zeigen, können im Extrem bis zu einer vollständigen Ablehnung der Quelle führen. Eine solche Loslösung zeigt sich in ihren frühen Phasen als Überheblichkeit, Kälte, Launenhaftigkeit mit unvorsehbaren Stimmungsschwankungen, Depression und Isolation. Wenn keine Schritte unternommen werden, um diese Verhaltensmuster zu heilen, weitet sich die Unehrlichkeit dem eigenen Selbst gegenüber zu einem vorherrschenden Muster der Täuschung auch anderen gegenüber aus.

Botschaft auf der spirituellen Ebene: Die in *Blau* enthaltene Verheißung ist die der Verbindung mit dem göttlichem Wissen der kosmischen Blaupause oder des Schöpfungsplanes, das diese Farbe vermitteln kann. In diesem Sinne ist die Farbe Blau eine Metapher für den himmlischen Vater, und wenn wir uns mit den Händen des Schöpfers verbinden, unterstützen wir den Schöpfer/den Künstler in uns selbst.

Botschaft auf der Ebene des Mentalkörpers: Auf dieser Ebene fördert Blau Bereitwilligkeit im Gegensatz zu Eigenwilligkeit (Gelb). Blau fördert auch den angemessenen Respekt und die nötige Unterstützungsbereitschaft denjenigen gegenüber, die Autoritäts- und Führungspositionenen innehaben. Sie unterstützt in Situationen, in denen Diplomatie oder Verhandlungsgeschick gefragt sind.

Blau zur Verfügung zu haben in Situationen, die Ehrlichkeit, Aufrichtigkeit oder Direktheit erfordern, weist auf ein echtes Verstehen der Kraft dieser Farbe hin. Es ist eine seit langem geltende Tatsache, daß die meisten erfolgreichen Anwälte vor Gericht ihre letzten Plädoyers, Aussagen und Zusammenfassungen in Blau gekleidet vortragen, da dies in „geheimnisvoller Weise" den Eindruck von Integrität und Autorität dessen, was sie aussagen, vermittelt und bei der Zuhörerschaft die Bereitschaft zu vertrauen erhöht.

Botschaft auf der Ebene des Emotionalkörpers: Blau lenkt die Aufmerksamkeit auf den schwierigen Vater genauso wie andererseits auch auf die nährende Mutter. Wie dem auch sei, mit dieser Farbe wird Schutz in jeder Form angeboten, da es zu ihrer Qualität gehört, uns unterstützende und hilfreiche Energien zufließen zu lassen, (anders als der isolierungsartige Schutz durch Rot).

Ein Bedürfnis nach Heilung innerhalb des Bereiches der Farbe Blau wird sich üblicherweise durch den Zustand des Un-"wohlseins" äußern, den man im Englischen den *Blues* nennt (Traurigkeit). Es ist auch im Blau enthalten, daß der falsche Zustand von Losgelöstheit, der zum *All-Ein-Sein* im Gegensatz zu *All-Eins-Sein* führt, sich zeigen wird. Das ist die Trennung von der Quelle oder der Verlust des Glaubens, die weiter oben im Text erwähnt wurden.

Empfohlene Edelsteine und Kristalle: Türkis, Saphir, Lapis Lazuli.

Königsblau

Meister des Strahls: El Morya

Allgemeine Merkmale: Königsblau entsteht im Spektrum des Lichtes dort, wo Violett und Blau ineinander übergehen. In anderen Farbsystemen, die Schwarz mit beinhalten, wird diese Farbe auch als Indigo bezeichnet. Da im ungetrübten, weißen Licht Schwarz als Farbe nicht auftritt, befaßt sich das Aura-Soma Farbsystem nur mit den direkten Farben.

Königsblau ist die Farbe des 6. Chakras – das oft als Ajna Chakra oder „Drittes Auge“ bezeichnet wird. So genannt wird es zum Teil wegen seiner Lage über der Zirbeldrüse und zwischen den Augenbrauen und zum Teil, weil es mit der inneren „Sicht“ in Verbindung gebracht wird. Diese „Sicht“ geht über die Fähigkeiten der physischen Augen hinaus. Während Blau die Farbe des Übergangs ist, „das Tor zur anderen Seite“, ist Königsblau die „andere Seite“. Es ist die „Farbe der Synthese“, des Zusammenbringens „scheinbar“ getrennter und unzusammenhängender Kriterien zu einem ganzen oder umfassenden Verstehen. Diese Synthese äußert sich im Bewußtsein des Menschen als inneres Wissen.

Anders als bei spontan ablaufenden Phänomenen erlaubt uns diese Seite unserer Psyche einen bewußten Zugang zu unserer sensitiven Wahrnehmungsfähigkeit und öffnet uns für unsere Entwicklungsmöglichkeiten und unser „Geburtsrecht“ den Zugang zum Reich des sechsten Sinnes.

Dieser Zugang zum klaren „Sehen“ all dessen, was „gesehen“ werden kann, befähigt zu treffenden und kraftvollen Entscheidungen. Im weiteren macht es den Weg dazu frei, das, was entschieden wurde, mit Taten zu unterstützen, und alle Widerstände, die sich der Entscheidung in den Weg stellen, zu überwinden.

Durch Königsblau wird der Zugang zu Hellsichtigkeit, Hellhörigkeit und dem klaren Fühlen ermöglicht. Wir lernen auf allen Ebenen des Lichtes zu „sehen“ und das zu erkennen, was zuvor im Verborgenen lag. Ob es sich um einen Mann oder um eine Frau handelt, spielt keine Rolle; die Struktur des Königsblau ermöglicht diese überaus wichtige Verbindung zu unserer weiblichen Seite und zu der feinsten Form tiefer Weisheit, der weiblichen Intuition. Die Information, die in dieser reinen und eleganten Farbe enthalten ist, lautet: „Wissen, warum man hier ist“.

Metaphorische Betrachtungsweise: Das Dritte Auge ist wie der Abendhimmel, in dem die ersten Sterne zum Vorschein kommen. Ohne das Ausblenden des Kontrastes, wie es dieses Bild zeigt, kann das, was schon immer dort war, für unsere „normalen“ Sinne nicht sichtbar werden. Aktives Königsblau bedeutet, „durch etwas oder jemanden hindurchsehen können“.

Die Roben der Magier und Propheten, wie etwa von Merlin oder Nostradamus, werden in den Werken der alten Meister in Königsblau dargestellt, als Hinweis darauf, daß die so gekleidete Person über die Fähigkeit verfügt, über die üblichen Bereiche des Verstehens hinauszugehen, und die Kraft hat, ein „Sehen“ zu bewirken, das nichts mit der Begrenztheit unserer körperlichen Sehkraft zu tun hat. Die Farbe Gold, die Komplementärfarbe zu Königsblau, wurde oft für die Borten ihrer Gewänder oder als Grundmaterial für ihre Szepter und Stäbe verwendet. Das betont noch zusätzlich die große Weisheit und Macht, über die diese Großen verfügten.

Die wirkliche Betonung liegt hier auf der klaren Wahrnehmung innerhalb und außerhalb seiner selbst. Das Verstehen und das Erfassen der Verbindung über die physischen Sinne hinaus oder des Portals, das in die überirdischen Reiche, die auch als Engelsreiche bezeichnet werden, führt. Im weiteren geht es auch darum, den Mut und die Hingabe zu haben, durch dieses Tor in der Psyche hindurchzuschreiten und wirklich dem gemäß zu leben, was wir glauben, worauf wir vertrauen und was wir wissen. Wenn jemand sich auf diesen Prozeß einläßt, dann werden Neutralität, Objektivität und Akzeptanz zur Norm, da alle Seiten eines Problems erkennbar werden.

Falls die Energien von Königsblau integriert sind, so funktioniert das „Dritte Auge“ harmonisch, bewußten Willensimpulsen folgend. Das Gesamtbild kann erfaßt werden, und ein vollständiges Verstehen aus vielen verschiedenen Fragmenten wird erarbeitet.

Im *Unerlösten* zeigt Königsblau, daß ein allzu entschiedener Intellekt dem im Weg steht, obwohl man davon ausgeht, daß in vielen Fällen echte Intuition aktiv ist. Das führt zu Selbstüberhöhung und irregeleitetem Verhalten, das auf reiner Illusion und Phantasie beruht. Das ist die Last vieler Seelen, die irrtümlicherweise glauben, daß "sie es gegeben bekommen". Realistisch gesprochen: Viele sprechen kühn darüber, anstatt den kühnen Lauf wirklich zu tun. Dies führt dazu, daß diese Gruppe von Menschen mit vielen unschönen Worten bezeichnet wird und daß Zersplitterung, Verwässerung und Oberflächlichkeit in die das neue Zeitalter betreffenden Überzeugungen und Beschäftigungen einfließen. Im *Unerlösten* findet sich diese Verwässerung. Ausdauernder und sturer Widerstand dagegen, die Dinge so zu sehen, wie sie sind, führt zu einem Verhalten, das an unrealistischen Idealismus grenzt. Das bewirkt dann nach und nach eine teilweise, wenn nicht vollständige, Trennung von der Realität. Daraus ergeben sich sehr große Probleme mit Autorität (alle anderen sind nicht in Ordnung – aber ich bin in Ordnung).

Botschaft auf der spirituellen Ebene: Die Tatsache, daß wir erwachen wollen, und das Wissen, daß dies möglich ist, allein führen noch nicht dazu, daß wir auch wirklich erwachen. Das eine Drittel Rot im Königsblau erzählt davon, daß es darum geht, mit dem Potential zum Erwachen in uns selbst klar zu kommen. Indem wir unsere Unsicherheit materiellen Dingen gegenüber fallenlassen und auf das vertrauen, was wir nicht sehen können, wird die „stille kleine Stimme“ in unserem Inneren zum einzigen Beweis dafür, daß es noch etwas anderes gibt. Dieses etwas ist für unsere „höhere“ oder übersinnliche Wahrnehmung sichtbar.

Im *Unerlösten*, ohne einen disziplinierten Geist und ein diszipliniertes Denken, drückt sich *Königsblau* als eine nahezu utopische Sichtweise des Kosmos aus. Beschäftigung mit dem Mystischen und mit Mystizismus wird zu etwas Besonderem und Außergewöhnlichem, zu etwas, das nur für ein paar privilegierte Seelen möglich ist. Nichts könnte eine größere Illusion sein als eine solche Unwahrheit. Jeder Mensch trägt in sich die Fähigkeit, diese Sinne und die durch sie gegebenen Möglichkeiten zu kontaktieren. Königsblau bedeutet ISP (Intra Sensory Perception) – „innersinnliche“ Wahrnehmung. Was soviel heißt wie genau spüren, was wir wahrnehmen, und ist nicht zu verwechseln mit dem falsch benannten

„Sonderangebot" ESP (Extra Sensory Perception) – außersinnliche Wahrnehmung. Dies impliziert, daß jemand dazu besonders begabt sein muß. Die einzige Begabung, die verlangt wird, besteht in etwas, das wir uns selbst geben können. Es ist die Achtung dem eigenen Selbst gegenüber und die Wertschätzung dessen, was es jeweils ganz spontan im ersten Moment sagt. Warum habe ich nicht gleich auf mich gehört? Das ist die Botschaft und die Verheißung im Königsblau.

Botschaft auf der Ebene des Mentalkörpers: Im *Erlösten* fördert Königsblau die Fähigkeit, seine tiefsten Gefühle und die damit verbundenen abstrakten Konzepte zu kommunizieren. Sie bringt die persönlichen Motivationen, Wahrnehmungen, Erwartungen und Schwankungen ins Gleichgewicht. Daher ist es hilfreich, wenn schwierige Aufgaben oder Entscheidungen anstehen, mit Königsblau zu arbeiten.

Im *Unerlösten* stellt Königsblau eine starke Herausforderung durch gedankliche Verwirrung, Desorganisation, Machtstreben und Überlegenheitsgefühle dar.

Botschaft auf der Ebene des Emotionalkörpers: Was die emotionale Seite von Königsblau betrifft, besteht die Aufgabe darin, den extremen *Blues*, die große Traurigkeit, zu meistern und die sich daraus ergebende Tendenz sich *allein* zu fühlen – und *Alleinsein* in *All-Eins-Sein* umzuwandeln. In diesem Zustand der Verehrung sind große Isolation und Depression keine Faktoren mehr, die die Psyche quälen und belasten. Man wird geerdet durch das Rot, das das *Königsblau* enthält, und leidet daher nicht mehr an Gefühlen des Nichtdazugehörens und der Überheblichkeit. Vorwürfe, Bedauern und übertriebene Selbsteinschätzung, die sich, wenn sie bis ins Extrem ausgelebt werden, als totalitäre Ansprüche ausdrücken können, werden von Königsblau wieder ausgerichtet.

Empfohlene Edelsteine und Kristalle: Azurit, Saphir, Lapis lazuli.

Violett

Meister des Strahls: Saint Germain

Allgemeine Merkmale: Violett wurde über Jahrtausende hinweg von den Meisterlehrern und Heilern angewendet, um Umwandlung und Transmutation zu fördern (*Alchimie*). Es ist dieser Teil des Lichtspektrums, der es ermöglicht, daß das geistige Selbst und das Selbst des Körpers in dem Einen Leben wirken können. *Violett* ist also der Punkt, wo „himmlisches" Bewußtsein (Blau) und „irdisches" Bewußtsein (Rot) sich im siebenten Chakra, dem „Kronenchakra", begegnen.

Durch dieses Zusammenkommen ist Violett der Kanal für echtes Gleichgewicht. Er erleichtert es, „die Füße auf dem Boden" zu behalten, während „der Kopf im Himmel" bleibt. In anderen Worten, er ermöglicht es, den „Himmel auf die Erde" zu bringen. Im Violett wird die schwesterliche und brüderliche Liebe durch den Dienst für den göttlichen Schöpfungsplan ausgedrückt.

Auf dem Pfad des Suchenden kommt man durch das heilende Grün eines offenen Herzchakras. Dort war die Verheißung der Wiedergeburt und Erneuerung in das Eine versiegelt. Alles Karma kann nun erlöst werden. Wenn sich das nächste Chakra (Blau) öffnet, wird der Durchgang durch das Tor zur Gottheit manifest. Hier geschieht es, daß Hoffnung gestärkt wird, bis sie zu Glauben wird und Denken zu Wissen gewandelt wird. Um sich durch die blauen Strahlen hindurch und in das Violett hinein zu bewegen, werden absolutes Vertrauen und Hingabe verlangt. Die Art von Hingabe, die der Unschuld eines Kindes gleicht. Die violette Flamme der Transmutation verbrennt alle Negativität und löst alles noch verbleibende Karma auf. Diese Veränderung im körperlichen Stoffwechsel ermöglicht Nirvana, das kosmische Bewußtsein, und ein Verstehen von allem, was je war, und allem, was je sein wird.

Metaphorische Betrachtungsweise: Heute noch symbolisieren violette Gewänder und Kleidungsstücke von Königen, Königinnen, Priestern und Heiligen für religiöse Zeremonien spirituelle Führerschaft, Weisheit und das Dienen für die Masse. Vom geheiligten Heiler Saint Germain, den Meister des violetten Strahls, wird gesagt, daß er Blei zu Gold machen konnte mit seinem alchimistischen Wissen und dem Verstehen der höheren universellen Gesetze.

Symbolisch repräsentiert Violett das Abschließen der „irdischen Probleme", während es gleichzeitig zum Ätherkörper hin öffnet. Es ist der alchimistische Prozeß, der neues Wachstum und *Über-Ein-Stimmung* möglich machen kann.

Violett weist auf das Streben hin herauszufinden, warum und wofür du lebst. Es zeigt die Suche nach dem Wissen, wieso du in diesen Körper inkarniert hast, und zeigt, daß der Wille da ist, diesen Lebenssinn auch zu verwirklichen.

Im *Unerlösten* deutet Violett darauf hin, daß eine zu starke Bindung an das Spirituelle besteht und daß du dich mit den dichteren Schwingungsbanden, die dich mit der Erde verbinden, nicht wohl fühlst. Das führt zu fortwährenden Schwierigkeiten damit, geerdet zu sein und mit den Füßen auf dem Boden zu bleiben. Es kann sein, daß du einen tiefen Groll in dir trägst darüber, „hier sein zu müssen“. Wenn dieses Problem mit dem Violett nicht bewußt ausgeheilt werden kann, wird sich die Herausforderung steigern, bis es dir nahezu unmöglich wird, in der Gegenwart zu leben.

Wozu ist ein „Heiliger“ auf der Erde gut, der sich nicht auf irdische Angelegenheiten einlassen kann oder will? Ein Mensch, der durch das *Violett* herausgefordert wird, wird sich vor allem mit Selbstbetrachtung und Meditation beschäftigen. Er wird aber Schwierigkeiten mit dem Handeln haben. Als Konsequenz daraus ergibt sich, daß der überragende Beitrag, den er zum Wohl der Menschheit leisten könnte, und der sich daraus ergebende Dienst dem Leben gegenüber nie geleistet wird. Diese Schwierigkeit mit der materiellen Seite des Lebens und den weltlichen Angelegenheiten führt nahezu immer zu einem fortwährenden Zustand des Unglücklichseins und der Depression. Violett kann auch darauf hinweisen, daß jemand vor kurzem einen großen persönlichen Verlust erlitten hat und diese Farbe intuitiv verwendet, um seinen/ihren Kummer zu verarbeiten.

Botschaft auf der spirituellen Ebene: Violett spricht von Versöhnung und von Kommunikation zwischen Körper und Seele. Es ist die einzige Harmonie innerhalb des sichtbaren Lichtspektrums, die hoch genug schwingt, um die spezifischen Gesetze der Transmutation zu erschließen. Diese Transmutation stellt Verbindungen zu unseren ätherischen und noch höher schwingenden Bereichen her.

Violett zeigt, daß das Vertrauen in die Intuition und Leitung, die diese Farbe anbietet, vorhanden ist. Es handelt sich auch um die Bereitschaft, auf Grund dieses Vertrauens in sicherem Glauben zu handeln. Das bringt die Gnade, den eigenen Willen in das Große Ganze einzuordnen, denn die „alte Seele“ erkennt sich selbst als einen Teil der Quelle. Sie ist bereit, die Rolle anzunehmen, die zu spielen sie gebeten wird. In diesem Zustand des „ich bin“ wird das, was auf der materiellen Ebene angestrebt wird, ein *Mensch zu sein*, erreicht.

Botschaft auf der Ebene des Mentalkörpers: Im *Erlösten* zeigt Violett einen Mentalkörper, der sich im Gleichgewicht befindet. Dieser Mentalkörper verfügt über viel Vorstellungsvermögen und Erfindergeist. Er ist dazu imstande, Problemlösungen in seltsamer Weise „aus der Luft“ aufzugreifen. Wenn das violette Chakra offen ist, ist der betreffende Mensch empfänglich für Veränderungen im Geist, im Denken und im Verhalten. Er ist immer bereit, das Richtige zum Wohl und für die Bedürfnisse der Allgemeinheit zu tun, auch dann, wenn dies ein persönliches Opfer erfordert.

Im *Unerlösten* zeigt Violett, daß ein Mensch allzu kontemplativ und oft unrealistisch und unpraktisch ist. Die Tendenz, zuviel zu phantasieren, zu meditieren oder einfach zuviel zu denken und zu grübeln, kann zu einer „Lähmung des Vermögens zur Analyse" sowie zu einer ausgeprägten geistigen Abwesenheit führen.

Botschaft auf der Ebene des Emotionalkörpers: Violett fördert innere Ruhe und geistigen Frieden und ist sehr hilfreich, wenn es darum geht, versteckte Wut offenzulegen und zu behandeln. Violett kann Zustände der höchsten Ekstase beinhalten.

Im *Unerlösten* kann Violett auch von tiefer Trauer oder von der nötigen Heilung von Kummer und Trauer sprechen. Wie ein Märtyrer handeln, vorgetäuschtes oder angebliches Leiden und allgemeines Selbstmitleid sind violette Schwierigkeiten. Ohne die Reife oder den Mut, diese Schwierigkeiten zu sehen und sie zu heilen, kann ein Mensch Fluchttendenzen entwickeln über alle möglichen Süchte, besonders aber Drogen und Alkohol.

Empfohlene Edelsteine und Kristalle: Amethyst, Fluorit.

Magenta

Das Geheimnis mit dem Namen „Magenta"

Allgemeine Merkmale: Das Farbphänomen, das als *Magenta* bekannt geworden ist, wurde von Johann Wolfgang von Goethe am Ende des 18. Jahrhunderts beschrieben. Ihm war Farbe ein Rätsel, das weit über das in Erscheinung-treten-Lassen von sieben Farben mittels eines Sonnenstrahls und eines Stücks klaren Glases hinausging. In einer Zeitspanne von über dreißig Jahren erarbeitet, gipfelten seine Experimente zum Thema Farbe in dem Bewunderung heischenden Werk der Farbenlehre, das erstmals 1810 erschien.

In der Farbenlehre hat Goethe mit vielen reproduzierbaren Experimenten festgestellt, daß Farbe ein beobachtbares Phänomen ist, das den begrenzten Rahmen der durch Sir Isaac Newton gegebenen „Wellentheorie“ der Farben sprengt. Diese Theorie wurzelt im Experiment, das daraus besteht, einen Strahl von weißem Licht durch ein Glasprisma zu lenken, um damit den bekannten Regenbogeneffekt zu erzielen.

Eines der von Goethe aufgezeigten und untersuchten Farbphänomene war „das wiederholte und unerklärliche Erscheinen“ einer achten Farbe. Diese trat in „geheimnisvoller Weise“ gerade nach dem Violett – oder gerade vor dem Rot auf, wodurch ein Farbkreis (eine in sich ringförmig geschlossene Erscheinung) und nicht nur ein Regenbogen (eine lineare Erscheinung) zu entstehen schien. Goethe nannte diese flüchtige Farbe Purpur (Magenta).

Meister des Strahls: Pallas Athena und Aeolus

Magenta setzt sich aus zwei Teilen Rot und einem Teil Blau zusammen. Es liegt zwischen Rot und Violett „verborgen“. Darum kann Magenta sowohl als das Ende wie auch als der Anfang des Lichtspektrums bezeichnet werden. Es stellt Alpha und Omega dar, den vollständigsten Ausdruck göttlicher Liebe. In diesem Sinn beinhaltet oder umfaßt Magenta alle anderen Farben einschließlich des weißen Lichtes.

Ist es daher verwunderlich, daß Magenta in den meisten alten Lehren der großen Mysterienschulen als die Farbe des 8. Chakras, „des Seelensterns“, gerade als außerhalb des physischen Leibes und oberhalb des Kopfes existierend bezeichnet wird? In dieser Eigenschaft beinhaltet Magenta unseren individuellen „Seelenplan“. Dieser Seelenplan dient als Blaupause für unseren Lebensplan. Die Verbindung mit diesem Chakra zeigt die Gründe dafür auf, warum ein Mensch sich verkörpert hat. Diese Verbindung offenbart die göttliche Lebensaufgabe und hilft dabei, sie mit der persönlichen Energie zu erfüllen. Wenn du den *Magenta*-Strahl als der Farbe Rot vorausgehend betrachtest, könntest du sagen, daß die Seele in den Körper hinabsteigt. Umgekehrt, wenn Magenta als der Farbe Violett folgend angesehen wird, ist der Körper zum Geist hinaufgestiegen.

Metaphorische Betrachtungsweise: Also … was kommt zuerst, Rot oder Magenta ? Oder … was kommt als letztes, Violett oder Magenta? Wenn du die Farbe Magenta als zwischen Violett und Rot liegend betrachtest, wird die Metapher der Erlösung aus der Dualität einsehbar. Es ist nur möglich, das Leben des Himmels auf der Erde zu erfahren, wenn keine Polaritäten mehr existieren. Aus diesem Grund wird die Akashachronik im Magenta-Chakra bewahrt. Dieses Chakra befindet sich jenseits der Dualität und der falschen Urteile.

Es ist auch wichtig, die Komplementärfarbe zu Magenta anzusehen, Olivgrün. Das Verstehen von Olivgrün unterstützt den Prozeß, sich den Möglichkeiten, die Magenta offeriert, zu öffnen. Symbolisch gesprochen, wird durch das Olivgrün eine wichtige Botschaft vermittelt. Es ist die Botschaft die Noah erhielt, als ihm ein Zweig von einem Olivenbaum gebracht. In diesem Fall spricht Olivgrün symbolisch von der Hoffnung, daß „die Flut" eine korrupte Welt transformiert und reinigt. Im Falle Christus steht Olivgrün für die Hoffnung, daß die Jünger lernen, wie sie auf Erden dienen können, während sie doch im Himmel zu Hause sind. Das Christuswort „in dieser Welt, aber nicht von dieser Welt" drückt dies aus. Das ist die Verheißung von Magenta, Transmutation und Trans-Substantiation zugleich.

Im Aura-Soma-Farbsystem gibt es zwei Formen von Magenta, ein helleres Pink-Magenta und einen sehr tief gesättigten Ton von Magenta, der beinahe schwarz aussieht, wenn er nicht von einer Lichtquelle durchleuchtet wird. Es gibt keine Schwierigkeiten oder Auseinandersetzungen in der tiefen Version.

Im *Unerlösten* weist das hellere Pink-Magenta hingegen auf Schwierigkeiten damit hin, entweder eine Verbindung mit dem Göttlichen zu erlangen oder den Glauben daran zu finden, daß eine solche Verbindung überhaupt möglich ist. Alle roten Probleme werden jedoch entweder gefördert oder in negativer Weise gestärkt.

Botschaft auf der spirituellen Ebene: Magenta stellt die engste mögliche Verbindung mit der Gottheit dar und repräsentiert damit alle großen und kleinen Dinge. Magenta sagt uns auch, daß alle diese Dinge gleichermaßen wesentlich und wichtig sind! In anderen Worten handelt es sich bei Magenta um einen enormen Respekt vor der Heiligkeit allen Lebens.

Indem Qualität und liebevolle Sorgfalt den „kleinen" Dingen im Leben gegenüber aufgebracht werden, öffnet sich das Tor dafür, daß Gott die großen Belohnungen geben kann. Es ist der kreative Strahl, der es der Form erlaubt, sich zu manifestieren.

Botschaft auf der Ebene des Mentalkörpers: Magenta ist gleichsam die Verkörperung der Sorgfalt, die sich dem oft monotonen, aber präzisen Detail zuwendet. Im weiteren finden sich in solcher Einfachheit Schönheit und Harmonie. Ein Mensch, der sehr mit dem Magenta-Strahl in Resonanz steht, hat vielleicht nur wenig materiellen Besitz, aber das, was er hat, wird ganz einfach von großer Eleganz geprägt sein.

Botschaft auf der Ebene des Emotionalkörpers: Wenn Menschen gut mit dem Magenta Strahl mitschwingen können, so wissen sie, daß sie gut genug sind, und sie sind dazu fähig, ihren Selbstwert richtig einzuschätzen. Sie fühlen sich wohl und sicher in dem und mit dem, was sie sind, sie wissen, daß „man" sich von einer viel höheren Ebene aus um sie kümmert als von der offensichtlichen, materiellen Ebene aus. Darum lassen sie sich nicht von den Meinungen und Urteilen anderer zum Wanken bringen. Es ist diese Fähigkeit, sich von allem Urteilen und Verurteilen und allem „gutes gegen böses Ende" lösen zu können, die sie zu sehr harmonischen Menschen in ihren persönlichen Beziehungen und in ihrer beruflichen Umgebung werden läßt.

Empfohlene Edelsteine und Kristalle: Amethyst.

Pink

Meister des Strahls: Lady Nada, Orion und Angelika

Allgemeine Merkmale: Pink steht für die Liebe, die keine Bedingungen stellt, und für Fürsorglichkeit. Pink wird als Rot (Leben) betrachtet, zu dem mehr Licht(Bewußtsein) dazukommt.

Metaphorische Betrachtungsweise: Pink symbolisiert die bedingungslose Liebe. Es ist die weibliche, intuitive Energie. Sie steht für das Erwachen sowie auch für das weibliche Rollenmodell. Alle roten „Themen" werden entweder gefördert oder im unerlösten Zustand als Problematik verstärkt.

Pink zeigt auch die Fähigkeit, Liebe anzunehmen.

Botschaft auf der spirituellen Ebene: Im *Erlösten* steht Pink für Mitgefühl, ausgeglichene, stille und nährende Liebe. Pink bringt das Licht mit dem Leben zusammen. Diese Farbe kann zu wirklich spiritueller Sexualität führen.

Botschaft auf der Ebene des Mentalkörpers: Im *Erlösten* steht Pink für Unschuld, Erwachen, Intuition und für das Neue. Diese Farbe bringt Frieden in Aggressionen.

Botschaft auf der Ebene des Emotionalkörpers: Das Bedürfnis besteht, die Energie der Liebe und Fürsorglichkeit mit anderen teilen zu können.

Pink beruhigt den Emotionalkörper und fördert die Fähigkeit, sich um andere zu kümmern. Es ist eine sanfte Farbe, die lindert.

Im *Unerlösten* steht Pink für sexuelle Sucht. Sie zeigt jemand, der sexuell besitzergreifend sein kann. Pink zeigt auch jemand, der ein Bedürfnis nach Wärme hat sowie sehr große Probleme mit materiellen Angelegenheiten.

Empfohlene Edelsteine und Kristalle: Diamant, Rosenquarz, Turmalin.

Weiß

Meister des Strahls: Serapis Bey

Allgemeine Merkmale: Weiß repräsentiert die Energie des 9. Chakras, welches das Christusbewußtsein beinhaltet. Weiß symbolisiert Reinigung und Klärung, Sensitivität sowie auch das Leiden und das Verstehen von Leiden. Zu Mitgefühl fähig sein ist auch ein Aspekt von Weiß.

Metaphorische Betrachtungsweise: Klar ist transparent und durchsichtig, kann aber auch reflektieren. Die Fähigkeit, Dinge zu spiegeln und dadurch sich selbst zu erkennen, wird von Klar oder Weiß unterstützt. Klar reflektiert alle Strahlen, während Magenta als Kontrast dazu alle Strahlen beinhaltet oder festhält. Was du an anderen siehst, ist in dir selbst.

Bedeutung auf der spirituellen Ebene: Weiß symbolisiert karmische Absolution, das Sich-Hingeben. Weiß steht auch für Leiden, für die Quelle ungeweinter Tränen, für Ausweitung, Klarheit sowie die Fähigkeit, durch Mitgefühl anderen und sich selbst vergeben zu können. Es repräsentiert die Silberschnur, die uns mit der Unendlichkeit verbindet. Die weiße Rose ist ein Symbol der Integrität, Ehrlichkeit, Einfachheit und Wahrheit. Die Energie des Mondes wird auch von Weiß symbolisiert.

Botschaft auf der Ebene des Mentalkörpers: Im Weiß ist die „Perle in der Auster“ enthalten. Dieser Ausdruck zeigt, wie Schönheit durch intensives Leiden und Schmerz zum Vorschein gebracht und dadurch erlöst wird. Denn wenn du durch diesen Schmerz hindurchgehst, kommst du zu einer kristallklaren Energie und einem kristallklaren Bewußtsein. Du wirst gereinigt und wirst daher zu einem klaren Kanal.

Botschaft auf der Ebene des Emotionalkörpers: Weiß steht für Bestimmtheit und Mitgefühl.

Im *Unerlösten* verstärkt Weiß alle Emotionen, ganz besonders aber unverarbeitete Wut. Der Ausdruck „jemanden zur Weißglut bringen" zeigt den Zusammenhang zwischen Weiß und Wut.

Empfohlene Edelsteine und Kristalle: Achat, Diamant, Mondstein, Quarz, Bergkristall, Rosenquarz, Zirkon.

0
1
2
3
4
5
6
7
8

9
10
11
12
13
14
15
16
17

18
19
20
21
22
23
24
25
26

27
28
29
30
31
32
33
34
35

36
37
38
39
40
41
42
43
44

45
46
47
48
49
50
51
52
53

54
55
56
57
58
59
60
61
62

63
64
65
66
67
68
69
70
71

72
73
74
75
76
77
78
79
80

81
82
83
84
85
86
87
88
89

90
91
92
93
94
95
96
97
98

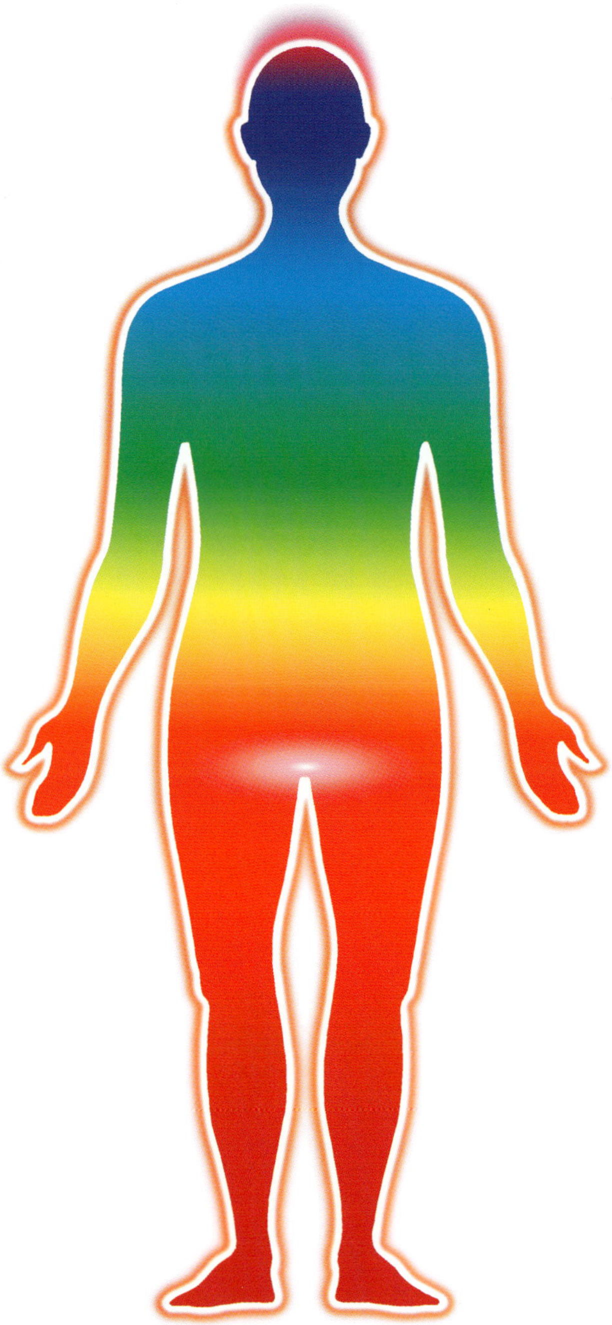

Kurzbiographie von Vicky Wall, 1918–1991

Vicky Wall, Pharmazeutin und Heilerin, wurde als jüngstes von sieben Kindern in London geboren. Ihr Vater beschäftigte sich intensiv mit der jüdischen Mystik, der Kabbala. Vicky besaß seit ihrer Kindheit die Fähigkeit, die Aura von Menschen zu sehen.

Aura-Soma wurde ihr 1983 offenbart. Sie war zu diesem Zeitpunkt bereits erblindet und erhielt durch Eingebung die Zusammensetzung der Equilibrium-Flaschen des Aura-Soma-Systems. Dies ist die außergewöhnliche Erweiterung der Farbtherapie, die uns hilft, Mittel zu finden, unsere Seele, unseren Verstand und unsere Gefühle in lebendigen, leuchtenden Farben auszudrücken. Mit Aura-Soma hat Vicky Wall ein System geschaffen, das mit den energetischen Farben von Pflanzen und Gesteinen (Edelsteinen) den Menschen heilt, vitalisiert und auf allen Ebenen harmonisiert.

Kurzbiographie von Erik Palham

Erik wurde am 8. Juli 1954 in Indien geboren. Er ist das vierte von sieben Kindern englisch-schwedischer Eltern. Die ersten elf Jahre wuchs er in Indien auf und verließ Indien kurz vor seinem 12. Geburtstag.

Nach der Universität machte Erik sich als Photograph selbständig und lernte einige Jahre später Mike und Claudia kennen. Er begann mit Blütenessenzen und Schwingungsheilung im besonderen zu arbeiten. Es entwikkelte sich ein enges Arbeitsverhältnis mit der spirituellen Welt, und er sprach in den Jahren 1991 bis 1993 bei einigen Konferenzen über Blütenessenzen. Mike bot Erik an, sich um das Labor für Aura-Soma zu kümmern, und er nahm sofort an. Erik hatte sich schon während seiner letzten neun Jahre als Photograph auf Farben spezialisiert, und bis 1993 war sein Arbeitsverhältnis mit vielen spirituellen Wesen gut gefestigt.

Seit er das Labor übernommen hat, wurden von ihm die Meeres- und Schmetterlingsessenzen entwickelt. Er arbeitet mehr und mehr mit energetisierenden Aura-Soma-Produkten auf immer feineren Energieebenen.

Equilibrium-Flaschen für die Meditation

Equilibrium-Flasche Nr. 5
Wurzelschrakra
Sonnenauf- und Sonnenuntergang-Flasche

Equilibrium-Flasche Nr. 26
Sexualschrakra
Schock-Flasche

Equilibrium-Flasche Nr. 4
Sonnengeflechtschrakra
Sonnen-Flasche

Equilibrium-Flasche Nr. 3
Herzschrakra
Herz-Flasche

Equilibrium-Flasche Nr. 2
Halschrakra
Friedens-Flasche

Equilibrium-Flasche Nr. 1
Kronenschrakra
Körperliche 'Erste Hilfe'-Flasche

Equilibrium-Flasche Nr. 20
Alle Chrakras
Sternenkind/Kinder ‘Erste Hilfe’-Flasche

Weitere Bücher aus dem Verlag Via Nova:

Spirituelle Erziehung

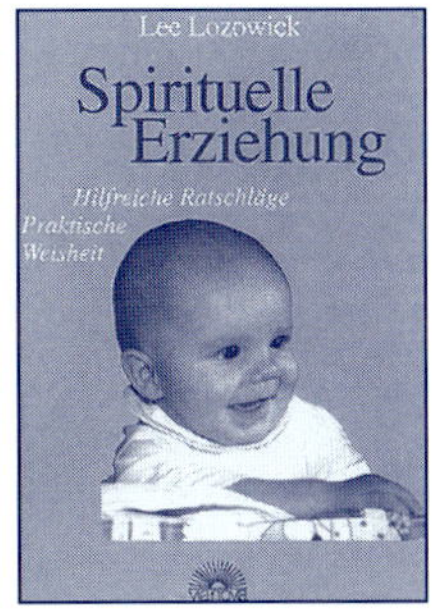

Hilfreiche Ratschläge – Praktische Weisheit

Lee Lozowick

312 Seiten, gebunden – ISBN 3-928632-51-5

Praktischer Ratgeber für Eltern und Erzieher, die im Umgang mit Kindern ein größeres Maß an Bewußtheit, Freundlichkeit und Mitgefühl sowie mehr Ehrlichkeit im Verhältnis zu sich selbst in die Erziehung einbringen wollen. Das Buch will Eltern in ihrer wichtigen Erziehungsarbeit helfen und Kindern einen optimalen Start verschaffen.
Dieses Buch richtet sich an all jene, die für die Erziehung Weisung aus einer höheren Ebene empfangen wollen. Spirituelle und bewußte Erziehung könnte man zusammenfassen: Liebe und Zuneigung entwickeln, lebensbejahende Grenzen für unsere Kinder aufzeigen und Ehrlichkeit uns selbst und unseren Kindern gegenüber aufbringen.
Hauptelement jeder Kindererziehung ist das Vorbild der Eltern. Da wir unseren Kindern nicht geben können, was wir selbst nicht besitzen, fordert der Autor Eltern und Erzieher dazu auf, die das eigene Leben beherrschende Ichbezogenheit, Ignoranz und mangelnde Bewußtheit genau unter die Lupe zu nehmen, weil sie das Glück und Wohlbefinden unserer Kinder gefährden.

Gott, Mensch und Welt

Die Drei-Einheit der Wirklichkeit

Raimon Panikkar
Herausgegeben von Roland R. Ropers

216 Seiten, gebunden – ISBN 3-928632-40-X

Einer der großen Wegweiser der Menschheit in das neue Jahrtausend ist Raimon Panikkar. R. Ropers würdigt in diesem Buch das Werk des universalen Gelehrten, des hochangesehenen Philosophen und spirituellen Meisters und bringt dem Leser die bahnbrechende Theologie und Spiritualität für ein neues Verstehen der *einen* Wirklichkeit nahe, die sich in Zeit und Ewigkeit, in Diesseits und Jenseits manifestiert. Der in drei Fächern promovierte Wissenschaftler, Gastprofessor an über hundert Universitäten, hat mehr als 40 Bücher in sechs Sprachen geschrieben. In diesem Buch kommt in den hochaktuellen Beiträgen und Ausschnitten aus dem Lehrwerk Panikkars die genialintegrative Dialogfähigkeit zum Audruck, die östliche und westliche Spiritualität miteinander verbindet.
Die bedeutende Grundidee des genialen Wissenschaftlers und spirituellen Lehrers Raimon Panikkar sind eine Hilfe und geistige Wegbegleitung für die Herausforderungen des Menschen im kommenden Jahrhundert und des Christentums im dritten Jahrtausend.

Die verborgene Blüte

Über die psychologischen Hintergründe der Spiritualität

Han F. de Wit

288 Seiten, gebunden
ISBN 3-928632-42-6

Warum strahlen manche Menschen Lebensfreude aus, andere aber Lebensangst? Warum wachsen die einen an ihren Leiden, während andere an ihnen zerbrechen? Wie kann ich ein glücklicher Mensch werden, zu mir selbst finden? Welche Hilfen bietet die Psychologie? Die Antworten darauf stehen im Zentrum der *kontemplativen Psychologie.* Sie beziehen sich auf eine verborgene Blüte, die sich tief im Kern unseres Wesens entfaltet. Ihre Früchte – Lebensmut, Lebensfreude, Erbarmen und Klarheit des Geistes - sind in diesem Buch gegenwärtig mit all unserem Handeln, im Umgang mit uns selbst.

Suche nach dem Sinn des Lebens

Willigis Jäger

Paperback, 272 Seiten, gebunden, **5. Auflage** – ISBN 3-928632-03-5

Preisträger amerikanischer Verleger

Alle wichtigen Themen des spirituellen Lebens werden von dem Zenmeister (Roshi) Pater Willigis Jäger in diesem Buch grundlegend behandelt und in Bezug gesetzt zur christlichen Mystik, aber auch zu den großen Traditionen der esoterischen Wege anderer Religionen, zu den Ergebnissen moderner Naturwissenschaft und zu den Erkenntnissen der transpersonalen Psychologie. Die psychologischen Aspekte des inneren Weges, seine Tiefenstrukturen und Stadien, der Umgang mit den Gefühlen und die Verwandlung des Schattens werden eingehend beschrieben. In diesem Buch geht es um den inneren Weg der christlichen Religion, um einen Bewußtseinswandel in der Gleichgestaltung mit Christus, um eine neue – von innen geprägte – Ethik, die Verantwortung für die Mitwelt übernimmt. Das Buch befreit zu einem sinnerfüllten Leben; motiviert, den inneren Weg zu gehen, provoziert zu einem neuen Denken und Handeln und tröstet in dunklen Stunden.

Yoga – ein Weg zu den Quellen der Spiritualität

Werner Vogel

KASSETTE – Vortrag über die Essenz des Yoga

ISBN 3-928632-53-1

Der transpersonale Bewußtseinsraum, Erkenntnisweg der Zukunft

Willigis Jäger

Schritte in ein höheres Bewußtsein

Barbara Schenkbier

KASSETTE - 2 Vorträge – ISBN 3-928632-52-3

Zum Lichtgrund der Seele

Wege zur Transparenz

Rosina Zipperle

222 Seiten, gebunden – ISBN 3-928632-07-8

Das Buch von Rosina Zipperle zeigt Wege zur Transparenz auf, die den künstlerischen Reichtum ihrer Bilder ins geschriebene Wort übermitteln. Aus eigener tiefer Erfahrung werden im Kapitel über die „Selbstfindung" die Aura als Spiegelbild des Denkens und Handelns, das Farbenspiel der Seele, das feinstoffliche Gewand als Philharmonie der Gedanken und ihre heilende Kraft dargestellt. Vorbereitet wird diese Selbstfindung durch den Läuterungsweg der Meditation. Bei dem zweiten Kapitel „Selbstverwirklichung" vertieft sich dieser Durchlichtungsprozeß über Traumsymbole als Spiegelungen des Unterbewußten, zur Läuterung dieses dunklen Bereiches.
Einbezogen in diesen Prozeß werden ferner das Gefühlsleben, die Egozentrik, Liebe und Leid.

Der innere Schrei nach Erlösung

Befreiung von innen

François Brune

256 Seiten, gebunden – ISBN 3-928632-44-2

Die Welt als Hologramm – Erlösung von innen

Während viele das Ende des Christentums voraussagen, unterstreicht der Verfasser die absolut einzigartige Bedeutung des Christus für die Entwicklung der Menschheit. Anders als die philosophische Theologie ist die mystisch-holographische Theologie darauf ausgerichtet, von innen heraus wirksam zu werden. Brune versteht die Welt als ein Hologramm, in dem alles mit allem verbunden ist, also auch jede Seele mit jeder anderen – und mit Christus, der aus der Tiefe einer jeden Menschenseele als Mittelpunkt des kosmischen Hologramms erstrahlt. Unfaßbar? Aber wie, wenn es wahr wäre? Das gilt es in diesem Buch zu entdecken, das so fesselt wie eine Abenteuerreise – die Reise in die mystische Erfahrung.

Wenn es verletzt, ist es keine Liebe

Wege zu erfüllenden Beziehungen

Chuck Spezzano

416 Seiten, gebunden, **3. Auflage** – ISBN 3-928632-20-5

Dieses Buch verändert Ihr Leben. Ein Wissender zeigt den Weg, wie Sie ein Leben führen können, das erfüllt ist von Liebe und Verstehen, von Freude und Glück. Sie erfahren in 366 Kapiteln wichtige Lebensgrundsätze, die Ihre zwischenmenschlichen Beziehungen auf eine höhere Ebene heben.
Die Weisheit der Liebe, die der Verfasser in jahrzehntelanger Forschungsarbeit als Psychotherapeut, als weltweit bekannter Seminarleiter, als visionärer Lebenslehrer entdeckt und in klare Weisungen umgesetzt hat, verwandelt Sie und berührt Ihr wahres Wesen, das Liebe ist.
Durch die angebotenen Übungen, die das theoretisch Erkannte auch in den praktischen Alltag umsetzen, wird das Buch zu einem Wegbegleiter und Ratgeber in bedrängenden Beziehungsnöten. Sie reifen in Ihrer Selbsterkenntnis, können Ihre Beziehungen in Partnerschaft und Freundschaft neu ordnen, vertiefen und intensivieren.

Die Vision des göttlichen Menschen

Barbara Schenkbier

424 Seiten, gebunden, Einband Kunstleder mit Goldaufdruck,
21 ganzseitige Bilder, Zweifarbendruck,
ISBN 3-928632-18-3

Das Buch ist ein umfassendes Standardwerk, das den Durchbruch einer neuen Evolutionsstufe im menschlichen Bewußtsein des Menschen vorbereiten hilft. Aufbauend auf wissenschaftlichen Erkenntnissen und der mystischen Tradition aller Religionen führt es zu einem tieferen Wissen über das menschliche Bewußtsein, um dann den Weg zum göttlichen Menschen zu beleuchten. Alle wichtigen Schritte werden beschrieben, wesentliche Übungen aus einer neuen Sicht heraus dargestellt und die Transformationsstufe zu einem neuen Bewußtsein geschildert.
Beim Lesen und Anwenden der beschriebenen Wahrheiten eröffnet sich dem Leser eine neue Sicht über den Sinn des Lebens. Alle, die den geistigen Weg beschreiten, werden ihn besser verstehen, ihn bewußter, mutiger und konsequenter weitergehen.
Das Buch ist aus der eigenen, spirituellen Erfahrung der Autorin heraus geschrieben und eröffnet den Blick in eine Zukunft, die die evolutionäre Schöpferkraft selbst schaffen wird.

Selbsterkenntnis und Heilung

Die Auflösung der emotionalen Energieblockaden

Jordan P. Weiss

232 Seiten, gebunden, 21 Zeichnungen – ISBN 3-928632-28-0

Die in diesem Buch dargestellte Methode „Psychoenergetics" wurde von Dr. Jordan Weiss entwickelt, einem Spezialisten auf den Gebieten Streßbewältigung, Verhaltensmedizin, Personaler Transformation und chronischer Erkrankungen. Diese Methode schafft Zugang zu dem unbewußten Selbst und läßt Sie verborgene, falsche Denk- und Verhaltensmuster entdecken und auflösen, die Sie daran hindern, alle positiven Möglichkeiten des Lebens auszuschöpfen und ein glückliches Dasein zu führen.
Mit den Methoden der „Psychoenergetics" können Sie folgendes erlernen:
Ärger, Angst und Unsicherheit freizusetzen; Blockaden zu entdecken, die Sie am Erreichen Ihrer Ziele hindern; Selbstsabotage zu eliminieren; sich von Schmerzen zu befreien; Schmerzen bei Menschen zu lindern, die Sie lieben; Liebe und Glück zu empfangen und negative Energien aufzulösen.

Theorie und Praxis des Hatha-Yoga

Ein Leitfaden zur Erfahrung der Energie

Boris Tatzky, Anna Trökes, Jutta Pinter-Neise

Großformat, gebunden, 320 Seiten, 270 Fotos und 60 Zeichnungen,
2. Auflage – ISBN 3-928632-15-9

„Theorie und Praxis des Hatha-Yoga" entstand aus dem Bedürfnis nach einem Yogabuch, das fundiert und leicht verständlich die Hintergründe des Übungsweges erläutert, der im Westen von so vielen Menschen geübt wird.

- Inhaltlich bietet es einen Übungsteil, der über die reinen Körperhaltungen des Hatha-Yoga hinausgeht,
- Energielenkungen zur Vertiefung der Wirkungen,
- eine detaillierte, stufenweise Beschreibung der wichtigsten Yogahaltungen (āsana) mit der entsprechenden Atemlenkung (prāṇāyāma),
- Konzentrationstechniken, die typisch für den Hatha-Yoga sind.

In klarer und verständlicher Sprache werden die Konzepte unterschiedlicher Qualitäten der Energie (guṇas), der Körperhüllen (kośas) und der Energiezentren des Körpers (cakras) erläutert. Die Verfasser zeigen, wie die Lebensenergie durch bewußten Einsatz im Alltag und auf der Yogamatte geleitet und verstärkt werden kann.

Transpersonale Psychologie und Psychotherapie

104 Seiten, zwei Ausgaben: Frühjahr und Herbst

Transpersonale Psychologie und Psychotherapie ist eine unabhängige Zeitschrift, schulen-, kultur- und religionsübergreifend, verbindet das Wissen spiritueller Wege und der Philosophia perennis mit moderner Psychologie und Psychotherapie, leistet Beiträge zur wissenschaftlichen Fundierung des Transpersonalen.
Transpersonale Psychologie und Psychotherapie ist eine Zeitschrift, die sich an Fachleute und Laien wendet mit einem Interesse an transpersonalen Themen. Aus einem schulen-, kultur- und religionsübergreifenden Verständnis heraus bietet sie ein Forum der Verbindung von Psychologie und Psychotherapie und deren theoretischen Grundlagen mit spirituellen und transpersonalen Phänomenen, Erfahrungen und Wegen, Welt- und Menschenbildern. Sie dient dem Dialog der verschiedenen Richtungen, fördert integrative Bemühungen und leistet Beiträge zur Forschung und Theoriebildung. Sie bietet Überblick, Orientierung und ein Diskussionsforum auf wissenschaftlichem Niveau.